혁신학교 학부모들이 쓴 4년의 기록

행복한 나는 혁신학교 학부모입니다

일러두기
이 책의 필자로 참여한 분들은 모두 서울시 교육청에서 지정한 서울형혁신학교의 학부모
입니다. 글쓴이를 소개하는 데에 '학부모'라는 신분과 학교 명칭에서 '서울'이 생략되어 있
음을 밝힙니다.

혁신학교 학부모들이 쓴 4년의 기록

행복한
나는 혁신학교
학부모입니다

서울형혁신학교학부모네트워크 지음

맘에 드림

혁신학교 학부모들이
말하는 혁신학교 이야기

　'이사', '이민', 심지어 '기러기 아빠' 등 이러한 단어들은 30~40대 학부모들을 가장 괴롭히는 말입니다. 그리고 이 단어들에서 연상되는 공통점은 다름 아닌 '자녀 교육'입니다.

　'우리 아이만큼은 내 학창 시절 같은' 주입과 경쟁으로 채워진 학교생활을 겪지 않기를 바라는 간절한 마음과 함께 대학의 명패가 '결국 아이들의 인생'을 결정할 것이라는 불안한 마음을 늘 가슴에 가지고 다닙니다. 공교육을 굳게 신뢰하지 못하게 만드는 학교 현실, 공교육에 온전히 의지하지 못하게 하는 입시 제도는, 우리 학부모들을 끊임없이 괴롭혀왔습니다. 아이의 사회적 성공을 위해서 '이사'를 고민하게 하고, 아이들의 참된 행복을 위해서 '이민', '유학'를 검색하게 만들었습니다.

이러한 불만과 불안을 극복하기 위해 만들어진 학교가 '혁신학교'라 생각합니다. 경쟁과 서열이 아니라, 배려와 소통을 통한 공동체성을 키우는 교육, 주입식 교육이 아니라 학생들의 참여가 창의로 이어지는 수업, 지시와 통제가 아니라, 상호 존중의 민주적인 학교를 지향하는, 새로우면서도 정상적인 학교가 바로 '혁신학교'입니다.

혁신학교는 당장 아이들의 웃음을 찾아주었습니다. 그리고 이러한 학교가 정착된다면, 학교 등수가 아이들의 인생을 결정하는 것이 아니라, 아이들 누구나 다 자신의 인생을 개척하고 가꿀 수 있다는 희망을 보았습니다.

결국 혁신학교는 '공교육의 새로운 표준'을 만드는 과정입니다. 2009년 경기도에서 시작된 혁신학교는 현재 전국적으로 약 500여 개가 넘습니다. 아직은 과도기라서 부족함은 물론이고, 편견에서 비롯된 오해도 있고, 풀어야 할 과제도 많습니다. 백년 이상 지속된 현재의 교육 시스템과 교육 문화이기에 혁신학교가 '공교육의 새로운 표준'으로 자리잡기 위해서는 많은 노력이 필요할 것입니다.

그래서 우리 서울의 혁신학교 학부모들이, 학부모의 몸으로 느끼고, 눈으로 본 혁신학교의 성과와 과제를 정리해 보았습니다. 학생, 교사, 학부모를 교육의 3주체라 하지만, 학부모가 교육의 주체로서 역할을 하는 것은 쉽지 않았던 것이 기존의 교육 현실이었습니다. 그러나 혁신학교에서 학부모가 교육의 주체로서 어떻게 무엇을 해야 하는지 확인하였고, 그러한 연장선에서 30여 명의 학부모들이 그동안의 경험과 교훈, 그리고 바람을 정리했습니다. 이 책의 출간을 통해 혁신학교의 완성과 공교육의 밝은 미래를 위해 조금이나마 힘을 보태고자 하였습니다.

　공교육 혁신과 혁신학교를 발전시키는 데 언제나 함께하여 주시고, 추천사도 선뜻 써 주신 박재동 화백님과, 서울형혁신학교의 성과를 넘어, 혁신 미래 교육을 추진하기 위해 최선의 노력을 아끼지 않는 조희연 교육감과 서울시교육청 관계자들에게 감사드립니다. 글을 쓰는 것이 익숙하지 않아서 쓰다가 지우기를 몇 번이나 반복하며 글을 정리한 우리 학부모들, 그리고 우리들의 부족한 글을 한 권의 책으로 만들기 위해 진심을 다해 수고해준 맘에드림 출판사에 감사의 말을 전합니다. 무엇보다도, 혁신학교 성공을 위해 아낌없는 노력으로, 아이들의 행복을 되찾아주신 현장의 수많은 교사들에게 다시 한번 감사의 말씀 올립니다.

서울형혁신학교학부모네트워크 공동대표

오 인 환 · 이 정 아

아이들이, 아침이 되면,
학교에 가고 싶어 하는 학교

사람은 오래 살아야 돼요.

나는 한 30년 전에 고등학교 미술 선생을 한적이 있어요. 그때
느꼈던 것이 두 가지였는데,

하나는, 초등학교부터 고등학교까지 12년, 아이들에게는 그야
말로 청춘의 노른자위인 이 시간을 만약에 행복하게 보낼 수 있으
면 얼마나 좋을까!

또 하나는, 내가 경험한 미술 시간으로 볼 때 아이들은 허락을
안해 줘서 그렇지 허락만 한다면 운동장에 집을 지을 수도 있다는
것이었어. 아이들은 할 수 있어!

그리고 나서 시간이 상당히 흐른 후, 이러저러한 인연으로 교육

감 후보에 출마하게 생겼다고 고민하는 당시 교수였던 곽노현 교육감을 인사동에서 처음 만나, 교육청은 이런 일을 해야 한다면서 내 맘대로 지껄인 적이 있어요. 장장 7시간이나!

내가 교육감 되는 게 아니니까…… 무책임하게…….

그러구 얼마 안 있어 진짜 교육감이 된 거야. 그러더니 날 보구 취임준비위원장을 맡아 달래더니, 이어서 혁신학교 정책 자문위원장을 하라는 거야. 말한 게 있으니 하라는 뜻인가……?

그때 난 자문위원들에게 이런 말을 했어요.

"딴 건 모르겠어요. 아이들이 아침에 학교 오고 싶어 하는 학교만 되면 좋겠어요."

그러구 또 우여곡절 끝에 한 4년 시간이 흘렀네.

여기저기서 들려오는 이야기.

"아이들이, 아침이 되면, 학교에 가고 싶어 한다."

이럴 수가! 이게 일어나다니! 아니, 이런 일이 정말로 일어나도 되는 것일까? 이런 꿈은 늘 꿈으로만 남아 있던 것인데, 현실이 되지 않았는가! 늘 불만에 차고, 안타까워하면서 말이야, 나 역시 그 꿈은 반드시 이루어지리라 확신은 했지만 진짜로 이루어지는 이야기를 이렇게 들을 줄은 몰랐잖아. 이루어져도 좀 더 있다가 되겠지…….

그래서 난 사람은 좀 오래 살아야 된다고 생각하는 거야.

아이들을 성적으로 판단하지 않고 개개인의 과정을 살피며 격려하고, 학교가 민주적으로 운영되어 수직적인 관계들이 수평적으로 변하고, 교가를 같이 만들고, 일방적인 교칙 대신 스스로 지킬 생활협약을 만들고, 학교 행사를 아이들이 스스로 기획해서 연극, 뮤지컬 등을 같이 하다 보니 왕따 폭력이 없고,
경쟁보다는 협력으로 수업하되 그렇다고 성적이 낮아지는 것도 아니고 재미 붙여 스스로 공부하게 되고, 친구 같은 선생님이 아이 하나마다 관심을 기울여 주고,
그래서 어떤 아이는 주말이면 손꼽아 월요일을 기다린다는……

그뿐이랴!
학부모와 학교, 학부모와 담임.
나 역시 아이 담임 선생의 전화를 받았을 때 얼마나 곤혹스러웠던가! '어떻게 해야 하나?' 인질로 잡혀진 아이처럼. 그러니 담임 선생 전화가 어찌 반가우며 학교 방문이 어찌 즐거우랴.

그러나 달라진 학교선 선생님과 같이 이마를 맞대고 할 일을 의논하고 할 말은 마음대로 하고, 물론 당연히 촌지는 아예 없고 그래서

학부모도 학교 가는 게 행복해 졌다. 세상에……!

교사 역시 맨날 공문서 처리하랴, 학교 실적 홍보물 만들랴, 쓰러져 자는 애들 앞에서 '대체 내가 왜 선생을 하려고 했지?' 하는 생각마저 가물가물하다가, 위에서 시켜서 하는 일이 아니라 스스로 의논해서 할 일을 결정하니 힘은 무척 들어도 내가 하고자 한 일이니 학교 가는 길이 괴롭지 않고 재미있다.

이래서 드디어 결국 학생은
'학교는 왜 가야 하는가?'를 알게 되고 교사는
'교육은 왜 해야 하는가?'를 알게 되고 학부모는
'학교가 왜 있어야 하는지'를 알게 된 것이다.
그동안은 괴로워도 안 가면 안 되니 그냥 갔던 것이고
그리고는 '이노므' 학교, '이노므' 교육 하고 자기도 모르게 교복을 찢는 것인데 이 학교는 졸업하고 교복을 보관한다는 것이다.
이 시절을, 학교를, 자신을 사랑하게 된 것이다!!

그리고는 아침이 되면 학교에 가고 싶어 할 뿐 아니라
어떤 아이는 주말이면 다음 월요일을 기다리기도 한다니

이게 꿈이 아니기를……!

이런 혁신학교가 교육감이 바뀌면서 우여곡절 끝에 없어질지도 모른다는 걱정 속에서, 그래도 다시 이어 발전하게 되었으니 이 아니 기쁜 일이리요.

그래……그동안 학교에 아이 보낸 학부모들의 이야기가 얼마나 많을까!

혁신학교는 노는 곳, 공부 안 하는 곳이라는 이야기서부터, 중학교, 고등학교 가면 혁신학교는 안될 거라는 이야기서부터 시작되어 하나하나 만들어져 나아간 새로운 경험담, 그것을 모아 이번에 책을 내게 되었다 하네!

"혁신학교가 어떤 곳인가요?"
"성적은 떨어지지 않아요?"
"고등학교는 역시 안되죠?"
"진학은 어렵다죠?"
이런 걱정에 대한 답을 어떻게 일일이 하나?
이젠 됐어, 이 책이 있으니까. 이 한 권으로 됐어!
그러니 어찌 이 책의 출간을 기뻐하지 않을 수 있으랴!!

솔직히 너무도 기뻐요.
오~~~하느님!

이런 일을 우리 생전에 눈뜨고 볼 수 있게 되었다니요!

이제 세상의 아름다운 혁명이 시작됩니다.

이제 꿈으로만 있던 새 하늘과 새 땅이 열립니다.

이런 말을 할 수 있게 되기까지

그동안 온 몸과 온 마음으로 혁신학교를 일구어준 혁신학교 교사와 교장 선생님, 아이들, 그리고 협조해주신 학부모들께 감사드려야 할 거예요.

또 이 길을 열어주신 곽노현 전교육감과 계속 지원해주는 현 조희연 교육감에게도

진심으로

그리고 출간 기념사를

그럴듯한 교육적인 말이 아닌 '바로 그 말'을 할 수 있게 되어 참 기쁘고

감사해요.

이 책이 정말 많이 많이 읽어졌으면 해요.

한국예술종합학교 교수 · 전 혁신학교 정책자문위원장

박재동 만화가

차 례

1장 지성과 감성이 조화되는 자기 주도 진짜 공부

2장 학부모들의 참여로 만들어가는 혁신학교

3장 존중과 배려로 가꾸어내는 학교문화

4장 교육 혁신을 위해 조희연 서울시 교육감 후보 선거운동에 뛰어들다

1장

지성과 감성이 조화되는
자기 주도 진짜 공부

'시험'이 아니라 '평가'!

오 순 희
원당초등학교

우리 큰아이는 현재 원당초등학교 2학년에 재학 중이다. 원당 초등학교는 서울형 혁신학교가 처음 시작된 해인 2011년에 혁신 학교로 지정되었는데, 마침 그해는 큰아이가 여섯 살이 되면서 이 학교 병설 유치원을 다니게 된 해였다. 혁신학교 지정 4년 중 후반 2년 동안 1~2학년을 보내고 있는 셈이다. 둘째 아이는 현재 여섯 살이고, 다른 학교 병설 유치원을 다니고 있다. 1년 반 후에는 둘째 아이도 역시 같은 혁신학교에 보내려 한다.

사실 우리 집 바로 앞에 취학하도록 배정되는 초등학교가 있었 다. 그러나 큰아이를 원당초등학교 병설 유치원에 2년 동안 보내 면서, 예비 학부모로서 유치원 교육과정만이 아니라 그 초등학교 의 환경까지 두루 살펴볼 기회가 많았다. 병설 유치원에서 제공하는 학부모 연수도 참가하고, 비슷한 교육관을 가진 다른 학부모들과 친목, 봉사, 동아리 모임도 조금씩 해나가면서 많은 것을 배우게 되었다. 이것은 이전에 내가 들었던 학교 환경, 교육과정, 방과 후 돌봄, 교사 등에 대한 부정적인 인식이 완전히 바뀌는 결정적인 계기였다.

어떤 학교가 좋다는 학부모의 평가 기준은 뭘까?

혁신학교를 알기 전에 나는 어땠을까? 어쩌면 나 역시 큰아이에게 욕심이 있었는지 모르겠다. 큰아이가 다섯 살 되던 해에 한글을 익히기 시작하고, 어린이집에서 한 살 어린 동생들과 1년을 더 다니게 된 상황에서 '혹시나, 아이가 지루해하진 않을까?'라는 괜한 걱정으로 피아노 학원과 미술 학원까지 보내기 시작했다. 지금 돌이켜 보면 정말 우스운 일을 벌인 것 같기도 하고, 주변에서 바라보면 극성 엄마인 것처럼 보였을 것 같기도 하다.

나보다 먼저 아이 엄마가 된 친구들과 주변 사람들 얘기로는 아이가 학교에 들어가면, 엄마가 공부를 봐줘야 하고, 시험 준비, 준비물 챙기기, 심지어 아이 숙제도 거의 엄마가 해야 된다는 이야기까지 들었다. 이런 모든 것이 나에게 온통 공포감이 생길 정도로 스트레스로 다가왔다. 특히 직장 엄마는 어쩔 수 없이 방과 후에 아이를 학원 여러 곳으로 보내야 한다고 했다. '이 주변에 초등학교는 어디가 좋다더라!', '이 앞에 있는 학교도 괜찮다고 하더라!'

등 명확한 근거도 없이 주변 학교들에 대한 평가와 평판을 늘어놓는 일을 당연한 것처럼 받아들이기도 했다.

한참 후에 든 생각이지만, '어떤 학교가 좋다고 하는 부모들이 생각하는 평가의 기준은 뭘까?'라는 생각을 하게 되었다. 아마도 학부모들은 그 학교 주변에 학원가가 잘 형성되어 있고, 아이들이 공부를 잘하고, 상급 학교인 중학교, 고등학교 입학, 이어서 대학 진학까지 잘되는 학교를 좋은 학교라고 생각할 것이다. 지금도 이 기준에 큰 변화는 없는 듯하다. 학교와 아이들에 대한 평가가 오로지 성적과 상급 학교 진학 결과로 이루어지고 있는 것이다. 어쩌면 나 또한 이런 생각에서 크게 벗어나지 못하고, 들리는 대로, 내가 기존에 생각한 대로, 아이들 교육 방향도 그렇게 주변 하는 대로 무작정 따라갔을 수도 있다.

바람직한 학교라는 확신이 들기 시작할 때

2011년 당시, 큰아이가 아직 유치원생이라서 그런지 나는 혁신 학교 자체에 대해서 크게 관심을 갖진 않았다. 단지 이 학교가 학생 수가 적어서 아이에게 좋겠다는 생각만 가지고 있었다. 큰아이가 내향적인 성격이 강하고, 수줍고, 혼자 놀기를 좋아하는 편이다. 부모로서 나와 남편은 아이가 학교에 들어가면 혹시 따돌림이나 당하는 것은 아닌지 한때는 걱정이 되었다. 그래서 초등학교는 작은 학교를 보내는 것이 아이한테 그나마 좋지 않을까 하는 생각도 했다.

그 후, 아이가 일곱 살이 되고, 학교 입학을 앞둔 상황에서 다른 학교들과 부모들로부터 들리는 교육 환경, 시험, 경쟁, 교사, 학원 이야기에 혼란스럽기만 했다. 그 즈음에 지난 몇 년간 실시되었던 전국 규모 학업성취도 평가, 즉 일제고사 시행 여부 때문에 교육 문제, 엄밀히 말하면, 줄 세우기식 평가와 무한 경쟁에 대한 큰 반성과 문제 제기가 사회적으로 있었던 것으로 기억한다.

사회적으로 이 문제가 크게 쟁점이 되면서, 일제고사를 반대하는 사람들과 계속해야 된다는 사람들 사이에 우리 부모들은 어떤 판단을 가져야 할지 한 번쯤 생각해 보았을 것이다. 이것 또한 곧 우리 아이에게도 닥칠 상황인데, 나라면 어떻게 했을까? '아이에게 일제고사를 보게 했을까, 거부하게 했을까?' 잠깐 생각해 보기도 했다. 다행히 우리 아이가 입학할 무렵부터는 초등학교 일제고사가 없어졌지만, '일제고사, 시험, 경쟁, 이게 도대체 다 무엇일까?'라는 생각은 끊임없이 하게 된다. 내 아이만 공부 잘 시켜서 학교생활 잘 적응하게 하면 되지 않을까 하는 아주 이기적인 생각도 하게 된다.

이런 교육제도의 혼란 속에서, 혁신학교에서는 시험과 줄 세우기식 평가는 지양하고 경쟁보다 협력 중심의 교과과정을 내세운다는 이야기를 들었을 때, 바로 이것이 내가 바라는 바람직한 학교의 교육 방식이라는 확신이 들기 시작했다. 아이가 유치원에 다닐 때 형성된 학부모 모임에서 이미 초등학교 아이를 둔 다른 학

반별로 '원당 공연의 날' 자신들의 공연을 안내하는 포스터

'원당 공연의 날' 아이들의 합창 공연

부모로부터 이 학교의 수업 방식이나 시험, 평가 방식 등에 대해서 들을 기회가 있었다. 혁신학교가 과거 수십 년간 이어진 우리나라 공교육 체계에서 수업 방식, 평가 방식의 어떤 뚜렷한 변화를 시도하려는 것은 분명해 보였다. 이에 조금만 관심을 갖고 찾아보면 작은 변화지만 그 효과와 파급력은 대단히 클 것이라는 선부른 기대도 하게 되었다.

학업성취도 시험에 대한 미련을 버리다

많은 부모들 입에 오르내리는, 학교에 대한 성적 위주의 근거 없는 평가 때문에 내가 정확하지 않은 정보에 휘둘렸던 것은 사실이다. 다행히 혁신학교를 다닐 수 있었던 것이 우리 부부와 우리 아이에게 얼마나 고마운지 모르겠다. 그 좋다는 학교는 학생들을 성적으로 평가하는 학교가 아니었기 때문이다.

장담하는데, 거의 모든 학부모들이 아이가 초등학교에 입학하자마자 드는 생각은 우리 아이가 반에서, 전체 학년에서 어느 정도 학업성취도를 보일까 하는 것이다. 쉽게 말해 '몇 등 정도 할까?'라고 궁금해 하지 않는 부모가 있을까? 그리고 그것을 확인하고 싶어 한다. 확인하지 않으면 뭔가 불안하다. 나 또한 우리 아이가 어느 정도 하는지 눈으로 확인하고 싶은 마음이 분명히 있었다. 눈으로 확인하려면 시험을 봐야 하고, 점수를 받아 와야 하고, 반 아이들이 어느 정도 점수대에 분포해 있는지 등을 동원 가능한

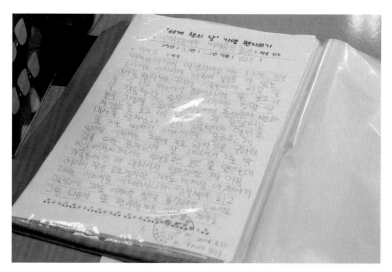

3학년 여학생이 '세계 책의 날'에 쓴 독서 활동지

모든 통로를 통해 알아내야 한다. 하물며 가장 기본적인 받아쓰기 점수까지 신경 쓰게 된다.

그러나 2년에 걸쳐 겪은 아이 담임 선생님 두 분의 평가 방식은 이런 유혹을 과감히 뿌리치게 해주었다. 학교에서 지향하는 전체적인 공통된 평가 방식이 있을 것이고, 담임 선생님 재량으로 하는 평가 방식이 있을 것이다. 선생님에 따라 다르지만, 어느 정도 공통된 평가 방식의 기준은 있는 듯 보였다. 참고로 말하면, 우리 아이 학교는 몇 년 전에 봤던 전국 규모 학업성취도 평가에서 서울시 최하위 그룹에 있었다고 한다. 그런데, 실제로 아이들이 배우는 모습을 유치원 때부터 2~3년 지켜보니, 그 학업성취도 평가 결과와 점수화된 성적으로 학교들을 줄 세우는 것이 다 무슨 소용인가 싶어졌다. 대부분의 학교들에서 의미 없는 경쟁에 아이들의 소중한 시간을 허비하고 있는 것은 아닌지 고민해 볼 필요가 있다.

우리 아이 학교도 혁신학교 지정 이후, 많은 선생님들의 노력으로 점점 아이들의 기초학력 수준은 꾸준히 향상되고 있다. 겉으로 보이는, 어쩌면 숫자에 불과한 아이들의 점수와 성적을 가지고 아이들과 학교를 함부로 평가하는 것보다, 선생님들의 노력으로 학교 교육과정과 평가 방법을 개선하는 것이 아이들 기초학력 향상과 전인교육에 얼마나 좋은 효과를 나타내고 있는지 그 과정을 살펴보는 것이 우선이지 않을까.

개인별 맞춤 교육을 위한 평가

우리 아이는 현재 2학년이다. 초등학교 들어가서 1년 반을 보낸 셈이지만, 학교의 아이들에 대한 학업 능력 평가 시스템을 파악하고 납득하기까지는 첫 학기를 보내는 것만으로도 충분했다.

나의 경험으로 말하자면, 일단 집에서 하는 숙제는 거의 없었다. 아주 가끔 부모와 함께 하는 국어 활동지 또는 수학 문제를 풀어서 부모님 확인 받아오기 정도가 있었다. 수시로 있는 단원 평가는 굳이 날짜를 정해서 사전에 부모님께 통보하는 방식도 아니었고, 수업 중에 간간히 개인 평가를 하는 듯했다.

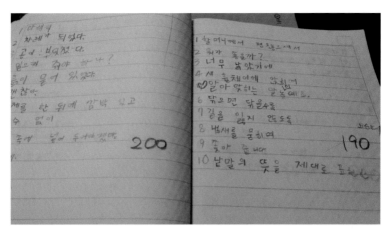

우리 아이의 받아쓰기 공책

간혹 수학 단원 평가나 받아쓰기 결과를 받아 오면, 점수를 매긴 것보다는 맞은 개수만 표시한다거나, 틀린 부분에 선을 긋는 것이 아니라, 그림이나 하트 같은 표시를 해서 다시 보게 한다. 받아쓰기 점수는 최고 점수가 200점이고, 최하 점수가 100점이다. 모든 시험의 결과를 100점에 기준을 두고, 부모와 아이 모두 민감해하는 것을 보면, 작은 변화지만 하나하나 아이를 배려하면서 학업 동기를 높여주는 방식이 마음을 한결 편하게 해준다.

사실, 1년 반을 보내면서 아이나 주변 부모들로부터 시험이라는 말을 거의 들어보지 못했다. 시험을 보고, 아이의 학업성취도가 어느 정도 되는지 확인하고 싶은 부모들도 물론 있겠지만, 내 개인적인 생각으로는 아직 저학년인 아이들에게 결과적으로는 문제 풀이 훈련이 주목적이 될 수밖에 없는 시험에 큰 의미를 둘 필요는 없다고 본다. 꾸준하게 기초 학습 습관을 갖도록 하는 것은 이와는 별개의 문제다. 기초 학습을 다지고, 정해진 시간에 뭔가를 해내는 습관을 들이는 것에는 나도 동의한다. 그러나 최소한 저학년 아이들이 수행평가를 위해 집에서까지 과도한 시간을 들이고, 문제 풀이 연습을 하도록 중압감을 주는 것은 피해야 하지 않을까.

시험 결과로 아이들을 줄 세우거나 서로 앞서려는 경쟁을 부추기기보다는 개인 수준별 평가 방식을 취함으로써, 개개인의 학업 성취도 향상에 중심을 둔 원당초 선생님들의 좋은 의도가 있었을 것으로 믿는다. 예를 들면, 시험을 본 이후에, 그 결과가 기준 점수 이하인 경우는 다시 공부해서 시험을 한 번 더 볼 수 있도록 기회를 주기도 했다고 한다. 시험을 학생들 간의 상대적인 평가 기준으로 삼는 것이 아니라, 개개인의 학습 성취가 얼마나 이루어졌는지 진단하는 하나의 도구로서 이용하는 좋은 예일 것이다.

많은 학교에서 학습 지도를 전적으로 부모에게 떠맡기고, 학습의 상당 부분을 부모가 집에서 돌봐주지 않으면 수업 따라가기 힘들다는 말을 다른 학교 학부모들로부터 많이 들었던 것도 사실이다. 그에 비해 원당초에서는 일단 학교에서 수업 시간 내에 모든 학습이 충실히 이루어진 것 같아, 바쁜 직장 엄마로서는 학교에 더 신뢰감이 갈 수밖에 없다.

학교에서 제공하는 개별 맞춤 학습 지도의 한 형태로, 방과 후 '레벨업 수업'이 있다. '레벨업 수업'에 대해서는 우리 아이가 유치원에 있을 때, 먼저 초등학교에 입학한 아이를 둔 학부모 모임을 통해 미리 들어 알고 있었다. 희망하는 아이는 누구나 방과 후에 남아서 담임 선생님의 지도를 받으면서 일주일에 1~2회 정도 국어 또는 수학 보충 학습을 할 수 있다는 것이다. 타 학교에서는 학급 아이들의 방과 후 학습 보충을 담임 선생님 재량으로 하는 것으로 알고 있다. 그에 비해 우리 아이 학교에서는 학교 자체 운영 사업으로 진행하고 있어서, 학교와 선생님들의 아이들에 대한 노력과 배려를 느낄 수 있었다. 특히 꼭 학업성취도가 낮지 않더라도 희망하는 아이 누구나 할 수 있다는 점이 특징이다. 학업성취 격차가 있을 수 있는 다른 아이들과 비교되거나 불필요한 경쟁이 유발되는 일이 없어서, 무엇보다 아이들이 즐겁게 참여할 수 있다.

방과 후 레벨업 수업 중인 담임 선생님과 아이들

1학기 때 우리 아이는 정규 수업 후 돌봄 교실에서 오후 시간을 보내었기 때문에, 이 '레벨업 수업'에 참가하고 싶었지만 시간이 겹쳐서 참가를 못했다. 이후 방과 후 교실 수업이 변경되면서, 우리 아이도 수학 '레벨업 수업'에 참가하게 되었다. 아이가 수학을 월등히 잘하는 것도, 아주 못하는 것도 아니지만, 이 수업을 통해서 수학에 더 흥미를 보이고 있다. 수학 학습을 다양한 형태의 도구나 놀이를 통해서 접근함으로써, 아이들이 더 흥미를 보이는 것 같다. 부모가 냉정하게 보기에 우리 아이는 자기 학년 수준의 수학을 잘 따라가는 정도이지만, 자기 스스로 수학을 아주 잘하고 있다고 생각하고 실제로 좋아하기도 한다. 간단한 셈을 하면서도 한참 시간이 걸리기도 하고, 문제를 오래 생각하기도 하지만, 수학에 대해 스트레스보다 자신감을 먼저 자연스럽게 갖게 되었다는 것이 무엇보다 중요하다고 본다.

부모로서 가져야 할 자세

나는 혁신학교에서 가장 중요시되는 것 중 하나가 수업 혁신과 협력 수업이라고 생각한다. 수십 년간 이어진 주입식 교육에 맞춰진 획일화된 지필 평가 방식은 더 이상 협력 수업이 주가 되는 교육과정에서는 적합한 방식의 평가라고 볼 수 없을 것이다. 혁신학교라고 해서 지필 평가 형식이 전혀 없는 것도 아니다. 형식적인, 획일화된, 줄 세우기식 지필 평가를 점점 더 지양하고, 과정 중심의 평가를 하고자 조금씩 변화를 시도한다는 데에 큰 의미가 있다고 본다.

초등학교 때 지필 평가 시험에 익숙하지 않았다가 중학교에 들어가서 시험을 보니, 시험 보는 방법을 몰라 성적이 잘 안 나온다고 고민하는 학부모들도 있다. 그렇다면, 상급 학교에 진학 후에 이런 시험과 점수에 대한 만족스럽지 못한 결과를 염려하여 혁신 초등학교를 졸업한 다음에 혁신 중학교, 혁신 고등학교에 진학해야만 하는가? 또는 혁신 초등학교 이후, 상급 학교는 일반 학교를 갈 수밖에 없으니, 어쩔 수 없이 지필 평가 방법과 시험 기술을 아이들에게 미리 가르칠 것인가? 이런 고민에 앞서, 지금까지 오랫동안 이어진 획일화된 주입식 교육과 정답 고르기식의 평가가 아이들의 전인교육과 성장에 도움이 안 될 것이라는 사회적 인식이 점점 늘어나고 있다는 데에 주목할 필요가 있다.

우리 부모들은 아이들이 상급 학교 진학 후 받아오는 성적에 대한 불안감을 갖기보다는, 현재 혁신학교에서 시도하고 있는 과정 중심의 평가와 아이가 노력해가는 과정을 바라보고 지지해 주면 어떨까? 부모들의 이런 인식 변화가 학교 현장에서 조금씩 변화를 가져오고, 꼭 지정된 혁신학교가 아니더라도 다른 모든 학교에서 시대에 맞는 적합한 평가 방식의 발전이 점차 일어나기를 바란다. 시대에 맞지도 않고 전혀 교육적이지도 않은 평가 방법이나 제도에 우리 아이들을 억지로 끼워 맞추지 말고, 아이들의 올바른 성장과 전인교육을 위해 차츰 제도를 바꿔나가는 것이 우선이고, 그것이야말로 우리 부모들이 앞으로 해나가야 할 과제이다.

혁신학교가 공부를 안 시킨다고요?

남 미 경
상현초등학교

3남매를 혁신학교에 보내고

"혁신학교 이념은 좋은데, …… 공부보단 너무 노는 학교 아니에요?"

"초등학교까지는 괜찮지만 애들이 중고등학교 가서 적응 못하는 건 아닐까요?"

"시험을 봐야 애들이 경쟁력도 생기고 동기 유발도 되는 것 아닐까요?"

혁신학교를 둘러싼 가장 큰 의문은 '혁신학교가 과연 공부를 제대로 시키고 있는가?'인 것 같다. 사실 작년에 아이 셋을 혁신 초등학교에 보내면서 가장 많이 들었던 질문이기도 하다.

아이들을 혁신 초등학교에 보내게 된 것은 2012년 서울형 혁신 학교인 상현초등학교가 개교하면서부터이다. 큰아이가 5학년, 둘째 아이는 3학년 때 상현초로 전학시켰고, 작년 막내까지 입학하면서 3남매를 혁신학교에 보내게 되었다. 올해 큰아이는 일반 중학교에 진학했고, 둘째와 셋째는 5학년, 2학년으로 여전히 혁신 초등학교에 다니고 있다.

　학년 초가 되면 학교에서 실시하는 학교 또는 학급 설명회에 대한 학부모들의 관심과 참여도는 정말 대단하다. 이 자리에서 학부모들은 혁신 초등학교에 대한 다양한 궁금증을 풀어내기에 바쁘다. 그중에서 학부모들의 가장 큰 관심은 "혁신 초등학교가 좋긴 하지만 다른 일반 학교와 경쟁에서 밀리는 건 아닐까?" 하는 것이다. 작년에 아이들이 6학년, 4학년, 1학년이다 보니 정말 혁신 초등학교에 고학년까지 보내도 괜찮은지 나에게 조언을 구하는 저학년 엄마들도 꽤 있었다.

　이 문제는 사실 간단하게 대답할 수 있는 것이 아니다. 아이마다 학습 성향도 다르고 학부모가 추구하는 지향점도 다르기 때문이다. 하지만 혁신 초등학교가 공부를 안 시킨다는 오명을 쓰는 것은 잘못됐다고 생각한다. 그래서 나는 이 지면을 통해 내 아이들이 혁신 초등학교에서 공부하는 모습을 소개하려 한다.

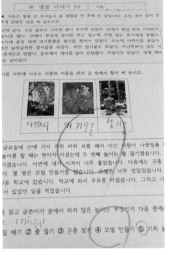

아이들이 1년 동안 쓴 글을 엮은 문집   아이들 체험을 바탕으로 문제를 풀어가는 학습지

작년 1학년에 입학한 막내는 초등학교에 입학하자마자 치르는 받아쓰기와의 '전쟁'을 겪지 않았다. 학기 초 많은 엄마들은 받아쓰기를 해야 한글 실력이 느는 것 아니냐며 의아해하기도 했다. 아이들은 무조건 외워야 하는 받아쓰기 대신 담임 선생님이 매일 나눠주는 '별꽃이야기' 학습지를 학교에서 또는 집에서 숙제로 풀었다.

별꽃반 반 이름이 붙은 '별꽃이야기' 학습지에는 반 친구들과 뒷산에 올라가서 실컷 몸으로 느끼고 체험했던 이야기가 덧셈과 뺄

셈 문제로, 또는 국어 맞춤법 문제로 고스란히 실려 있었다. 아이들은 자신들의 이야기가 담긴 문제지를 보면서 쑥스럽기도 하고 자랑스럽기도 한 미묘한 감정을 느끼며 즐겁게 풀었을 것이다.

또한 처음 서너 줄을 못 넘기던 아이들도 글쓰기 공책을 통해 일기 쓰기와 생활문 쓰기를 꾸준히 지도받아서 한두 장씩은 거뜬히 써낼 수 있는 실력으로 성장하였다. 담임 선생님은 학년 말에 아이들이 쓴 글을 모아 문집을 만들어 주기도 했다. 받아쓰기 시험도 보지 않은 아이들이 자신의 글이 담긴 문집을 만들 수 있는 실력으로 성장한 것은 정말 대단한 일이라고 생각한다. 다소 맞춤법이 틀리면 어떤가! 1학년 아이들이 생활 속에서 보고 듣고 체험한 이야기들을 거침없이 쓸 수 있다는 것 자체가 중요하다고 생각한다.

토론하고 협력하는 수업으로 이끌어

둘째 아이는 올해 5학년이 되었다. 일반 학교에서도 하고 있는 공개수업을 우리 학교에서는 '학교 여는 날'이라고 한다. 지난 6월에 있었던 '학교 여는 날' 수업은 정말 인상 깊었다. 보통 일반 학교에서 하는 공개수업은 학부모님들이 참관하기 때문에 보여주기식 수업 내용을 담고 있어 지루하게 진행되고 있는 것이 사실이다.

둘째 아이 반에서는 5학년 국어 교과과정에 나와 있는 토론하기 수업을 진행했는데, 주제는 '초등학생이 전자 교과서를 사용하는

학부모들이 참관한 '초등학생이 전자 교과서를 사용하는 것이 적절한가?' 토론 수업

것이 적절한가'였다. 자칫 산만해질 수 있는 토론 수업을 30여 명의 아이들이 찬성 팀, 반대 팀, 배심원 팀으로 나뉘어 일사불란하게 진행하는 모습을 보면서 학부모들은 감탄을 금치 못했다.

나는 아이들이 이 토론 수업을 하기 위해 사전에 다양한 사례의 자료를 모으고, 역할을 분담하고, 상대편의 의견에 귀 기울이고, 반박하기 위해 근거를 제시하고, 결과를 인정하는 과정을 겪으면서 더 많은 학습 능력을 향상시켰을 것이라고 생각한다. 실제로 토론 수업을 자신 있게 했던 둘째 아이는 어떤 주제를 놓고 자신의 의견을 제시하는 데 주저하지 않는 모습을 보인다. 엄마에게 무언가 요구할 때 꼭 근거를 제시하려는 아이의 모습을 보면서 토론 수업의 긍정적 영향을 실감하고 있다.

스스로 공부하는 습관, 이것이 진정한 공부법

　큰아이는 올해 중학생이 되어 일반 학교로 진학하였다. 혁신 초등학교에서 일반 중학교로 보내면서 엄마들은 "혁신 초등학교 아이들이 중학교 가서 성적으로 다 깔아주는 것 아니냐?" 고민을 하기도 한다. 12명밖에 되지 않는 1회 졸업생에 비해 4배나 많은 아이들이 중학생이 되었기 때문에 이 아이들의 중학교 성적에 많은 관심이 쏠리는 것은 사실이다. 이제 1학기 중간 기말 고사를 마친 상황이라 이렇다 저렇다 결론을 내기에 성급하다는 생각이 든다. 다만 내 아이만 놓고 본다면, 아이가 혁신 초등학교에서 교육받았던 공부법이 자기주도학습 습관을 형성하는 데 엄청난 영향을 주었다고 생각한다.

큰아이 스스로 학습장

6학년 복습 공책

큰아이가 작년 6학년이었을 때, 담임 선생님은 아이들에게 '스스로 학습장'을 나눠주셨고, 복습 공책 쓰는 법 등을 가르쳐 주셨다. 자기주도학습 습관을 심어주기 위해 1년 동안 많은 노력을 기울이셨던 것이다. 다행히 큰아이는 선생님의 가르침을 잘 따라주어서 매일 2~3시간씩 복습 공책 쓰는 것을 게을리 하지 않았고, 그 습관은 중학생이 되어서도 여전히 계속되고 있다. 방과 후 아이들이 이 학원 저 학원으로 다니면서 선행 학습을 하는 동안 우리 아이는 학교에서 배운 것을 정리하고 되새김질하는 것에 시간을 보내고 있다. 우리 학교에서 이 복습 공책 쓰는 습관은 중간 학년 이상이면 누구나 훈련받고 있는 것으로 알고 있다.

배움이 즐거운 학교, 교사 학부모 학생이 함께 노력해야

지금까지 내 아이들이 혁신학교에 다니면서 공부하고 있는 모습을 소개하였다. 지극히 단편적인 이야기이지만 나는 아이들의 학교생활을 지켜보면서 혁신학교에 대한 믿음을 갖게 되었다. 교과 내용 이외에도 창의적 체험활동과 현장 체험 등을 통해 오감을 깨우는 교육을 받으며 아이들은 자신의 삶을 아름답게 가꾸어가는 법도 배우고 있다.

그러나 여전히 많은 사람들은 혁신학교에 대해 불신하고 그 교육적 효과에 대해 폄하하는 태도를 보이기도 한다. 입시 위주의 현 교육제도 하에서 혁신학교의 몸부림이 무슨 의미가 있을까 하는 패배주의적인 의견을 내놓는 사람들도 있다.

혁신학교의 성공 여부는 혁신학교를 구성하고 있는 선생님들과 학생들에게만 있는 것은 아니라고 생각한다. 혁신학교의 교육 시스템이 잘 정착될 수 있도록 우리나라 교육제도 자체가 바뀌어야 함은 물론이고, 그 든든한 버팀목으로서 학부모가 제 역할을 할 때 성공할 수 있다고 생각한다. '학교에서 알아서 다 해줄' 것이라는 무책임한 떠넘기기보다는 아이들이 즐겁게 공부를 익히고 그 배움이 살아있는 학교를 만들기 위해 학부모도 함께 고민해야 한다. 가정에서도 아이들이 스스로 공부할 수 있는 습관을 들이도록 꾸준히 지도해야 한다.

선행교육규제법 9월 시행을 앞두고 일부 학원에서 중학교 1학년에게 대학 수학을 선행시킨다는 기사를 읽으며 저 유명한 공자의 말씀이 떠올라 씁쓸한 미소를 짓고 말았다.

학이시습지불역열호(學而時習之不亦說乎)

'배우고 그것을 시간이 날 때마다 반복한다면 또한 기쁘지 않겠는가!'

배움의 즐거움을 역설했던 옛 성현의 가르침이 혁신학교가 존재해야 하는 이유를 잘 설명하고 있는 것 같다.

꿈과 희망, 감성이 살아 있는
서울하늘초등학교

김 진 아
하늘초등학교

나는 혁신 초등학교 학부모랍니다.

"어머~ 민정 엄마! 민정이 어디 입학했나요?"

"아~ 예, 하늘초등학교요."

"거기 신설 혁신 초등학교라면서요? 혁신 초등학교는 공부는 별로라던데, 신경 많이 쓰셔야겠어요. 중고등학교 가면 엄청 힘들다고들 하더라고요."

그렇다. 나는 서울형 혁신학교 하늘초등학교 2학년에 재학 중인 딸을 가진 엄마다. 혁신 초등학교 학부모라면 누구나 들었을 법한 다소 부정적인 말들이 있다.

"혁신 초등학교 애들이 중학교 가면 하위권을 휩쓴다며?", "거긴

시험 안보면 애들 성적은 어떻게 매기나? 또 공부는 어떻게 해?",
"따로 사교육비 많이 들겠네." 등등.

나도 처음에는 많이 흔들렸다. 입학을 하고 보니 정말 우리 아이 학교는 중간·기말 고사, 경시대회 이런 것들이 없었다. 그 흔한 숙제도 많지 않았다. 때로는 유치원의 연장선 같기도 하였고 어찌 보면 그보다 더 못한 것 같다는 생각도 들었다.

하지만 위안이 되었던 것은 말 수 없고 환경 적응력이 그다지 좋지 않은, 조용하고 소극적인 딸아이가 너무도 학교 가는 것을 좋아하고 선생님을 좋아하고 학교에 대한 자부심도 크다는 것이었다.

그래서 나는 다른 관점으로 학교를 바라보기 시작했다.

우리 하늘초등학교는 올해로 개교 4년째인 신설 학교로 서울시 최고의 시설을 자랑하고 있다. 등굣길 교문 앞에서 아이들을 맞이하고 간혹 학교 교문 위의 현수막도 작업복 차림으로 직접 달기까지 하면서 권위주의를 타파한 젊고 적극적이고 유능한 교장 선생님과 각 분야에 최고의 능력을 인정받은 선생님들이 교편을 잡고 있다.

그동안 닫힌 교육만을 보고 자란 나는 말로만 '혁신'을 들었지 진정한 '혁신'은 접해보지 못하였기에 지속적으로 의심하고 곡해해 왔다.

하지만 아이는 달랐다. '혁신'이라는 단어를 사전적 의미가 아니라 이미 몸으로 느끼고 행동하고 있었다.

오카리나 연주 연습

나만의 피에로 만들기

　1학년 때 문·예·체 활동으로 오카리나, 연극, 택견을 전문 강사로부터 배웠다. 이를 통해 우리 딸은 악보도 보게 되었고 스스로 연기도 해보고 친구들에게 웃음도 보여주기 시작했다. 그리고 아이 스스로가 '나도 할 수 있구나! 누구나 다 가능한 것이구나!'라는 자신감을 느끼게 되었다. 학내 대회를 통해 입상을 해서 느끼는 성취감보다 더 큰 성취감과 만족감을 우리 딸은 하늘초 입학을 통해 체험하고 알게 된 것이다.

　나는 딸아이가 방학이면 개학을 기다리고 주말이면 월요일을 기다리는 모습을 보고 '나도 저런 학교를 다녔으면~' 하는 생각이 들기 시작했다.

하늘초등학교에서 세계와 만나다

올해 우리 딸은 2학년이 되었다. 아이는 설렘 반 두려움 반으로 2학년 교실에 첫발을 디뎠고 그곳에서 별천지를 만났다. 그중 하나가 지역 시설과의 교류 활동을 위해 자매결연을 맺은 '일본인 학교' 방문이다.

학교의 2학년 전체가 동갑내기 일본인 친구들에게 불러줄 노래를 연습하며 다른 나라 친구들을 맞을 준비를 했다. 우리 딸 민정이도 집에 와서 아빠에게 일본어 인사도 물어보고 스스로 일본에 대한 관심을 가지며 어릴 때 여행 갔던 오사카와 도쿄 사진도 꺼내보기 시작하였다. 일본 음식에도 관심을 가지고 사 먹자고 표현도 하고, 일본어만 보면 빙그레 웃고 질문도 하며, 아이는 점점 일본에 대한 관심도가 높아지기 시작했다. 하늘초 2학년 전체는 일본인 학교에 방문해서 그곳 친구들에게 노래 선물을 해주고 일본인 친구들과 표창 접기도 하고 음료수도 나눠 먹으며 즐거운 시간을 보냈다.

그날 민정이가 집에 와서 격양된 목소리로 말하였다.

"엄마~ 진짜 신기한 일이 있었어. 일본 사람이 한국말을 안다! 신기하지? 일본인 친구가 한국말을 하는 애도 있어! 그래서 어떤 친구는 그 학교 아이들과 친해진 친구도 있어. 진짜 신기해!"

사실 나는 그러한 광경이 그다지 신기하지는 않았다. 그러나 아이의 눈으로 바라본다면 충분히 신기할 수도 있을 것 같다. '외국

일본인 학교 방문 - 만남의 시간

일본인 학교 방문 - 종이접기

인이 어떻게 우리말을 알지? 정말 신기해~ 그리고 외국 친구들도 종이접기를 아네! 와~ 진짜 놀라워~'

이렇게 우리 하늘초 아이들은 학교에서 몸으로, 머리로 또 한 가지를 배우게 되었다. '세계는 별로 다를 것이 없구나. 두렵지 않구나. 일본 친구나 미국 친구나 아프리카 친구나 모두 나랑 같구나.'라는 것을 말이다.

이제 내년에 민정이가 3학년이 되면 교과과정의 일환으로 수영 시설이 마련된 일본인 학교에 가서 수영도 배운다고 한다. 아이가 가랑비에 옷 젖듯 조금씩 조금씩 외국인들을 접하다 보면 외국인에 대한 두려움과 낯설음보다는 내 친구라는 생각이 먼저 들 것이다. 그리고 그 친구와 더 가까워지기 위해 스스로 다른 나라에 대한 정보도 찾아보고 노력하는 구체적인 활동을 함으로써 아이들은 한 걸음 더 먼저, 보다 쉽게 세계를 향해 나아갈 수 있을 것이라고 생각하니 너무나 뿌듯했다.

성과 위주의 학내 활동이 아닌 경험 위주의 활동! 이런 것들이 풍부해질수록 우리 아이들에게 학교라는 곳은 지겹고 따분하고 답답한 곳이 아니라, 흥미롭고 또 가고 싶은 곳이 될 것이라는 확신이 들기 시작했다. 나는 이러한 일련의 과정이 바로 '혁신'이라는 생각이 든다.

하지만 요즘 민정이가 걱정을 한다.

"엄마, 어떤 선생님이 그러시는데 혁신학교가 없어진데, 그러면 우리 학교도 없어지는 거야? 난 지금 혁신학교인 하늘초가 너무 좋은데, 없어지면 안 되는데~"

나는 "아니야. 그건 어른들이 잘못 말을 해서 그런 거야. 우리 학교는 없어지지 않아. 그리고 혹시나 혁신학교가 없어지더라도 하늘초는 민정이가 계속해서 즐겁게 다닐 수 있는 학교로 남아있을 것이니 걱정 마. 그리고 엄마가 혁신학교 안 없어지도록 이야기 잘해볼게."라고 답해주었다.

아이의 눈과 머릿속에는 '혁신'이라는 단어의 사전적 의미는 분명 없을 것이다. 다만 그 느낌만은 그 누구보다 아이가 확실하게 알 것이다. 그 느낌을 지켜주고 발전시켜 주는 것이 바로 우리 부모의 몫이 아닐까.

도서관에서 매일매일 수업하는 우리 하늘 어린이

2학년 초 상담을 갔다.

"민정이는 말 수는 적지만 관찰력이 좋고 배려심이 많고 차분해요. 어머니, 아마도 책을 많이 읽어 그런 듯합니다. 교실에 들어오면 항상 학급문고를 꺼내와 수업 전까지 읽곤 해요."

사실 나는 아이가 너무 조용한 것이 걱정이 되어 상담을 갔는데, 담임 선생님은 뜻밖에 칭찬을 해주시며 딸아이의 학교생활을 일일이 말씀해 주셨다.

상담을 다녀온 후 주변 엄마들과 이야기하다 공통적으로 나온 말이 있다. "신기해~ 우리 아들은 집에선 책을 안 보는데, 담임 선생님은 책을 엄청 좋아한다고 하시네?", "어머 나도 그런 얘기 들었는데", "나도! 그럼 그냥 인사말 아닌가? 아이~ 선생님이 그러실 리는 없고" 등등. 사실 나도 조금은 의아했었다. 집에서는 민정이가 책을 많이 읽지 않으나 학교에서는 기본 3~4권을 읽고 온다고 하니 말이다. 또 가끔 책 제목을 적은 쪽지를 주며 사 달라고 말하는 모습도 불현듯 떠올랐다. '교실 안에 많았나?' 다시금 기억을 되짚어보게 되었다.

그러던 중 나는 학교에서 하는 부모 교육을 갔다. 그곳에서 교장 선생님께서 학교 대관 및 각종 기자재 구입 과정에서 공개 입찰을 통해 학교 재원을 아낄 수 있었다고 말씀하셨다. 그래서 그 돈으로 올봄 2,700여 만 원 상당의 학생 수준별 학급 도서를 구입하여 올가을까지 책을 좋아하는 하늘초 어린이들을 위하여 각 학급을 작은 도서관으로 만들겠다고 말씀하시는 것이 아닌가!

현재 하늘초에는 수준급의 도서관이 있다. 신설 학교이기에 도서 또한 최신판이며 그 수와 종류도 방대하고 환경도 쾌적하다. 그러나 교실과는 조금 거리가 있기에 민정이가 가끔 불만을 토로했었다. "엄마, 나 도서관 정말 가고 싶은데, 쉬는 시간이 짧아서 책을 못 빌려와~. 엄마가, 내가 적어 주는 거 빌려오면 안 되나요? 내가 수업 마치고 가면 친구들이 그 책 먼저 보고 있어서 못 보거든. 같은 책이 여러 권인데 인기가 좋아서 그런 것 같아." 이러한 아이의 마음을 교장 선생님은 어떻게 아셨을까? 책 읽기 생활화를 실현하고 도서관 이용을 어려워하는 아이들을 위하여 올해 '교실

내 작은 도서관 만들기'를 기획하고 실천하시기로 하셨다니 놀라울 따름이다.

'여름방학이 지나 교실로 가면 교실이 작은 도서관으로 바뀌어 있겠지.' 나부터 무척 설레고 기대가 된다. 그리고 기뻐할 아이들의 모습을 떠올리니 너무도 행복해진다.

우리 담임 선생님은 방과 후 교사

2학년이 되니 아이는 월요일이 기다려지기 시작했다. "엄마, 나는 월요일이 제일 기대된다!" 왜 하필 월요일이지? 보통 어른들은 월요일을 싫어하는데 신기하게도 민정이는 월요일이 제일 좋단다. 해답은 학교 프로그램에 있다.

하늘초는 아이의 적성을 발견하고 취미, 특기를 부여하고 찾는 활동의 일환으로 '상설 동아리 활동 수업'을 기획, 실천하고 있다. 정규 수업이 모두 끝난 후 신청자에 한하여 학년별로 종이접기, 합창, 집중력 기르기, 크로키와 드로잉, 외발자전거, 보드게임, 플루트, 리코더 앙상블, 다이어토닉 하모니카 등을 전문 지식을 겸비하신 선생님들께서 아이들에게 가르쳐 주시고 있다. 학부모의 주머니 사정을 고려하여 학교 측은 마포구의 지원을 받아서 모든 수업을 무료로 운영하고 있다.

민정이는 2학년이라서 종이접기를 배우는데, 월요일이 바로 그 수업이 있는 날이다. 그날만큼은 어깨가 우쭐해져서 집에 온다.

집에 오자마자 자기 동생과 옆집 동생을 불러 바로 수업을 시작한다. 그 모습을 보고 있노라면 '취미, 특기를 키우기도 하지만 자신감도 키우는 너무도 알찬 수업이구나~ 고맙다, 하늘초!'라는 생각이 든다.

변화하는 딸을 보며 나는 혁신 초등학교가 교육의 답이라는 것을 느끼기 시작했다. 그리고 주변 사람들에게 학교에 대해 보다 긍정적인 말을 하기 시작했다. 서울형 혁신학교 하늘초 학부모가 되어 행복함을 느끼기 시작한 것이다.

스스로 공부하는 방법을 배우는 혁신학교

전 은 영
강명초등학교

지난 2011년 이곳 강명초등학교 근처로 이사를 와서 벌써 큰아들이 4학년이 되었고, 올해 2014년에 둘째 아들이 입학을 하였다. 급하게 이사를 와서 혁신학교인지도 모른 채 '새로 지은 학교니까 깨끗하고 좋겠다.' 정도 생각을 가지고 큰아이 입학식에 갔는데, 학교에서 입학하는 아이들을 촛불로 맞이해 주셔서 '참 따뜻하긴 하네.' 하고 생각했다.

혁신학교는 수업에 최선을 다하는 학교

그때만 해도 큰아이를 학교에 보내고 처음으로 학부모가 되어서 그랬는지 경기도 혁신학교 이외엔 혁신학교에 대해 별로 들어

본 적이 없었다.

큰아이가 입학한 후 교육과정 설명회에 가서 처음으로 서울형 혁신학교에 대해 자세히 들을 수 있었는데, '정말 저 설명들이 다 가능하다는 걸까?' 생각했다.

선생님께서 말씀하셨다.

"혁신학교란 무엇일까요? 교사들이 학생들과 마주하는 수업 시간에는 수업만 하는 학교입니다."

"아이들 각자의 개성을 존중하며, 획일적인 교육에 변화를 주어 창의적이고 주도적인 학습을 할 것입니다."

"80분 블록 수업을 하고 50분 수업의 경우 10분 쉬는 시간들을 모아 30분 노는 시간을 만들었습니다."

선생님이 말씀하시는 것은 내가 생각하는 상식의 교육이었다.

나는 한석봉의 어머니만큼 훌륭하지도 못한 그저 평범한 엄마이지만 현재 우리나라 유치원에서 교사 한 명이 아이들 25명을 감당하는 것도, 초등학교 교육과정 준비를 위해 받아쓰기를 하는 것도 늘 불편했었다. 뭐 대단한 아들이라서, 대단한 엄마라서 그런 것이 아니다. 그저 반짝이는 여섯 살, 일곱 살, 다시 오지 않을 그 시절을 단체 생활을 위해 획일화를 강요받으며 자라는 아이들이 마음 아프고, 아이들 각자의 향기를 그대로 지켜줄 여유가 없는 상황이 안타까웠었다.

늘 많이 부족한 엄마이지만 '어린 시절에 공부는 재미로 다가서야 한다. 놀이 속에서 방법을 찾아야 한다.'고 생각했다. 노는 것과 방치하는 것은 분명 다르다. 아이라 얕잡아보고 "책 읽으면 사탕 줄게."라고 말하는 것이 아니라 책이 재미있다는 것을 느끼게 하고 마음속 저 깊은 뿌리로 다가가야 한다. 그 정도의 신념을 가지고 덜 지루한 방법을 찾는 부모이고 싶었다. 그런 생각을 하며 나는 독창성을 억누르지 않을 수도 있겠다는 기대 반 염려 반의 느낌을 가지고 초보 학부모가 되었다.

배움공책과 80분 수업

그렇게 큰아이가 1학년 학교생활을 시작하였다. 숙제에서부터 혁신학교는 초등학생 자녀를 둔 지인들에게서 들은 이야기와는 많이 달랐다. 분명 초등 1학년이면 상상되는 모습이 있었다. 학교를 마치고 아들이 "엄마 100점이예요!" 하며 받아쓰기 노트를 가지고 뛰어 들어오는 …….

하지만 큰아이는 1학년 동안 단 한 번도 그런 적이 없었다. 대신 수

사회 배움공책 '대한민국의 수도에 대해서' 목차

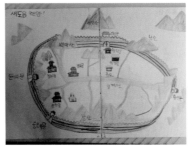
서울의 과거와 현재를 공부하는 '서울의 사대문과 산'

작업으로 만든 8절 스케치북 형태의 노트로 '생각하는 수학', '아름다운 우리글'이라는 단 한 명도 똑같지 않은 배움공책이란 것을 들고 왔고, 올해 입학한 작은아이는 거기에 노래가 더해졌다.

1학년은 세상에 하나인 것, 열인 것, 'ㄱ'에서부터 'ㅎ'이 들어가는 낱말들을 숙제로 조사하고, 수업 시간에 그 내용들을 친구들과 공유하고, 어떤 윤곽선도 없는 하얀 종이에 색연필과 크레파스로 아웃라인을 만들고, 그림을 어떻게 배치할지 스스로 선택하고, 칸을 만들어 내용을 작성한다. 조사한 낱말들로 선생님과 함께 노래를 만들어가며, 손뼉을 치며 함께 공부한다.

이 과정을 통해 선과 균형 감각, 면 분할을 익히고, 자료를 수집하고 정리하고 구성하는 능력의 기초를 쌓고 있었다. 낱말 조사 과정에서는 의성어와 의태어를 포함하기 때문에 상당히 범위가 넓어서 주변 사물의 움직임에 관심을 가져야 했다. 좀 특별한 단어를 찾기 위해 책도 찾고 신문, 잡지도 뒤졌다. 또 간혹 생소한 단어가 나오면 친구들이 "그게 뭐야?" 하고 물어올지 모를 상황에

배움공책 '생각하는 수학' 숫자 2

배움공책 '생각하는 수학' 숫자 7

태연하게 대처하기 위해 그 단어를 활용해 보기도 했다.

이 과정을 거치면서 교과서에 나오는 낱말들 이외의 어휘력이 생겼고, "이건 애들이 못 찾겠지!" 생각하며 자료 수집의 재미도 느꼈으며, 지식이란 것은 내 것으로 만들어야 꺼내어 쓸 수 있다는 것도 배웠다. 고학년이 되면 분야도 다양해진다. 미래 역량으로 필요한 지식과 정보의 상호작용을 차곡차곡 연습하고 있는 아이들을 보면서 '나도 저런 교육을 받았더라면 회사에서 그 수많은 맵 작업을 좀 더 수월히 했을 텐데.' 하는 생각도 들었다.

이 아이들은 예쁜 생일 카드, 보고서, 자기소개서를 양식 없이도 너끈히 종이를 채워나갈 힘을 쌓아가고 있었다. '말'이라는 것이 소통하기 위함이고, '글'이라는 것이 생각의 전달을 위해서라면 맞춤법보다는 그 안에 쓰일 생각이 더 중요할 것이다. 생각의 폭을 넓혀야 할 시기에 어른으로서는 가질 수도 없는 8세, 9세의 번득이는 창의력, 상상할 수 있는 힘과 상상할 자유를 맞춤법으로 틀에 가두어서도, 틀에 맞추어 넣으라고도 해선 안 된다.

생각보다 아이의 두뇌는 유동적이어서 엉뚱함을 넘어 때론 현실적인 이론을 내어놓기도 한다. 간혹 아들이 "이러면 되지." 하며 난관에 처한 나를 도울 때면 깜짝 놀라기도 하고 '어찌 그런 생각을 했을까?' 생각할 때가 있다.

기성세대가 획을 그어 "여기까지만, 너는 초등학교 1학년이니까 이 글자들 정도만 익히면 점수는 잘 받을 수 있어. 그럼, 너는 모범생이야. 너는 무엇이든 잘하는 아이일거야."라고 말하는 발상을 나는 아이를 두고 감히 할 수가 없다. 아이에게 획을 그어 "여기까지만 하면 돼."라고 하지 않을 때 아이의 잠재력이 무엇을 내어 놓을지는 아무도 모를 일이다.

보통 1학년의 경우에 오늘 외울 문장에 나오는 글자들의 맞춤법을 모두 익힌 후에 아이들은 오늘 해야 할 내 학습 분량, 내 책임은 완수했다고 생각하기 쉽다. 함께 책이라도 한 권 보려 하면 "엄마, 저에게도 자유 시간을 주세요!"라고 할 것이다. 진짜 배움은 그 다음에 있는데 말이다.

이렇게 생각에 생각을 무는 수업, 국어 수업을 하며 음악, 신체활동까지 영역을 확장하는 수업을 하기에 50분으로는 부족하다는 것을 공개수업을 보면서 절실히 느꼈다. 교사가 설명하고, 아이들은 듣기만 하는 주입식 교육에서는 수업 시간은 50분으로 충분하다. 그러나 아이들이 생각하고 활동하는 수업에서는 부족하다. 처음 교육과정 설명회에서 "몰입을 위해 80분 수업을 한다."라는 소리를 들었을 때 '1학년도 그것이 가능할까?' 의문이 있었는데, 아이들은 지켜보는 어른보다 더 훌륭히 몰입해서 수업을 해내고 있었다. 선생님은 늘 새로운 단어를 가지고 와서, 그것을 노래 가사로 넣고 싶다고 하는 아이들과 함께 노래 가락에 어울리는 조화를 이끌어내신다. 나는 혁신학교 수업과 아이의 성장을 보면서 늘 쉬운 길을 택하지 않은 선생님이 존경스러웠다.

그리고 이번에 작은아이가 1학년으로 학교를 다니면서 개인적으로는 크게 배운 것이 하나 있다. 작은아이는 왼손을 주로 사용하고, 유치원 시절 빨리 그리고 싶은 마음에 한 두어 가지 색으로 해결을 하곤 해서, '혹시 애정이 부족한가? 왜 색깔을 다양하게 쓰지 않지?' 살짝 걱정이 된 적도 있었다. 아이의 그런 특성을 알고 있던 나는 공개수업 때 아이의 배움 공책을 보고 깜짝 놀랐다. 크레파스 통에 있는 색깔은 다 사용한 듯 보였다. 그리고 자신에게는 힘이 더 세고 사용하기에 익숙한 왼손으로는, 왼쪽에서 오른쪽으로 꺾는 획이 많은 한글을 쓰기가 쉽지 않다는 것을 깨닫고는 누가 시키지도 않았는데 몇 달 안에 손을 바꿔보려 노력했던 것이다. 배움 공책에 얼마나 예쁘게 써 놓았는지, 나는 잠들기 전에 실실 웃으면서도 글자를 쓰며 팔이 아프다던 아이의 얼굴과 겹쳐져 잠시 말문을 잃었다. 나는 오른손을 다쳤을 때 '바빠서, 이 나이에 무슨!' 하면서 왼손 젓가락질을 몇 번이나 포기했었다. 아마 아이도 불러주는 문장을 긴장하면서 얼른 써야 하는 받아쓰기만 계속했다면 불가능했을 것이다.

아이들은 이렇게 기다려 주기만 해도 몇 배로 돌려주었다.

그림은 왼손, 한글은 오른손!

적절한 교과과정과 수업 시간, 선생님의 기다림이 없었다면 시도하다 포기했을지 모르지만 아이는 그 일을 스스로 결정하고 이루어내면서 양손을 쓰는 이점뿐만 아니라 너무나 뿌듯한 성취감을 얻을 수 있었다.

앞으로 이 아이가 살아가면서 큰 벽을 만나고 힘에 겨울 때 '나는 할 수 있을 거야!'라며 도화선이 되어줄 작은 불씨 하나를 마음

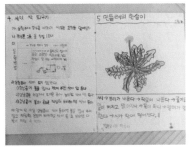

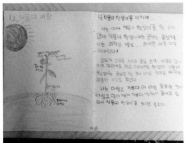

과학 배움공책 '식물의 한살이' 중 실험과정과 대표적인 한살이 식물에 대한 기록

과학 배움공책 '식물의 한살이'를 마치며 아이들 각자 소감을 기록한 페이지

에 품었다는 것이, 그런 기억을 가지게 된 것이 너무 감사했다.

너무 신통하기도 하고 대견스러워서 친정 엄마에게 그간의 이야기를 했더니 둘째는 슬그머니 학교 공책을 가지고 와서는 외할머니 옆에 펼쳐주었다. 이 아이도 여덟 살에 '급하니까 일단 포기하자!'가 아니라 '나도 노력하면 된다!'라는 것을 배웠다. 그 순간 아이도 엄마인 나도 가슴이 뜨거워지고 눈시울이 붉어지는 것을 느꼈다.

노는 시간 30분, 재미있는 도서관과 시간 관리 능력

나는 초등 1학년이 도서관에 친구들과 가서 책을 빌려오는 장면이 아직도 신기하다. 아이들은 학교도서관에서 제법 두툼한 책을 빌려와 며칠에 걸쳐 읽는다. 도서 반납일도 잘 기억하고 지킨다. 뭐 있을 수도 있는 일이겠거니 생각했으나 책을 계속 빌려오고 그 책들을 방치하지 않고 다 읽는다. 4학년이 된 큰아이는 아파트 도서관과 공공도서관으로 도서 대출 이용을 넓히고 있다.

'우리 집 아이들만 그런가?' 생각해 보았는데, 우리 아이들만 그런 것이 아니다. 지금 1학년인 작은아이 학년에선 어떤 책을 빌리기 위해 시합도 했다고 한다. 숙제로 책 읽기가 자주 있기도 하지만 당장 내일이 시험이라면 아이도 책을 읽을 여유가, 부모도 그것을 가만 보고 있어줄 여유가 없을 것이다. 이 학교 쪽으로 이사를 와서 아이가 책을 많이 보게 되어 너무 좋다는 학부모들을 많이 만난다.

학교를 공개하는 날에 아이들의 하루를 보면, 아이들은 보고 싶은 책을 보기 위해 노는 시간에 도서관도 다녀와야 하고, 운동장도 가고 싶고, 자신이 심어 놓은 식물에 이름도 붙여주고 불러주고 싶어 한다. 하고 싶은 일이 너무나 많은 것이다. 그래서 아이들은 쉬는 시간 30분을 어떻게 활용할지 생각을 하고 움직이고 있었다. 도서관 갈 시간을 확보해 놓고 노는 것이다. 오늘은 도서 반납하러 도서관 가야 하니 무엇부터 해야지 생각하는 모습을 발견할 수 있었다. 노는 시간 30분을 통해 저학년 때부터 시간 관리 능력이 생기는 것이다.

어른들도 약속 시간에 상대방이 10분쯤 늦겠다고 하면 그냥 기다리는 것밖에 할 수가 없지만 30분쯤 늦겠다고 하면 '잠깐 은행을 다녀올까?' 생각하는 것처럼 아이들 역시 머리를 쓰게 되는 것이다.

아이들이 도서관만 가는 것은 절대로 아니다. 운동장이든 교실이든 시작하려다 그냥 그만두게 되는 것이 아니라 놀이에 몰입하는 것이 가능했다. 10분으로는 할 수 없던 충분한 놀이가 가능했고 그 시간 동안 친구들과 어울리는 대인 관계를 배우고 조화를 배워가고 있었다.

작은아이는 1학년 초반엔 화장실 갈 시간도 못 만들어 수업 시간에 화장실 가기 일쑤였고, 집에 오자마자 화장실로 뛰어 들어가곤 했다. 허나 이젠 샤워하면서 '오늘은 뭘 하고, 내일은 뭘 하고' 이렇게 흥얼거린다.

아마도 이 아이들은 학교가 너무 재미있나 보다. 재미가 있어야 하고, 동기가 있어야 아이는 움직인다. 쉽고 재미있는 미디어가 아니어도 동기가 있으면 힘들어도 해낸다는 것을 아이를 키우면서 많이 느꼈다. 우리 아들과 그 친구들이 방학 때 학교 가고 싶다고 하던 말이 이제는 마음에서 이해가 된다.

따뜻한 시선의 리더십과 자기주도학습

지난 학기 동안 나는 나름 아이와 학교생활 이야기를 자주 나누었다. 교과과정도 물어보며 모르고 넘어가는 개념만 없게 하자 생각하고 문제집을 풀기보다는 이야기를 나누는 것에 더 비중을 두었다. 아이는 수업 시간 활동들을 내가 생각하는 것보다 잘 기억하고 있었다. 교육학을 전공하지 않은 그저 엄마인 내 생각에는 밤새 암기한 것은 잊기 쉽지만 TV 드라마나 여행에서의 추억은 몇 년이 지나도 잊지 않는 그런 효과 같았다.

큰아이 1학년 담임 선생님께서 교육과정을 설명하실 때 아이들이 하고 있는 활동을 학부모들이 함께 그대로 해본 적이 있다. 선을 그리는 작업이었는데, 곡선이 교차해서 완성형만 보면 어떤 순서로 그렸는지 빨리 보이지 않는 형태였고 쉽지만은 않았다. 상당한 집중력을 필요로 했다. 장난처럼 시작했다가 많은 엄마들이 낭패를 보면서 웃었다. 가끔 엄마들 사이에서 "혁신학교 아이들 행복해요.", "혁신학교는 노는 시간이 길어서 좋아요."라는 말이 나오기도 한다. 그러나 아이들 수업에서 하는 곡선 그리기를 해본 이후로는 그런 이야기를 들으면, '우리 아이들 결코 쉬운 수업을 하면서 노는 것이 아닌데.', '지적인 호기심 충족 없이 놀기만 한다고 아이들이 행복해하신 않는데.'라는 생각이 들며 안타까웠다.

큰아이 3학년 때 연산 과정에서 덧셈, 뺄셈을 이용해 스스로 문제를 만들어 보는 숙제가 있었다. 그런데 4학년 때 어느 저녁에 큰아이가 웅크리고 앉아 뭘 한참 하더니 "엄마, 더하기 문제 좀 내줘봐."라고 말했다. 왜 그러는지 물어보니 "내일, 단원 평가를 한대."고 답했다. 노트엔 저 혼자서 문제를 내고, 풀고, 그 상태였다. 나는 정말 궁금해서 물어보았다. "그 평가를 잘 보고 싶어?" 그랬더니 아이는 "응."이라고 대답했다. '아이들 마음이 다 저렇겠구나!'라는 생각에 만감이 교차했다. 나는 하던 설거지를 멈추고, 때를 놓치지 않고 말해보았다.

"엄마 심심해, 놀자! 우리 같이 잘까?" 공부를 해보겠다는 아이에게 무슨 배짱이었는지 한 번 그래 보았다.

지금이 아니면 "공부 그만하고 자야지." 하는 그 유명한 장면을 못 해볼 것 같았고, 친구 같은 엄마가 되고 싶은, 아마 어느 부모에게나 있을 본능이었을 것이다. 아들이 웃으면서 "엄마아~" 하기에 몇 가지 문제들을 함께 다루어 나갔다.

그러다 아들이 기억을 정리해두고 싶었는지 새로운 노트 한 권을 가지고 와선 줄을 긋고 메모를 하며 나름대로 수학 노트를 만드는 것이었다. 지난 학기들 동안 잦은 시험에 대한 스트레스가 있었고, 내일도 많은 과목의 시험을 보아야 한다면, 아이에게도 나에게도 여유가 없었을 것이다. 노트 정리가 아니라 암기를 해야 하는 상황이었을 것이다. 나는 아이가 노트 정리를 하는 것을 보면서 '이 학교가 이것을 하려던 것이었을까?' 하고 적잖이 놀랐다.

그리고 결과는 좋았다. 나는 점수가 아니라 스스로 준비한 아들의 대견함을 칭찬했다. 칭찬받은 서너 살 어린아이처럼 마냥 어깨를 으쓱이며 연신 뿌듯해했다. 그리고 한 학기 동안 제법 꾸준히 해오면서 아이는 이제 알았다. 아이는 스스로 준비하는 과정에서 오는 뿌듯함과 노력의 가치와 짜릿한 성취감을 맛보았다. 그로부터 몇 달 후 큰아이와 작은아이와의 대화에서 나는 큰아이가 시험에서 100점을 받은 것과는 다른 차원의 감정을 느꼈음을 알 수 있었다. 큰아이는 동생에게 "나도 무언가를 스스로 할 수가 있는 사람이고, 너도 노력하면 할 수 있어!" 하는 이야기를 해주고 있었던 것이다. 나는 웃음도 나고 큰아이가 자존감과 자신감을 동시에 배웠음을 확실히 느꼈다. 한 뼘 더 성장한 아들의 모습이 기특하기도 하고 기뻤다.

지난해 유달리 많은 잔병치레를 하느라 의기소침했던 큰아이가 학기 초 스스로 수학 노트를 만든 이후로 매사에 자신감이 넘쳐 있다. 그 자신감은 시험을 치지 않는 다른 과목에도 영향을 미쳤다. 그리고 뭐 그리 튀는 성향의 아이가 아닌데 친구들에게도 그 영향을 주었다. 아마도 좋은 점수가 아니라 스스로 준비한 뿌듯함에서 오는 긍정적 방향의 변화 같다. 알레르기가 없지만 강아지를 무서워하는 친구에게 괜찮다며 만져 보라 권하고, 재미있는 책이라며 권해 주기도 한다. 더운 날에도 서너 시간씩 놀면서 서로 긍정적인 영향을 주는 친구가 되어주려는 아이의 모습을 보며 나도 아이에게서 많은 것을 배운다.

대학 입시가 아니어도 사회로 나가기위한 관문엔 여러 평가들이 있다. 운전면허, 바리스타 자격증, 의사 면허 등. 시험을 피해 갈 수 없다면, 스스로 준비할 수 있는 힘을 기르고 준비 과정을 통해 자신감을 얻어가는 지금의 시간은 앞으로 "○○학교 학생입니다."란 신분을 마쳤을 때 스스로를 지탱할 큰 힘이 될 것이다. 학생의 신분보다는 자신의 이름으로 스스로를 책임져야 할 시간이 훨씬 더 길고, 후배들을 아우르고 조화를 이루어야 할 시간이 훨씬 길기 때문이다.

작은아이 입학식을 돌이켜본다. 6학년 학생들이 따뜻하게 웃는 얼굴로 어색하고 떨리는 신입생의 손을 잡아 주었고, 신입생들은 그 손을 잡고 긴장된 어깨를 내려놓을 수 있었다. 6학년 학생들이 자신의 형제자매가 아니어도 훨씬 어린 아이들의 손을 잡아 주는 모습에서 따뜻한 리더십을 배우는 감동을 느낄 수 있었다. 너무 예쁜 그 광경에 울컥했던 기억이 지금도 남아 있다. 동생이 잘 입학했는지 궁금해하는 우리 큰아이도 6학년이 되면, 누군가의 동생일지도 모를 신입생에게 따뜻한 말을 걸어주며 손을 잡아줄 것이다. 큰아이의 그 순간 얼굴이 눈앞에 그려진다.

반장이 없는 우리 아이들의 학교는 수학에 자신 있는 아이, 음악에 자신 있는 아이 등이 각자 자신이 잘할 수 있는 부분을 친구들에게 알려주며 주제마다 다른 아이가 자발적인 리더가 되어 모둠 활동을 해나가고 있다. 이는 반 전체에서 반장을 하려면 부담스럽던 아이들에게도 작은 모둠에서는 얼마든지 리더의 역할을 경험해볼 기회가 제공되는 것이고, 뛰어난 한두 명이 아니면 접하게 되는 박탈감을 줄이는 방법이라고 생각한다.

나는 혁신학교인지 모르고 아이가 입학을 한 터라 어쩌면 냉정히 학교생활을 바라볼 수 있었던 것 같다. 서울형 혁신학교와 같이 시작해서 올해 4년째를 지나고 있는 큰아이의 학교생활을 지켜보며 단 한 번도 흔들린 적이 없었던 것은 아니다. 3학년 즈음엔 '시험을 너무 안 치는 것이 아닌가?' 막연한 불안감도 없진 않았다. 하지만 행복한 분위기에서 인성도 함께 성장하는 아이의 모습, 시험 공부할 때가 아니라 폭이 넓은 독서를 하며 뒹굴 때 꿈이 생겨난다는 믿음, 운동을 할 여유, 재미있는 공부도 있다는 것을 알아가는 아이의 마음을 바꿀 수는 없었다. 물론 학습을 포기하지도 않았다. 한 해 두 해 그렇게 고학년을 맞이하게 된 지금, 이사를 와서 이전 학교와 비교가 되는 다른 학부모님들과의 대화, 여러 다른 학교 학부모님들과의 만남을 통해서, 아이에게 가장 중요한 긍정적인 학습 태도가 형성되는 모습을 보며 이제는 학습에서도 확신을 가지게 되었다.

나는 우리 아이의 세대에서 이런 변화가 있는 것이 너무 고맙다. 사생활을 거의 포기하셨던 우리 아버지, 어머니 세대에도 감사함을 느낀다. 스펙보다는 진정한 역량을 쌓아갈 수 있도록 오늘도 수업 연구 회의를 하시며 열심히 애쓰시는 선생님들에게도 감사한다. 하루하루를 열심히 배우고, 놀며 자라주는 아이들도 너무 고맙다. 그리고 선생님들과 우리의 아이들에게 학부모로서의 책임감도 함께 느끼고 있다.

충만함을 느끼는 공연 예술 체험 교육

이 은 화
원당초등학교

딸아이는 3년 전에 원당초등학교 병설 유치원에 운 좋게 당당히 추첨되어서 2년 동안 초등학교 운동장을 최고의 놀이터인 줄 알고 신나고 즐겁게 다녔다. 병설 유치원을 졸업한 우리 아이는 집에서부터 버스로 네 정거장이나 되는 거리의 혁신 초등학교인 원당초등학교에 입학했다. 아이는 그렇게 아이만의 첫 사회를 만나게 되었고, 아주 즐겁게 학교생활을 시작하게 되었다.

공연 예술을 즐기는 '창의적 체험활동'

딸아이가 여섯 살 때부터 원당초등학교 병설 유치원을 다니게 되면서 자연스레 학교 공간과 지리를 파악했기 때문인지 아이의 초등학교 입학과 적응에는 무리가 없었고 수월했다.

　나는 아이가 적응 기간이 끝나고 받아온 시간표에서 창의적 체험활동 시간을 발견하고는 처음엔 재미있는 체육 시간 정도인 줄 알았다. 명랑하고 유쾌한 성격의 딸아이에게는 체육 시간만으로도 무척 기다리는 시간이 될 텐데 생각하다가, 창의적 체험활동을 하는 시간이 '창체'라는 것을 알고 나서는 엄마인 내가 어떤 시간일지 더 궁금해졌다.

　올여름은 작년 이맘때보다도 훨씬 더운 날씨이지만, 요즘 아이는 7월 넷째 주 여름방학식 전날 예정된 '원당 공연의 날'에 보여줄 창의적 체험활동 발표회 연습에 무엇보다 열중하고 있다. 편한 옷에 얼음물까지 챙겨 등교하는 딸을 보며, 작년 1학년 입학해서 여름방학식 날 열렸던 '원당 공연의 날'을 회상해본다.

　혁신학교인 원당초등학교에서 특색 사업으로 운영하는 창의적 체험활동은 바로 공연 예술을 체험하는 것이다. 이 공연 예술 체험활동은, 한 학기 동안 전교생 모두가 학년별로 주제를 갖고, 창의 댄스, 뮤지컬, 창의 음악, 사물놀이, 인형극, 연극 등을 창의적 체험활동 시간을 통해 틈틈이 익히고, 배우고, 즐기는 시간이다. 1학기 내내 1학년부터 6학년까지 전교생이 학년별, 학급별로 모두 특색 있는 장르를 배우고 익혀서 전교생 모두가 즐겁게 놀이와 공연 문화를 배우고 체험하는 시간인 것이다. 학년별로 주제가 다르기 때문에 학년이 올라갈수록 다양한 공연 예술을 직접 체험하게 된다.

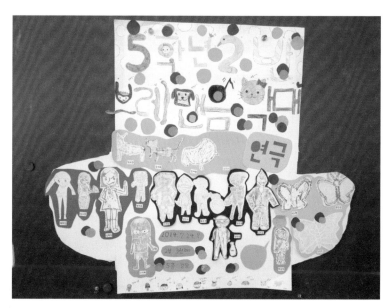

〈브레멘 음악대〉를 홍보하는 콜라주 포스터

원당 공연의 날, 아이들의 〈브레멘 음악대〉 연기 모습

상대적으로 공연 예술과 문화적 경험의 기회가 적은 우리 학교의 여러 환경 조건을 생각하면 무엇보다도 아이들에게 유익한 배움과 경험이 되는 것 같다. 보통 우리가 알고 있는 학예회나 학교에서 이루어지는 예술, 문화 발표회인 경우, 일부 재능 있는 학생만 참여한다거나, 장소와 인원 제약으로 일부 학생만 참여할 수밖에 없는 경우가 많다. 그러나 원당초등학교는 전체 학급 수가 상대적으로 적고, 학급별 학생 수도 적어서, 모든 학생이 함께 참여할 수 있다. 그래서 이런 기회가 더 없이 만족스럽다.

충만한 체험감을 느끼는 '원당 공연의 날'

그렇게 틈틈이 익힌 솜씨들을 여름방학식 날에 '원당 공연의 날'이라는 행사로 부모님들과 또래 친구들, 선후배들에게 발표를 하는 것이다. 학기 중 즐기며 익힌 연습이 공연이라는 행사로 무대에 올려지기까지 각 반 담임 선생님들이 전문 강사 선생님들과 함께 프로그램을 구성하고, 연습 지도 및 소품까지 일일이 준비해 주셨다. 우리 딸이 1학년 공연 때, 선생님들이 준비해 주신 쉬폰 공주 치마는 당일 공연복으로 입고 나서도, 특별한 날에는 아이가 자주 입고 나가기도 했다. 얼마 전 바자회에 이 옷을 내놓아 필요한 친구에게 팔기도 했다. 공연은 당일 저학년 동생 반들과 고학년 형 반들이 골고루 섞여 1부, 2부로 나뉘어서 발표회 형식으로 강당에서 진행된다.

지난해 '원당 공연의 날'은 7월 19일에 열렸다.

1학년 3반 아이들이 〈얼굴 찌푸리지 말아요, 유후~〉라는 노래에 맞춰 맘껏 기량을 뽐내었다. 여자아이들 미니 마우스 머리띠까지 준비해주신 선생님 덕분에 모두들 반짝반짝 빛나는 공연을 할 수 있었다. 환한 조명 아래 소질 있어 보이는 아이, 쑥스러워하면서도 할 것은 척척 하는 아이, 열심히 하지만 반 박자씩 어김없이 틀리면서도 끝까지 최선을 다하는 아이, 그 와중에 무대 위에서 무슨 일인지 티격태격하는 아이들까지 모두가 최선을 다하는 모습으로 나에게는 그저 귀엽고 개성 넘쳐 보였다.

1학년 2반 아이들의 '봐도 봐도 젠틀맨' 춤사위는 모두가 다 하나 되게 만들었다. 모든 아이들이 마냥 흥겨워서 그 당시 세계가 주목하고 있었던 가수 싸이의 모습 같아 보이기도 했다. 〈빗방울 댄스 - 워킹 인 더 레인〉을 선보인 1학년 1반 아이들은 그 어느 반보다 탁월한 비옷 의상을 갖추어 입고 함께 춤을 추었다. 그 아이들의 모습은 무대에서 비 내리는 〈싱잉인더레인〉 뮤지컬 공연보다 더 실감 났다.

5학년 아이들의 〈용감한 쥐돌이〉 공연에서는 모든 아이들이 직접 만든 인형들이 인형극의 등장인물로 올라왔다. 목소리도 모두 아이들이 직접 연기했다. 어찌나 실감 나게 잘 하던지 목소리 높낮이, 인형들의 움직이는 동선 처리, 음향, 무대 세트까지 웬만한 소극장 입문 배우들보다 훨씬 나은 듯 보였다.

그렇게 아이들이 한 학기 내내 준비한 창의적 체험활동 발표회

노래, 악기, 손뼉, 발구름, 랩으로 표현하는, 창의 음악 공연 리허설

를 마치고 아이와 함께 집으로 돌아오는 길에 아이에게선 충만한 체험감이 느껴지는 듯했다. 그 충만한 체험감이 이후 자신감과 자존감의 형성에 크게 도움이 될 것으로 믿는다. 아이가 즐겁게 참여하고 즐기는 모습만으로도 그저 흐뭇하고 뿌듯할 뿐이다.

자연스런 배움의 기회를 주는 체험활동

2014년 7월 24일 목요일 여름방학 전날 어김없이 '원당 공연의 날'이 찾아온다. 올해 2학년인 딸아이는 작년에 이어 두 번째 행사라 그런지 기대가 더 큰가 보다. 저녁에 잠자리에 들면서 다음 주는 월요일, 화요일, 수요일 모두 '창체' 연습이 있다며 즐거워한다. 발표회 날에 엄마는 일찍 오라고 딸이 재촉한다. 딸은 더 일찍 등교해서 자리를 맡아 놓겠다고 말한다. 보여줄 무엇인가 더 큰 것이 있는 듯, 그날 와서 보라는 딸에게 굳이 어떤 내용의 공연인지 묻지 않았다. 살짝살짝 안무 연습인 양 비춰주는 춤 모양에 짐작은 하면서도, 아이에게 미리 보여 달라고 하지도 않았다. 우리 아이들이 공연하는 바로 그 모습을 직접 보면서, 그 공연을 위해 1학기 내내 열심히 즐기며 배운 아이들의 수고에 더 크게 호응해 주고 박수 쳐 주려고 나도 꾹 참고 있다. 올해 2학년은 뮤지컬을 반별로 근사하게 준비한다는 것만 알고 있다.

이렇듯 학교가 재미있다고 하는 아이들, 모둠 놀이 시간에 '무엇을 하고 놀까?' 궁리하는 아이들, 함께 협력해서 참여하는 수업 시간을 만들어가는 아이들, 누구와도 어디서도 길게 낯설어하지 않는 아이들, 규칙과 기본 질서, 배려와 함께 소통하는 법을 자연스레 익혀 배우는 아이들, 세상 모든 것은 나와 다른 것이지 틀린 것이 아님을 배워가는 아이들, 그 안에서 자신이 인정받고 타인을 존중해 줄 수 있는 아이들이 서울형 혁신학교인 원당초등학교 아이들인 것이다. 그 안에 이번 여름방학 전에도 또 하나의 설레는 경험과 추억이 될 '원당 공연의 날'이 함께할 것이다.

혁신학교의 창의적 체험활동은 아이들이 표현해낼 때까지 기다려주고 조금씩 보여주면 부모는 그만큼 보아주고, 때론 아이들이 많이 보여주면 보여주는 대로 부모는 그 자체에 칭찬과 격려를 아끼지 않는 프로그램인 것 같다. 앞으로 우리 딸아이가 어떤 공연예술을 학교 친구들과 함께 배워 나갈지 기대가 된다.

'원당 공연의 날'을 준비하는 창의적 체험활동 연습이 즐거운 아이들

딸아이와 함께 학교 주인공이 되다

선 우 순 영
국사봉중학교

나에게는 혁신학교인 국사봉중학교 3학년에 재학 중인 딸아이가 하나 있다. 우리 딸아이는 2012년에 입학했는데, 입학식에서 국사봉중학교가 혁신학교가 되었다는 이야기를 듣고 혁신학교라고 뭐 특별히 다른 것이 있나 싶었다. 그러나 생활협약부터 시작해서 지금까지 국사봉중학교는 딸아이와 내게 참 많은 추억을 안겨준 고마운 학교이다. 난 그 수많은 추억들 중 오랫동안 기억에 남을 것 같은 두 가지를 여기서 이야기해 보고자 한다.

뮤지컬 대본 쓰기에서 다시 찾은 딸아이의 행복

작년에, 그러니까 지금은 중학교 3학년인 우리 딸아이가 중학교

2학년이었을 때 2학기 말쯤에 '역사 뮤지컬'이라는 활동이 있었다. 역사 뮤지컬 활동이란 한 학급의 학생들이 연출, 편집, 대본, 음향, 소품 이 다섯 가지를 한 명도 빠짐없이 역할을 분담해 우리나라의 역사적인 큰 사건 중 하나를 배경으로 하는 뮤지컬을 준비하여 많은 사람들 앞에서 공연하는 활동이다. 당시 딸아이는 이러한 역할들 중 대본 팀장을 맡아서 대본 작성을 담당했는데, 각자 개성이 너무 강해서 단합이 잘되지 않던 자기 반 아이들이 처음으로 모두 하나가 되어 열정적인 자세로 열심히 뮤지컬을 연습하고 있다며 즐겁게 대본을 썼다.

하지만 난 엄마로서 아이가 한창 기말고사를 준비할 기간에 공부를 소홀히 하고 대본만 열심히 쓰는 모습을 보며 마냥 기뻐할 수만은 없었다. 아이의 좋은 성적을 마지막까지 유지시키고 싶은 엄마의 마음이었을까? 평소 아이에게 공부하라는 소리는 잘 하지 않는 편이지만 2학년 1학기 중간고사부터 2학기 중간고사까지도 잘 나왔던, 딸아이의 성적이 마지막에 떨어지면 어쩌나 하고 솔직히 조금 걱정이 되었던 것이다.

하루, 이틀, 사흘이 지남에 따라 기말고사는 점점 다가오는데 딸아이는 수학 학원과 영어 학원까지 빠져가며 오로지 역사 뮤지컬에만 전념했다. '도대체 뭘 믿고 저러는 걸까, 바로 코앞이 시험인데.' 하며 초조해지기 시작했지만, 그래도 딸을 믿고 지켜보기로 하였다. 평상시에도 독서와 글쓰기를 즐겨하며 꿈이 작가인 우리 아이가 자신이 쓴 대본이 처음으로 무대 위에서 공연될 텐데

이 얼마나 멋진 일이냐면서 '좋아라' 하는 모습을 보니 '아이가 참 행복해하는구나!' 다시 한 번 느끼게 되었기 때문이다. 그래서 아이에게 인생에 중학교 2학년은 딱 한 번이니 해보고 싶은 것들 원 없이 해보고 이왕 시작한 것 최선을 다하라고 더 북돋아주었다.

그리고 시험에 대한 부담을 덜어주고 싶었다. 그래서 이렇게 말했다.

"초민아, 너의 행복이 엄마의 행복이란다. 네가 행복해야 엄마가 행복하지, 열심히 하렴."

그러자 초민이는 "엄마, 고마워. 다른 집 부모님들 같았으면 '시험 기간인데, 지금 다른 거 할 시간이 어디 있냐?'면서 못하게 하고도 남았을 텐데 난 엄마가 우리 엄마라서 정말 다행이라고 생각해."라고 말했다. 아이가 했던 그 말은 정말 지금 생각해도 얼굴에 웃음꽃이 피어나는 말이다.

깊은 우정과 함께 빚어낸 멋진 공연

대망의 역사 뮤지컬 발표 날, 딸아이의 대본으로 공연된 뮤지컬은 물론, 열다섯 살 중학교 2학년 학생들의 공연이라고 보기에는 흠잡을 수 없을 정도로 모든 공연들이 정말 훌륭했다. 학생들이 소품, 음향, 연출, 대본, 편집 등과 같이 각자 자신이 맡은 역할에서 최선을 다해 몇 달을 준비해온 공연들이라 그런지 아이들 한 명 한 명의 혼이 느껴지는 멋진 공연이었다.

아이들이 그 뮤지컬을 준비하면서 자기도 몰랐던 자신을 알게 되는 등 작은 자기 발견도 있었으리라 생각되는데, 이처럼 자기 안에 또 다른 자신이 존재한다는 것을 국사봉중학교 학생 중 몇 명이라도 느꼈다면 이 역사 뮤지컬이라는 것은 성공한 기획이 아닐까 싶다. 그리고 딸에게서 좀 나중에 들었는데, 이 활동 덕분에 1년이 다 되어가도록 반에서 말 한번 제대로 섞어보지 못했던 친구들하고도 뮤지컬 진행을 주제로 조금씩 대화를 나누면서 늦게나마 반 친구들 전체와 더 가까워질 수 있었다고 한다.

그리고 딸아이에게 국사봉중학교에서 추억에 남는 것들을 물어보면 꼭 나오는 활동이기에 다시 한 번 이 기회가 온다면 이번에도 적극적으로 후원하고 밀어주고 싶다. 각자의 재능을 발견하는

역사 뮤지컬 공연

계기가 되면서 반의 단결력을 길러주는 데 이만한 활동이 과연 또 있을까!

그러나 한 가지 아쉬운 점은, 국사봉중 아들딸들이 이렇게나 훌륭한 뮤지컬을 공연했는 데도 불구하고 너무나 적은 학부모들이 참석했었다는 점이다. 많은 학부모들이 참석해서 그 자리를 빛내주었으면 더 좋았을 터인데 아이들의 이런 활동에 조금 관심이 없는 것 같아 그 점이 약간의 아쉬움으로 남았다. 학부모들이 이런 아이들 활동에 좀 더 관심을 가지고 적극적으로 참여해주기를 바란다. 그리고 해마다 국사봉중학교의 2학년 학생들이 이러한 뮤지컬을 준비해 공연하는 기회가 마련되면 좋겠다.

딸아이와 문학 기행에서 함께 느낀 기쁨

후기부터 먼저 말하자면, 갔다 왔을 때 나도 아이도 조금은 피곤했지만 이효석 작가님에 대해 기존에 알던 것보다 더 많은 것을 알 수 있었던 데다 좋은 풍경과 멋진 예술 작품들도 많이 보고 와서 마음이 전보다 훨씬 통통해진 것을 느낀 좋은 문학 기행이었다. 또한 이번 문학 기행은 문학 체험이자 생태 체험이었기 때문에 다른 아이들도 무언가를 배우고 느낀 것이 있으리라 생각된다. 우리 아이가 여행을 마친 후 매우 행복해하고 만족하는 모습을 보았을 때, 이 '이효석 문학 기행'을 기획하고 추진하신 선생님들께 감사의 말씀을 전하고 싶다.

2014년 6월 14일, 이 날은 딸아이와 기대하고 또 기대했던 '이효석 문학 기행'을 떠난 날이다. 작년에 '김유정 문학촌'에 가지 못한 것을 계속 후회하고 있었는데 마침 딸아이가 '이효석 문학 기행' 가정통신문을 가지고 와 정말 기뻤고 작년과는 달리 아이도 가고 싶어 해서 바로 신청하기로 했다. 선착순이라서 혹시라도 아이가 신청서를 늦게 내서 접수가 되지 않을까 봐 조금 걱정이 되었는데, 다행히도 빨리 신청해서 접수될 수 있었다.

그리하여 그날 도시락과 필기도구를 챙긴 후 아이와 손을 잡고 설레는 마음으로 일찍 학교에 올라가니, 몇몇 학생들은 땀방울을 흘려가며 운동장에서 축구를 하고 있었고, 문학 기행을 함께 떠날 선생님들 몇몇 분이 와 계셔서 인사를 드렸다. 그러는 동안 약속한 집합 시간이 다 되어갔고 선생님, 학부모, 학생, 그리고 그들의 가족이 모두 도착해 대여한 버스 두 대를 나눠 타고 여행을 떠났다. 버스로 이동하는 시간이 워낙 길어 자칫하면 지루한 여행길이 될 수도 있었는데 학교 선생님께서 마이크를 준비해 주셔서 한 명씩 자기소개를 하고 여행지에 대한 설명도 들을 수 있어 이동할 때에도 즐거웠다.

약 3시간 30분 정도의 거리를 달려서 맨 처음 도착한 곳은 이효석 문학관이었다. 이곳에서는 이효석 작가님의 생애를 짧게나마 영상으로 관람할 수 있었다. 영상을 통해 그분이 재즈 음악을 좋아하셨으며 아메리카노 커피를 즐겨 드셨다는 것 등을 알게 되었다. 또한 이효석 작가님께서 돌아가시기 1년 전에 출판하려고 써

이효석 문학 기행

놓으신 글이 전부 소실되었다는 것도 듣게 되었다. 일찍 돌아가신 것도 안타까운데 이 이야기를 듣고 '아깝다, 어떤 글이었을까?'라는 생각이 듦과 동시에 그분의 죽음이 더욱 안타깝게 느껴졌다. 영상을 본 후 영상실에서 나와 전시실로 이동하자 이효석 작가님께서 출판하신 초판본과 그분의 작품이 발표된 신문, 잡지가 전시되어 있었고 그것들을 통해 그분의 생애를 엿볼 수 있었다.

실내에서 밖으로 나오자 딸아이가 이효석 작가님의 동상 옆에서 글 쓰는 포즈를 취하길래 핸드폰으로 사진을 찍어주었고 멋진 풍경도 사진 몇 장으로 찍어 남겼다. 곧 점심시간이 되었고 어느 한 벤치에 앉아 새벽부터 준비한 도시락과 과일, 음료수를 맛있게 먹으면서 딸아이와 많은 이야기를 나눴다.

"엄마, 정말 좋다. 내가 왜 작년에는 이런 게 귀찮다고 신청하지 않았을까?"

"그거 봐라, 엄마 말 듣지 그랬어. 이렇게 좋은 걸! 참 잘 왔다, 그치?"

"응, 2학기 때에도 이런 것 또 했으면 좋겠다. 이제는 이런 거 할 때마다 꼭 참여하고 싶어."

"그래, 기대해보자."

딸아이는 나와 달리 별로 활동적인 편이 아닌데다 멀미가 심해 장거리 여행을 하는 학교 행사에는 거의 참여하지 않는 편이었는데 그제야 여행의 재미를 느낀 모양이었다.

딸아이와 함께 야생화를 배우며

두 번째 코스는 '이효석 문학의 숲'이었다. 여행에 참가한 사람들 모두 문학의 숲을 올라가면서 여러 가지 야생화, 들꽃, 나무를 보고 그것들의 이름을 알아 맞히는 활동을 했는데, 우리는 딸아이가 5학년 때 방학 숙제로 야생화 조사를 해간 적이 있어 대부분의 정답을 알고 있었다. 섬초롱, 매발톱꽃, 붓꽃, 삼지구엽초, 할미꽃 등등 다양한 야생화와 들꽃을 인쇄된 사진으로가 아니라 눈앞에서 실제로 보자 도시에서는 쉽게 볼 수 없는 꽃들이라서 신비하기도 했고 더 눈에 새겨두고 싶었다.

그리고 상품이 문화상품권이어서 그런지 천진난만한 아이들은 윤우현 선생님 곁에 찰싹 달라붙어서 졸졸 따라다니며 식물들의 이름을 맞추려고 꽤나 애를 썼다. 아이들은 모두 기특하게도 야생화, 들꽃, 나무들의 이름을 많이 맞추어 나갔고 윤우현 선생님께서 그 식물에 대해 설명을 하실 때면 호기심 가득한 눈을 반짝반짝 빛내며 선생님의 설명에 귀 기울였다. 나와 딸아이 역시 이름만 알던 몇몇 야생화들에 대해서 더 많은 것을 알 수 있는 좋은 기회였다. 그리고 이곳에서 가장 인상에 남는 것 두 가지가 있다. 이효석 작가님의 작품 중 하나인 〈메밀꽃 필 무렵〉에 나오는 주요 장면들, 즉 주막집이라든가 허생원이 개울에 빠졌을 때 동이가 왼손을 내미는 장면을 재현한 조형물과 그곳에서 우리에게 숲길을

이효석 문학의 숲 생태 체험

안내해주던 영리하고 귀여운 고양이는 여전히 내 기억에 남아 있다.

'이효석 문학 기행'의 마지막 코스는 무이예술관. 이곳은 폐교를 예술관으로 만든 곳인데 우리나라 폐교 프로젝트 중 유일하게 남아있는 곳이다. 우리가 갔을 때 외부에는 설치미술, 내부에는 그림과 서예 등의 회화 작품들이 있었다.

딸아이와 메밀꽃이 가득한 풍경 그림을 감상한 후 복도를 지나 서예 작품들을 모아놓은 방으로 들어갔다. 그 방 안으로 들어가자마자 뭔가 특이한 향기가 났는데 우리 딸아이는 그 향기가 너무나도 마음에 든다며 '서예의 향기'라 이름 붙였고 그곳에서 한동안 서예 작품들을 구경했다. 그리고 메밀과 관련된 상품을 파는 곳이 있어 아이와 들어가 봤는데, 메밀 쿠키, 메밀꽃이 그려져 있는 부채와 열쇠고리 등등 이 상품 저 상품을 살펴보다가 메밀 쿠키가 담백하고 맛있을 것 같아 잔뜩 사서 나왔다. 딸아이와 실외로 나와 걸어 다니다가 잠시 의자에 앉아 쉬어가기도 하며 설치 미술을 구경했는데 이 조각 작품들을 만든 분들은 얼마나 오랜 시간을 투자했을까 싶었고 대단한 분들이라는 생각이 들었다.

학생들 스스로 규칙을 정하는 국사봉중학교

아이가 중학교에 입학하고 나서 얼마 지나지 않아 생활협약이라는 것을 내게 알려줬는데, 아이에게 그것이 뭔지를 묻자 학생과 학부모, 교사가 다 함께 만들어나가는 학교에서의 약속이란다. 처음에는 그냥 '아, 혁신학교에서는 그런 걸 하는구나.' 하고 넘겼다.

그런데 어느 날 생활협약을 만들어가는 과정에서 학부모의 의견을 묻는 가정통신문이 와서 나 같은 학부모도 참여할 수 있는 이 제도가 참 좋다고 생각했다. 그 결과, 내 의견은 물론 여러 학부모님들과 선생님들, 그리고 학생들의 의견까지 모두 모여 채택된 생활협약이 나왔는데, 그중 '꽃으로도 때리지 않기'가 가장 인상적이었다. 평소에도 아이를 때리는 것은 아이의 정서상으로도 교육상으로도 별로 좋지 않다고 생각해왔던 터라 그 약속이 특히 마음에 다가온 것 같다.

그리고 아이들도 자신이 정한 규칙이니 책임지고 더 잘 따를 것

국사봉중학교 학생회 신입생 오리엔테이션

같다. 학교 선생님들이 맘대로 정한 규칙을 학생들에게 강요하는 그런 식이 아니라 규칙을 정할 때 학생과 학부모 모두를 참여하게 해준다는 것이 지금도 나에게는 가장 특별하게 느껴진다.

공개수업을 참관하며
학교에 쌓이는 신뢰

박 인 숙
북서울중학교

내 아이는 현재 북서울중학교 2학년에 재학 중이다. 우리 가족은 혁신학교를 찾아 2012년 말 도봉구로 이사 왔다. 초등학교 6년을 노원구에 소재한 일반 초등학교에서 보냈던 터라 나에게는 혁신학교의 '다른' 점이 참으로 특별하게 보였다.

진짜 수업을 볼 수 있는 '공개수업'

아이가 일반 초등학교에 다닐 때에도 공개수업은 있었다. 그때 나는 선생님과 학생들 간의 한 시간 수업을 보면서 내 아이가 손을 번쩍번쩍 잘 들기를 바라면서 선생님이 내 아이를 시켜주기를 학수고대했다.

그렇지만 한편으로는 바짝 긴장한 선생님과 아이들을 보면서 속으로 '고생이 많다~' 생각하면서 '이런 형식적인 걸 꼭 해야 하나?' 의문이 들기도 했다.

공개수업을 마치고 집으로 돌아온 아이는 투덜댔다.

"오늘 선생님 진짜 웃겼다!"

"평소엔 완전 소리 지르고 짜증내는데, 오늘은 완전 친절하게 굴고 ……"

"완전 거짓말이야!"

그러나 북서울중학교에 가서 본 공개수업 모습은 완전히 달랐다.

우선 북서울중학교에서는 학부모들이 수업을 참관하고 선생님들과 대화를 나눌 수 있는 '수업 연구회'가 1학기에 한 번 열린다. 그리고 2학기에는 학부모들이 참관할 수 있는 이틀간의 수업 공개가 있다. 첫날은 1~4교시 오전 수업, 둘째 날은 5~6교시 오후 수업을 볼 수 있다. 모든 학년의 교시별 과목과 담당 선생님 성함이 가정통신문으로 미리 각 가정에 전달되고, 학부모는 자기 아이의 담당 교과 선생님 수업만이 아니라 다른 선생님들의 수업도 볼 수 있다. 이는 수업 교실 뒷문을 열어두고 자유로이 왕래할 수 있도록 한 덕분이기도 하다. 나는 같은 선생님의 수업이 반 아이들의 분위기에 따라 어떻게 달라지는지도 비교하며 볼 수 있었는데, 이 과정은 내게 정말 특별하게 느껴졌다.

엄마들은 흔히 말한다.

1학년 국어 공개수업을 참관하는 학부모들

"어느 선생님이 잘 가르치고 못 가르치고 ……"

"어느 반은 분위기가 공부하는 분위기고 …… 어느 반은 노는 분위기고 ……"

자기 아이의 수업 모습을 보지 못한 학부모는 남 탓하기에 바쁘다. 내 생각엔 공개수업을 보고, 서로 다른 반과 선생님을 비교하다 보면 이런 말이 쑤욱 들어가지 싶다.

다소 산만하게 느껴지기도 하지만, 선생님의 말씀에 적극적으로 반응하는 아이들이 있는가 하면, 수업 시간에 정말 조용한 것처럼 보이지만, 자세히 보면 선생님과 자신 사이에 벽이 있어서 가르침에 무반응으로 일관하는 아이들이 있기도 하다. 내 아이는 예전의 투덜거림이 사라졌다.

어머니들이 뒷자리에서 보고 계시지만, 아이들에게 과잉 친절을 베풀며 결코 잘 보이려 애쓰지 않고 가식적이지 않은 선생님들이 계신 교실을 보며, '참, 다르다.'는 것을 느꼈다.

선생님들의 진지함이 묻어나는 수업 연구회

나는 '수업 연구회'란 것을 북서울중학교에서 처음 접했다.

일반적인 공개수업이 수업 공개 시간 후엔 한 장짜리 소감문을 제출하고 귀가하는 것과는 다르게, 북서울중학교에서는 수업을 보고, 소감문을 제출한 후, 연구회 참여를 희망하는 학부모는 따로 혁신교육실로 모여 본인이 봤던 수업에 대해 이야기를 나눈다.

공개수업이 진행되는 교실에는 누구나 들어와서 참관할 수 있다. 이곳에는 교장 선생님, 교감 선생님, 다른 과목 선생님들, 다른 학교 선생님들도 오신다. 그리고 참관을 희망한 학부모들도 오신다. 45분 수업이 진행하는 동안 참관하러 온 선생님들은 교실 안을 돌아다니며 아이들의 모둠 수업을 가까이서 관찰한다. 그리고 수업이 진행되는 모습을 동영상으로 촬영하기도 한다.

수업 참관을 희망하는 학부모는 내 아이의 학년이나 반이 아니더라도 수업 참관이 가능한 몇 학년 몇 반 교실로 가서 그 수업을 참관한다. 나는 작년에는 1학년 8반에서 국어 수업을, 올해에는

〈자전거도둑〉의 등장인물을 파악하는 모둠 활동을 자세히 참관하는 선생님들

혁신실에서 1학년 4반 학생들의 사회 수업을 보았다.

작년 국어 수업에서는 아이들이 1분 글쓰기를 시작으로 교과서에 나오는 〈자전거 도둑〉을 함께 읽고 여기에 등장하는 인물들의 성격을 모둠 활동을 통해 파악하는 모습을 보았다. 올해 사회 수업에서는 아이들이 기후변화와 환경의 관계를 살펴보고, 풍부한 사진 자료와 영화 〈투모로우〉 등을 통해 기후변화 때문에 발생하는 재해의 모습을 보고, 모둠 활동을 통해 활동지에 적힌 문제점을 함께 논의하고 발표하는 과정을 자세히 볼 수 있었다.

공개수업이 모두 끝나고, 학생들이 귀가한 후에는 선생님들이

공개수업 이후 선생님들과 함께한 수업 연구회

남아 본격적인 연구회를 시작한다. 참관한 공개수업에 대해 칭찬
과 비판을 나누며 진지하게 토론한다. 선생님들이 먼저 전문가적
인 조언을 한 후에는, 학부모들이 본인들의 참관 소감을 말한다.
수업을 진행했던 선생님은 각각의 조언에 대해 본인의 생각을 피
력한다.

 그렇게 모두가 하고 싶은 말을 쏟아낸 후에 선생님들은 숙제를
하나씩 안고, 어머니들은 진한 여운을 안고 헤어진다.

수업 공개로 얻는 여러 장점들

어쩌면 수업 광경을 바라보는 학부모들이 더 당황하는 듯하다. 그러나 꾸밈없이 볼 수 있고 솔직하게 이야기할 수 있다는 것이 무엇보다 큰 장점이다. 선생님들은 우리를 신경 쓰지 않고 수업하며 아이들을 혼내기도 하고, 큰소리도 치신다. 이는 아이들 또한 마찬가지이다. 옆 친구에게 장난을 걸거나 엉뚱한 말로 아이들을 웃기는 아이가 있기도 한데, 그럼에도 당황하지 않고 대처하는 선생님의 모습을 보면서 여유에 감탄하기도 한다.

수업 연구회에서는 학년별로 선생님과 학부모들이 모두 모여 공개수업을 보면서 느꼈던 점도 이야기하고, 질타하기도 하며, 다른 수업 방식을 요구하기도 한다. 거침없이 속내를 털어놓고 이야기하는 과정을 거치고 나면, 선생님이 더 가깝게 느껴진다.

그래서일까? 수업 연구회를 한 차례 참관하고 나면, 어머니들은 다음 수업 공개가 언제일까 기다린다. 언제일지 묻는 어머니에게 선생님은 멋쩍은 웃음을 보내며 "계획하겠습니다!" 약속한다.

2학기 수업 공개 후에는 직접 참관한 것을 토대로 교원 능력 평가를 내실 있게 한다는 장점까지 있다. 사실, 이전까지는 '형식적인 교원 능력 평가는 시간 낭비다.'라고 생각했다. 내 아이가 초등학생이었을 때 내가 볼 수 있는 수업은 담임 선생님의 잘 꾸며진 수업 한 시간뿐이었다. 교원 능력 평가를 할 때면, 아이의 불만스러운 평가를 따라야 할지, 내가 본 것을 따라야 할지 혼란스러워

선생님과 학부모의 공개수업 참관 후기를 발표하고 이어진 질의응답

하면서 무조건 만족으로 표시해야 된다는 의무감에 사로잡혀 있
곤 했다. 이젠 내 주관을 가지고 더 많은 선생님에 대해 자신 있게
평가할 수 있어 시간 낭비가 아니란 생각에 참 만족스럽다.

갑, 을, 그리고 수다쟁이

흔히들 말한다.
아이를 맡기고 있기에 선생님은 '갑'이고, 학부모는 '을'이라고.
난 이제 그 말에 동의하지 않는다.
"선생님과 학부모는 같은 목적을 가진 동반자이다!"라고 이제는 말하고 싶다.

내가 기존의 생각을 버리고, 선생님과 학부모의 관계는 갑과 을이 아니란 '건방진 생각'을 하게 된 데는 선생님과 함께하는 학부모 동아리가 큰 역할을 했다고 생각한다.

선생님께 탁구를 배우고, 선생님과 같은 책을 읽고 토론하는 사이에 우리는 아이를 염려하고 사랑하는 똑같은 '부모'란 사실을 깨닫게 되었다. 내 아이에게 혹시 해가 갈까 조심스럽게 바라보던 선생님이 아닌, 나와 같은 생각을 가진 다른 모습의 동료라는 생각은 '선생님에게 스스럼없이 말하는 학부모'로 나를 변화시켰다.

우리는 '이 얘기가 어떻게 받아들여질까?' 염려하기보다는 '무엇이 학생들에게 최선일까?'를 고민하며 말하는 친구 같은 사이가 됐다.

북서울중학교에 내 아이가 입학한 후, 나는 예전엔 꿈꿀 수 없었던 당당함과 뻔뻔함을 가지고 선생님들과 대화하곤 한다. 내 앞의 선생님이 엉뚱한 소리라고, 쓸데없는 소리라고 판잔주지 않고 내 말에 귀기울여줄 것을 믿기에 하루 종일 말 한마디 없이 책만 읽던 나는 수다쟁이가 되었다. 정말 커다란 변화라서 낯설 만하기도 한데, 난 지금의 다른 내 모습이 신기하고 재미있다.

내 아이가 혁신학교인 북서울중학교에 다니며 행복한 웃음을 흘리는 동안, 나 또한 많아진 웃음과 말을 흘리며 행복해하고 있다.

나는 혼자 인사를 드리곤 한다.

"님! '서울형 혁신학교'를 만들어주셔서, 정말! 고맙습니다."

대학 교육의 디딤돌 같은,
삼각산고등학교의 프로젝트 학습

김 수 현
삼각산고등학교

우리 아이는 삼각산고 3년에 재학 중이다. 덕분에 나는 혁신학교를 가까이서 접할 수 있는 축복을 받을 수 있었다. '교육'에 관한한 상상력의 작동을 멈추는 것을 당연히 여기던 나에게 삼각산고등학교는 전혀 다른 세계를 만날 수 있는 기회를 주었다.

학습과 교육의 목적을 묻다

내가 아이의 학교에서 받은 가장 인상적인 것은 '1인 1프로젝트'라는 것이다.

'사회적 경제', '피해자로서의 한국, 가해자로서의 한국 : 월남전 속에 녹아있는 편파적 역사관', '심리학의 관점에서 바라본 학습 동기부여의 실태', '학생회를 통한 학교 내 정치 참여 활성화 방안에 대한 연구 : 삼각산고등학교 학생회를 중심으로', '스마트 교육, 우리 학교에도 필요할까?', 'Wi-Fi가 잘 터지는 조건에 관한 고찰', '댄스 활동이 개별반 학생의 우울 개선에 미치는 효과', '학생들의 에너지 절약 참여의 필요와 방안' 등 이러한 것은 모두 삼각산고 학생들이 2013년 쓴 논문 제목들이다. 이것은 마치 축제처럼 온 학교 모든 학생들이 목소리를 내는 프로젝트다.

'WI-FI가 잘 터지는 조건에 관한 고찰' 과 같은 제목은 슬며시 웃음이 나오지만, 학생들은 와이파이 연결 기기 간 거리 차이, 장애물의 유무, 연결 기기 등에 따른 다운로드 속도를 측정하고 결과를 분석했다. 또한 와이파이 증폭기의 원리를 탐구하고 맥주 캔을 이용해서 직접 만들어 실험을 하여 논문 결과를 내왔다.

'댄스 활동이 개별반 학생의 우울 개선에 미치는 효과'를 주제로 반 전체가 프로젝트에 임한 개별반의 경우는 더 특별하다. 개별반은 장애 등의 이유로 개별적 지도가 필요한 학생들의 반이다. 교사로서 개별반 아이들에게 1인 1프로젝트를 제안하는 것은 많은 고민이 수반되는 일이었으리라. 선생님은 아이들과 프로젝트를 시작하면서 이렇게 다짐했다고 한다.

"고등학교는 우리 개별반 아이들에게 마지막 교육과정이 되는 경우가 대부분이다. 그렇다면 고등학교 시절에 해보고자 하는 것, 할 수 있는 것, 해야만 하는 것들을 꼭 경험해보도록 안내해주는 것이 바로 나의 존재 이유다."

공정무역을 주제로 한 프로젝트 수업

프로젝트를 끝낸 개별반 학생의 이야기는 프로젝트가 이 학생들에게 얼마나 큰 엄청난 도전이자 모험이었는지 잘 보여준다.

> "처음에 막막해서 굴속으로 들어가는 듯한 막막함이 느껴졌어요. 중반부에는 우정하고 연관되니까 친구를 평가하는 것 같아서 감정이 어려웠어요. 이제는 굴 밖으로 나가서 벌이 되어서 꿀을 모을 거예요."　　　　　(1학년 7반 김○○)

프로젝트를 마친 아이들은 이렇게 말한다.
　"프로젝트를 쓰면서, 쓰면 쓸수록 수행이라고 생각하기

보단 내가 스스로 궁금한 걸 알아가고 보고서를 써가고 있단 생각이 들었다는 게 가장 뜻 깊었다."

(2학년 5반 최○○)

"우리 모둠은 백화점 앞에 가서 실험을 했다. 사람들이 실험이라는 사실을 눈치 채지 못하게 우연한 상황을 만들어야 원하는 실험 결과를 얻을 수 있었기 때문에 쉽지 않았다. …… 스스로 문제를 설정하고 해결하는 것을 주도하는 과정이 어렵지만, 방송이나 책에서 누가 만들어 놓은 것을 보기만 했던 통계 자료, 차트 이런 것들을 내가 스스로 만들면서 뿌듯하고 신기했다. 또한 그것은 색다른 경험이었다. 교실에 앉아서 배울 수 없는, …… 그렇게 발로 뛰고, 내가 다 탐구하고 노력해서 얻은 정보나 지식이기 때문에 여기서 배우고 느낀 것은 정말 오래 남을 것 같다."

(2학년 2반 조○○, 이○○)

학습과 교육의 목적으로 돌아가게 하는 대목이다.

학생들의 배움에서 나타나는 '협력의 힘'

프로젝트를 하면서 딸아이가 했던 말이다.
"우리 학교에도 노는 애들 있는데, 노는 애들 같지가 않아."
"왜?"
"학교 드문드문 나왔던 애들도 꼬박꼬박 나오고, 엄청 열심히

해."

　일반적으로 중·고등학교 아이들이 가장 싫어하는 수업 시간으로 '협력 학습'을 꼽는다고 한다. 그 이유가 시간이 아깝다는 것이다. 잘하는 아이들 소수가 해치우는 것이 협력 학습이 되어버린 지금의 상황에서 당연히 협력은 귀한 시간을 낭비하게 하는 무거운 짐일 것이다. 협력 학습을 할 때조차 이른바 '아무것도 안 하는' 아이들 혹은 '가만히 있어주는 것이 최선인' 아이들 입장에서는 더욱 고통스런 시간일 것이다.

　그러나 삼각산고는 이런 문제에서 확실히 다르다. 소위 '노는 애'들도 자연스레 참여한다. 아마 협력의 질이 높기 때문일 것이다. 높은 질의 협력은 '협력을 방해하는 많은 이유에도 불구하고' 진행된다. 일반적으로 '협력을 방해하는' 여러 이유가 있다. 모든 방해에 기꺼이 무릎 꿇어온 지금의 교육과 달리, 방해를 극복할 의지가 있는 조직일 때에, 협력은 그 위력을 발휘한다. 협력을 방해하는 모든 요소는 오히려 협력의 질을 높이는 증폭제가 된다. 노는 아이들이 1인 1프로젝트에 더 열심히 참여하는 것, 뛰어난 성취를 자랑해온 아이들이 함께하는 것에 시간을 아까워하지 않는 것을 보면 알 수 있다.

독서 토론   작곡 두레

한번 협력의 위력을 절감한 아이들은 확실히 이전과는 다른 아이들이 된다. '1인 1프로젝트'뿐만 아니라, 학교 규약을 스스로 만들고, 집행하는 주체가 되고, 반별 수학여행과 소풍을 스스로 준비하고 평가하고, 다음 해를 구상하는 전 과정에서 아이들은 성장한다. 1학년 때보다 2학년들의 프로젝트 학습의 질이 높고 만족도도 높다.

그래선지 삼각산고 3학년 아이들은 좀 더 어른스럽다. 졸업할 때쯤 3학년 아이들은 졸업 준비 위원회를 꾸린다. 작년 3학년 아이들은 선생님들께 상장을 드렸다. 상장 이름에도 재치가 있다.

'우리들의 우상', '간지상', '지드래곤상', '자상', '고맙상', '키작은 선생님께 성장상', ……

올해 초 삼각산고에 입학하는 아이를 둔 지인이 교복을 구해달라는 부탁을 했다. 딸이 스무 통이 넘는 전화를 했지만 졸업하는 선배들에게 교복을 물려받을 수가 없었다. 모두 간직하고 싶다고 한다고. 지인에게 그 이야기를 전해주면서 같이 웃었다.

균열의 진원지

딸아이는 올해 5월, 졸업 사진을 찍으러 '북서울꿈의숲'에 다녀왔다. 소풍 삼아 갔다고 했다. 사진을 다 찍고, 반 아이들이 모두 둘러앉아 손수건 돌리기를 했단다. 교사 없이 말이다. 아이들 중 몇 명이 점심을 싸와 그것을 같이 나눠 먹었다고 한다. 고3 학생들들의 손수건 돌리기와 도시락 나눠먹기, 생각만 해도 명장면이다.

혁신학교가 대단한 것이라고 생각하지 않는다. '정상학교'라는 표현이 의미에 훨씬 더 가까운 말일 것이다. 그래서 혁신학교의 꿈은 소박하다. 그것은 모든 학교가 정상화되는 것이다.

혁신학교를 다녀본 아이들은, 아이를 혁신학교에 보내본 부모들은 우리 교육이 '비정상'의 범주를 훨씬 넘어선 '중병' 상태라는 것을 아프게 인식하게 된다. 그래서 혁신학교도 아프다. 하지만 혁신학교가 교육 희망의 조짐이 되어 왔고, 그 조짐이 '바뀌지 않을 것이라고 믿어온 교육'에 균열을 내고 있다는 것을 확인하고 있다.

균열의 진원지가 혁신학교의 학생들과 부모들이라는, 그것이 혁신학교의 성과가 아닐까.

2장

학부모들의 참여로
만들어가는 혁신학교

학부모가 참여하는
'내부형 교장 공모'

유 정 열
상원초등학교

남자아이 두 명을 자녀로 두고 있다. 두 아이 모두 상원초등학교를 졸업했다. 큰아이는 혁신학교가 되기 전부터 다녔었고, 4년 터울인 둘째가 4학년부터 3년 동안 혁신학교를 다니다가 졸업해서 현재 일반 중학교 1학년에 재학 중이다. 2008년부터 4년간 학교운영위원회 학부모위원으로 활동하면서 혁신학교 지정에 참여한 개인의 경험을 바탕으로 이 글을 쓰고자 한다.

봉사로 참여하면서 느끼게 된 우리 아이들의 모습

돌이켜 생각해 보면 4년 전 혁신학교로 지정된 것만큼 '내부형 교장 공모제'를 통해 교장 선생님을 선출한 것이 중요한 '혁신'이 아니었나 생각한다.

'내부형 교장 공모제'에 대해서는 많은 사람들이 생소할 것 같아 제도에 대해 간단히 소개하고자 한다.

먼저 공모에 참여하기 위해서는 ① 교장 자격증 소지자, 또는 ② 교육 경력(교육전문직 경력 포함) 15년 이상인 교감 자격증 소지자, 또는 ③ 교육 경력 20년 이상인 교육공무원의 자격을 갖추고 있어야 하며, 이와 함께 '혁신학교 운영에 적극적인 관심을 가진 자'가 공모에 지원할 수 있게 했다.

여기서 세 번째 자격 요건이 기존의 틀을 깨는 혁신이 아닐 수 없었다. 개인적으로는 이 부분이 꽤 신선하게 느껴졌다.

2010년 가을, 당시 나는 2007년부터 초등학교에서 '학생 집단 상담 자원봉사자'로 학교 현장에서 학생들을 만나고 있었다. 해가 거듭될수록 아이들은 꿈도 없고 생기를 잃어가는 모습으로 점점 지치고 있었고 선생님들에게도 무기력한 직업인의 모습이 느껴지게 되었다. 평소 선생님들의 위치에서 학생들에게 미치는 긍정적 영향력에 대해 거는 기대감이 컸던 터라 실망감도 컸다. 그런 학교 현장의 모습을 마주했던 나는 미약한 학부모의 한 사람으로 무엇을 해야 할지 모른 채 그저 가슴 답답하고 안타까운 마음만 지니고 있었다.

나는 학교운영위원회 학부모위원으로서 교원위원인 선생님들과 함께 교육 현실에 대한 고민들을 나누는 시간을 종종 갖곤 했다. 그러던 차에 선생님들로부터 학생들을 위한 변화의 움직임을

체육관 '여울마루' 개관을 기념하는 걸개그림을 그리고 있는 학부모들

시도하는 반가운 소식을 듣고 다시 공교육에 희망을 갖게 되었다.

그때까지만 해도 혁신학교 교육에 대한 이해가 크지는 않았으나 이대로는 안 되겠다는 막연한 생각과 무엇이라도 해보려는 선생님들의 노력에 힘을 실어주고 싶었다. 다행히 그런 제안을 하시는 선생님이 아이들의 편에 서서 아이들을 위해 늘 고민하시는 그런 선생님이었기에 그분의 선택을 믿을 수 있었던 것 같기도 하다.

물론 학부모위원들 모두가 혁신학교 지정에 찬성했던 것은 아니다. 학부모들에게는 학교가 기대에 못 미친다고 판단하거나 공교육을 신뢰하지 못하는 저마다의 이유가 있었다. 그리고 표면적으로는 이웃 학교들에 비해 공부를 덜 시키는 것이 아닐까 하는

정기 대의원 총회에서 인사말 하시는 이용한 교장 선생님

불안감 때문에 선뜻 찬성하지 못하였다.

혁신학교 지정을 위한 첫 걸음

혁신학교 지정을 신청하기 위해서는 학교 운영위원 50% 이상의 찬성과 교원 동의율 50% 이상이라는 조건을 충족해야했다. 학부모위원은 학부모위원들대로 함께 모여 고민하고 설득하는 과정을 거쳐 100% 찬성을 이루어냈고, 선생님들 또한 고군분투한 결과 교원 동의율 57.8%로 혁신학교 지정을 신청하기에 이르렀다. 다만 아쉬운 점으로 학교교육 방향을 결정하는 중요한 시점에서 운영위원의 투표에 앞서 학부모 전체의 의견을 수렴하는 과정을 생략한 것이 두고두고 마음에 남아 있다.

이로써 혁신학교 지정 신청이 접수됨에 따라 다음 순서로 교장 공모제 실시에 대한 교원, 학부모의 전체 의견을 조사하였는데 교원은 86.1%, 학부모는 94.4%로 나타나, 교장 공모제에 대한 의견은 매우 긍정적이었다.

드디어 교장 공모제 대상 학교 확정 통보를 받은 이후 교장 공모를 공고하고 접수를 시작하게 되었다. 우리 학교는 '내부형 교장 공모제'의 유형으로 교장을 공모하였다. 순차적으로 일이 잘 진행되어가는 듯했지만 내·외부적으로 갈등을 빚게 되는 일이 벌어지고 말았다.

〈곽노현, 교장 공모 자격 완화 전교조 교장 만들려는 의도〉라는 제목으로 당시 교장 선생님의 언론 인터뷰가 있었고 연일 방송에서 우리 학교를 겨냥하는 뉴스들이 흘러나왔다.

교육감이 공모 대상인 학교에 재직 중인 교사는 해당 학교 교장 공모에 지원할 수 없다는 규제를 풀어주었다는 것이 논란의 요지였다. 혁신학교 지정 문제보다는 혁신학교 교장 선출에 더 초점이 맞춰져 논란이 계속되었다. 학부모들에게 혁신학교를 이해하는 데 도움이 되는 많은 정보가 제공되어야 하는 시간이 아깝게 흘러가 버리는 것 같았다.

솔직히 말하면 언론에서 문제 삼는 이러한 자격 요건들은 학부모들의 입장에선 그리 중요한 것이 아니었다. 그동안 교장 자격증이 있어야만 교장을 할 수 있었던 시스템과 재직 교사를 공모에 제한했던 틀은 혁신학교 운영을 잘할 수 있는 인재를 선출하는 데는 아무런 도움이 되지 않는다고 생각했다. 오히려 틀을 깨고 제한을 없애서 더 많은 지원자들이 교장 공모에 지원할 수 있어야한다는 생각이 들었다. 하지만 외부에서 의혹을 갖고 바라보는 시선은 교장 공모 심사위원인 나를 불편하게 했다.

교장 선출을 위한 과정

교장 공모제는 해당 학교운영위원회 주관으로 '학교 교장공모심사위원회'를 구성하여 1차 심사를 하고 '교육청 교장공모심사위원회'를 구성하여 2차 심사를 하는 절차를 거친다.

심사위원회의 구성은 학교운영위원회 50%(학부모위원 3인, 교원위원 2인, 지역위원 1인), 외부 인사 50%(학부모 4인, 교육 전문가 1인, 지역사회 인사 1인)이었다. 남녀 간 비율을 고려하여 어느 한 성(性)이 60%를 넘지 않도록 하는 조건을 갖추었다.

이렇게 해서 꾸려진 심사위원회는 자체 연수를 실시하고 심사영역별도 심층 면접 질문지를 만드는 등 혁신학교에 가장 적합한 교장을 선출하기 위한 노력을 다하였다. 지나고 보니 2011년 1월은 운영위원 임기 4년 중 가장 의미 있고 왕성한 활동을 하지 않았나 하는 생각이 든다.

앞서 말한 것과 같이 외부에서 의혹을 갖고 바라보는 불편한 시선을 느끼며 교장 공모는 진행되었다. 해당 학교에서 후보가 나오면 외부에서 응모할 기회가 차단되고, 심사과정에서 학연, 지연, 혈연이 얽힐 수밖에 없다는 비판과 염려 속에 교장 공모에 지원한 사람은 다섯 명이었다. 나는 이러한 우려를 불식시키려면 최대한 공정하고 냉정하게 심사를 진행해야 한다는 나만의 다짐을 하기도 했다.

마침내 심사가 시작되었다. 오전 10시에 심사위원회가 소집되었고 그날 서류 심사가 진행되었다. 보안을 이유로 심사위원들은 당일 서류 내용을 확인하고 심사하였는데, 짧은 시간 안에 지원자 다섯 명이 제출한 학교 경영 전반에 관한 내용을 검토하기에는 많은 어려움을 겪어야 했다.

이어 그날 오후에 지정된 장소에서 학교경영계획 설명회 및 심사가 이루어졌다. 설명회에는 심사위원 이외에도 학부모, 교직원 등이 참석했다. 참석한 학부모와 교사의 의견은 심사위원회에서 정한 일정한 비율 안에서 수렴되었다. 그날 설명회는 지원자가 준비해 온 자료를 통해 자신의 학교 경영 비전을 설명하는 자리라 별 무리 없이 지나갔다.

심사 면접에서 가장 중요한 질문

그 다음 날 심사위원 12명만 참석하는 심층면접이 진행되었다. 심사위원들은 '학교교육의 비전', '경영 능력', '실현 가능성', '리더십', '소통과 참여'라는 5개 영역의 준비된 질문을 하였다.

그중에서도 리더십 영역에 대한 지원자들의 답변이 정말 궁금했다. 혁신학교 지정 신청 교원 동의율이 57.8%에 불과한 상황을 고려할 때 무엇보다도 교육 3주체 중 교사의 혁신 의지가 가장 중요하다고 생각했기 때문이다. 지원자들에게 과연 어떤 해결책이 있을지 궁금했다.

"혁신학교에서는 교사의 자발적 참여가 꼭 필요한데 어떻게 이끌어 내시겠습니까?"라는 질문에 지원자 대부분이 동 학년 협의회를 활성화한다, 연구비를 지원하겠다, 교장이 솔선수범하고 교사를 격려하겠다 등등 두루뭉술한 답변을 했다.

그러나 구체적인 답변도 있었다. "교장의 권한을 위임하여 교사들의 주체적 참여와 자발성을 고취하며 민주적 토론에 의한 공동 참여와 결정이 이루어지게 하겠다.", "경쟁하기보다는 협력하는 자세로 교사들의 의지를 꺾지 않고 지원하겠다."며 구체적으로 답변하는 지원자도 있었다.

정해진 순서에 따라 지원자 한 분 한 분의 면접이 진행되었고 면접이 진행됨에 따라 혁신학교에 적합한 교장 지원자가 좀 더 확실해졌다. 지원자 다섯 분 모두 나름대로의 교육관, 가치관, 철학 등을 가지고 있었으며 그대로 존중받아 마땅하지만 우리가 찾는 혁신 교육과 그에 따른 교육철학을 가지고 있는 분은 많지 않았다.

1차 심사 결과 3인을 최종 선정하여 학교장에게 통보하고, 학교장은 동 3인의 순위를 명기하여 교육청에 추천하는 것으로 교

전교생과 학부모들이 참여하는 '꿈'을 주제로 한 타일 벽화

장 공모 심사는 우리 손을 떠났다. 그 후 일정에 따라 교육청에서의 2차 심사도 끝나고 공모 교장 최종 선정이 끝나고도 남을 때인데 발표가 나지 않았다. 궁금했지만 기다릴 수밖에 없었다. 그때까지도 우리 학교 교장 공모를 두고 언론에서 꽤 시끄러웠던 것으로 기억된다. 과정을 투명하게 치러낸 교장 공모였기에 선정이 지연되고 있는 사실과 우리의 진실은 외면된 채 정치적 논리로 평가받는 느낌마저 들어서 불쾌했다.

그러던 어느 날 학교에서 연락이 왔다. 이용환 선생님의 교장임용이 결정되었다는 것이다(이용환 교장 선생님은 올해 8월까지 상원초에 계시다가, 아쉽게도 9월 서울시 교육청 인사 발령을 받아 다른 곳으로 옮기시게 되었다). 그날 이후 나는 상원 혁신 교육

학부모 대의원회가 주관한 '상원 가족 체육대회' 대미를 장식한 이어달리기

을 위한 협력자로서의 역할과 공약이 잘 지켜지는지 확인하는 감시자로서의 역할로 3년을 바쁘게 보냈다.

지금은 자녀의 졸업으로 학교와의 인연은 끝났지만 지역 주민으로서 무한한 애정을 가지고 지켜보고 있다. 상원 혁신 교육이 밖에서 받는 성공적 평가 못지 않게 안에서도 더욱 알찬 결실을 맺으며 영원하길 희망한다.

'배움', '자람', '나눔터'를 든든하게 지탱하는 우리 학교운영위원회

이 윤 하
은빛초등학교

잘된 밥상에 숟가락 얹지 않으려고 만난 학교

아이 나이가 여섯 살 꽉 채워질 무렵에 교육에 뜻이 맞는 예비 학부모 몇 가구가 초등교육에 대하여 공부를 시작하게 되었다. 말 그대로 '아이들이 행복할 수 있는 학교'를 찾아 떠나는 행복한 부모들의 여정이었다. 몇 가지 원칙과 기준을 세우고 여러 학교를 답사하면서 찾아보았지만 그런 교육, 그런 학교를 찾는 일은 쉽지 않을뿐더러 각 가정들의 사정이 같지는 않았다. 이러한 상황 속에서 우리 아이들이 처음 만나는 학교는 '공립학교이면서 새로운 꿈을 키울 수 있고 미래지향적 교육 가치관을 공유'할 수 있었으면 하는 바람을 가지고 있었다. 비교적 잘 알려진 경기도 여러 학교

북한산 자락에서 함께한, 금암문화예술제 1박 2일 평가회

를 직접 탐방하고 함께 토론도 하면서 나름대로 청사진을 만들어
갔다.

　그 즈음에 구면인 어느 초등학교 교장 선생님을 만났는데, 그분
은 좋은 학교라고 알려지면 전입생 때문에 힘들다는 하소연을 하
셨다. 그러면서 아이를 어디 보낼 계획이냐고 물어보시는 것이 아
닌가! 왜 스스로 사는 지역에 있는 학교를 혁신하기 위해서 노력
하지 않고 남들이 애쓰게 차려놓은 잘 된 밥상에 숟가락 하나 얹
으려고 하는지 모르겠다고 일갈하셨다. 그리하여 우리는 그림을
다시 그릴 수밖에 없었고, 주변 지역에 눈을 돌리게 되어 새롭게
개교하는 혁신학교와 인연을 맺기 이르렀다.

　어설픈 예비 학부모가 이런 일련의 과정을 통해 만난 학교가 은빛초등학교다. 딸아이는 현재 은빛초등학교 3학년을 다니고 있다. 나는 아이가 입학하기 이전인 개교 첫해부터 은빛초등학교에서 학교운영위원회에 지역위원으로 참여하게 되었다. 지역위원으로 2년 동안 일하고 그 후에는 학부모위원을 2년째 맡으면서 어언 4년째 학교운영위원회 위원 활동을 하고 있다.

우선 개교 준비를 하기 위해 일찍 학교에 오신 선생님들을 만나서 예비 학부모 자격으로 상담을 하고 이사를 하게 되었다. 선생님들이 일러주시는 학교 비전과 교육철학에 동의하였고, 많은 숙제도 함께 받았다. 학부모로서의 모자람을 채우라고 주신 숙제를 아직도 풀어가고 있는 기분이다.

학교운영위원회, 북 치고 장구 칠 수 있는 마당이 되어야

미래 학교의 역할과 형태에 대하여 많은 담론들이 나오고 있다. 그중 무엇보다도 마을의 중심적 역할이 커지고, 마을과 학교가 함께 아이들을 위한 교육의 장을 열어나가야 한다는 주민참여형 모델이 힘을 얻고 있는 것 같다. 학교 담장을 낮추고 교문을 열어 개방함으로써 마을과 학교가 소통을 하고, 지역사회와 학교교육이 서로 영향을 주고받을 수 있을 것이다. 이는 지속가능한 발전 교육의 근간이며, 학교운영위원회의 학부모위원과 지역위원들이 주체적으로 그 자리를 채워야 한다고 생각한다.

학교운영위원회는 그야말로 학교 운영의 중추이자, 교육 주체들이 참여하는 민주적 소통의 장이다. 학교운영위원회는 모든 학교에 있는 공식적인 위원회지만, 본래의 취지에 맞게 민주적으로 운영되는 학교는 그리 많지 않은 것 같다. 학부모들의 건강한 목소리와 전문성을 요구하는 위치이기는 하지만, 잘되지 않는 학교를 살펴보면 권위적이고 관습적인 학교문화에 의해 위축되기 충분한 형편이다. 우리 학교는 다행히 혁신적 생각을 가진 선생님들이 학부모위원과 지역위원들에게 마음의 곁을 내어주며 위상을 세워주었고, 지역에 있는 학부모 네트워크에서 여러 가지 정보와 공부할 기회가 제공되고 있다. 약간 어설프게 시작된 것이 벌써 4년이 다 되어간다.

학교를 구성하는 주체적 요소는 학생과 교사, 그리고 학부모이다. 그러나 많은 학교에서 학부모가 학교 운영의 주체로서 한 축을 담당해야 할 역할을 하지 못하거나 참여에 소외되어 왔던 것이 사실이다. 학교운영위원회는 교사, 학부모 및 지역 인사들이 참여하여 교육의 자치 정신에 기초하여 학교의 자율성 및 지역 특성에 맞는 다양한 교육을 창의적으로 실시할 수 있도록 하기 위한 제도이다. 초·중등교육법 및 시행령에 근거한 법정위원회로서 학교운영에 관한 사항을 자문 및 심의·의결하여 자발적으로 책임지고 학교를 운영하는 학교 공동체인 것이다.

사전적 정의로만 보면 책임에 대한 중압감과 전문성에 아무도 선뜻 나서기 어려운 자리임에 틀림없다. 그러나 학교장을 위시한 교원위원과 학부모위원, 지역위원의 현명한 역할 분담이 전제되

학교운영위원회는 마을과 학교가 소통하는 곳이 되어야 한다.

고 각종 소위원회를 적극 지원하면서 학교에 대한 애정이 보태진다면, 행복한 학교 만들기에 기꺼이 동참하는 것이 크게 어렵지는 않다고 생각한다. 그리고 무엇보다도 많은 학부모들의 자녀 교육에 대한 철학과 방법론의 차이를 민주적으로 소통하고 뜻을 모아가는 과정이 위원회의 큰 몫일 것이라 여겨진다. 우리 은빛초 학교운영위원회는 크게 자랑할 것은 없지만, 이러한 기조 위에서 열심히 공부하고 학교 공동체의 뜻을 모아가기 위해서 노력한다는 측면에서는 모범적이라고 감히 생각한다.

아이와 더불어 배우고 함께 커가는 학부모

우리 은빛초는 '상상력이 꽃피는 배움·자람·나눔터'라는 지향을 가지고 출발하였다. 우리 학교의 지향점이자 교육 활동의 근간으로서, 이 철학의 테두리 안에서 학교 운영이 비롯된다. 혁신학교가 지향하는 교육은 어떤 모습이어야 할까? 인류사가 시작된이래 수많은 교육 담론과 철학이 생성되었다 소멸되었지만, 여전히 시민사회를 기반으로 하는 현대사회에서는 민주주의의 가치와시민의식을 고취하는 방향에는 크게 이견이 없을 것이라 생각한다. 자랑스러운 이 땅에 튼실하게 뿌리박고 살아가기 위해서 현재의 교육이 유효하며, 창조적 미래 사회를 이끌어 나가야 하는 우리 아이들의 모습을 상상하는 것에서부터 혁신학교의 교육 기반이 형성되어야 한다.

얼마 전에 회자되었던 부모와 학부모의 현실적 차이에 대한 광고 시리즈에 우리 사회에서 아이를 키우는 부모들은 모두 공감할것이다. 우선 나는 어떤 부모가 되어서 아이를 미래 세대로 키울것인가라는 관점을 정리해야 하고, 또한 어떤 학부모로 아이와 함께 경쟁과 이기로 점철된 교육 현실을 헤쳐나갈 것인가 하는 관점에서 서로 교육을 바라보는 시선이 다를 것이다. 학교운영위원회의 일원이지만 한 아이의 책임 있는 부모로 사고하고 함께하는 공동체 의식 속에서 사유하는 길을 찾아나서야 한다.

무엇보다도 균형 잡힌 학교 운영을 위해서는 교육 현장에서 뒤로 빠져있는 아버지들을 동참시키는 것이 중요하다. 그래서 아버지와 아이들을 위한 캠프나 놀이 체험 등의 프로그램을 만들어 관심도를 높이고, 서로 친밀도와 학교운영위원회의 중요성에 대한 인식도를 높여나가는 데에 노력하였다. 그 결과 우리 학교 제2기(2013년부터 현재까지) 학교운영위원회에서는 아버지들이 과반이 넘는 수를 차지하고 있으며 일정 부분의 역할을 함께 나누어서 진행하고 있다.

'성적'이 아닌 '배움'이어야 하고, '점수'가 아닌 '학력'이어야 한다. 펄펄 끓는 기름통에 집어넣어서 일방적으로 튀겨내는 치킨집의 프라이드치킨 같은 주입식 교육이 아니라, 스스로 사고하고 협업하면서 자기 주도적인 삶의 능력을 길러주는 교육이야말로 미래 사회가 추구하는 지속가능한 시민상이 아닐까? 더딘 아이 손을 잡아주고 빠른 아이는 더욱 옹골차게 여물게 하면서 배려하고 토론하면서 함께 자라는, 다양한 아이들이 어우러져서 생태계가 건강한 교실이 되어야 한다. 이에 혁신학교의 여러 가지 평가에서 나타난 교육 혁신은 미래 사회를 살아가는 데 필요한 역량을 중심으로 교육과정을 다양화하고 있다는 점과 아이들이 느끼는 자기 효능감에 대한 성취가 뛰어나다는 데에 주목하여야 한다.

점차 혁신학교 선택을 긍정적으로 보는 학부모들이 늘어나고 있는 것은 사실이다. 그러나 여전히 학부모는 목마르고 불안하다. 자기 아이를 옆집 아이나 이웃 학교 아이와 비교하고 넘쳐나는 진학 정보와 입시 정보를 떨치지 못한다. 사교육 전성시대, 믿을 수 없는 교육정책, 신자유주의에 편승한 경쟁 과열 등으로 그야말로 불안이 영혼을 잠식하고 있다. 이럴 때일수록 우리는 아이의 초롱초롱한 눈망울과 순진무구한 마음의 연못을 들여다보아야 한다고 생각한다. 혼자 전전긍긍하지 말고 학교운영위원회, 학부모회 같은 교육 공동체 속에 터놓고 참여하며 슬기롭게 지혜를 모아서 학교를 바른 방향으로 이끌어내야 할 것이다.

4년의 실험이 문화가 될 수 있어야

우리 은빛초는 서울형 혁신학교 제1기 학교로서 2011년 초에 준비되어 그해 3월에 개교하였다. 첫해는 준비기로서 혁신학교의 운영 철학을 공유하고 학교 시설 배치, 교육과정의 얼개를 마련하는 데 노력했다. 학교교육계획 설명회, 워크숍, 토론회를 통해 은빛 가족들의 '행복 가꿈' 보금자리의 큰 틀을 만들었다. 4학기제 정착과 블록 수업제, 문·예·체 및 동아리 활동, 현장 체험 학습 등을 통한 교과 통합 학습, 디딤돌 학습 및 배움, 개별 프로그램 적용, 열린 상담실 운영, 계절학교 프로그램 개발, 우리 땅 밟기 프로그램 등 우리 은빛 교육의 특성을 살릴 수 있는 교육과정을 마련하기 시작했다. 또한 학부모들의 소통을 위해 학부모회를 운영하면서 축제 한마당인 아람제, 달빛총회, 녹색장터 등의 많은 활동을 함께 진행하였다.

2년째에는 첫해를 성찰하여 좀 더 안정적이고 내실을 기하는 적

우리 동네 은빛 베짱이 음악회에서 합창하고 있는 학부모님들

용기라고 할 수 있다. 진일보한 수업 혁신의 문제에 대하여 고민하였고 맞춤형 교육과정을 마련하고 운영하는 시기였다고 볼 수 있다. 뿐만 아니라 실질적인 학교운영위원회의 위상을 정립하고 이를 통해 학부모회와 아버지회의 역할을 높이면서 새로운 사업이 전개되었다. 학부모회에서는 정기적인 녹색장터를 하였고, 5월 '우리 동네 환경 영화제'를 많은 학부모들이 아이들과 함께 관람할 수 있도록 야간에 진행하였다. 아버지회는 여름방학을 통해 '아버지와 떠나는 은빛가족캠프'를 1박2일 동안 가까운 수련원에서 진행했다. 2014년 3회째를 맞는데 2012년 190명, 2013년 290명, 2014년 320명이 참가하였다. 10월에는 아버지회를 주축으로 학부모회가 결합하는 형식의 '우리 동네 베짱이 음악회'가 만들어

졌다. 이 행사를 통해 아버지와 어머니들, 그리고 선생님들이 함께 참가하는 합창 및 연주 등 여러 프로그램을 무대에 올리게 되었다(2013년부터 아람제 전야제로 바뀌었다. 2014년에는 3회를 맞게 된다).

3년째에는 이전 2년 동안의 실천을 종합적으로 평가하고 교육의 질적 수준을 높이고자 했다. 질 관리형 교육과정을 개발하는 등 뿌리를 깊이 내리고 싹을 틔울 수 있는 성장기 또는 발전기로 설정하여 학교문화의 외연을 확장하는 시기로 삼았다. 개교할 때 입학한 아이들이 3학년이 되고, 중학교에 진학하는 아이들이 늘어나서 일정 부분의 성과가 드러나는 시기였다. 또한 마을과 학교가 새로운 관계를 맺기 시작했다. 마을이 새로 생긴 뉴타운이라는 것과 9, 10단지로 학구가 한정되어 있는 아파트촌이라는 것을 고려해서 마을 속 학교의 역할과 위상에 대해서 논의하고 지역 공동체로서의 역할에 대해 고민해야 할 필요가 있었다.

혁신학교 학부모 공부 모임을 구성하고 '한 아이를 키우는 데에는 온 마을이 필요하다'라는 취지로 지역의 역사와 생태 탐방을 시작하였다. 선생님들과 학부모들이 주민 의식을 가지고 수차례 동네 알아가기 공부를 하였고, 그 과정에서 콘크리트 속에 묻혀버린 마을의 역사와 생태적 가치를 발굴하여 현재의 관점에서 되살리는 프로젝트가 실행되기에 이르렀다. 이렇게 하여 탄생된 것이 '금암문화예술제'이다. 교장 선생님을 비롯한 선생님들과 학부모들이 주민으로서 참여하여 추진 위원회가 구성되었다. 두 달 정도

영·정조의 이야기를 담은 금암기적비 연극

의 준비 기간을 갖고 11월에 동네에 있는 금암문화공원 야외에서 아이들이 만들어 동네 주민들과 함께 나누는 동네 축제로서 푸짐한 잔치가 차려지게 되었다.

　드디어 서울형 혁신학교 1기로 주어진 4년이란 기간의 마지막 네 번째 해를 맞이하여 새로운 도약을 위한 결실의 시간을 눈앞에 두고 있다. 무엇보다도 혁신학교의 성과 기반을 다지기 위하여 학교 운영의 안정화를 기할 시기이다. 짧지 않은 기간 동안 숨 가쁘게 달려온 혁신학교로서의 실험을 일반화된 모델로 발전시키고 지속성을 유지하기 위한 노력이 요구되는 시기이다. 학교 운영과 교육과정을 반석 위에 올리고, 그동안 구축된 학교문화를 위한 지속가능성에 대한 전략을 마련하기 위해 선생님들과 학부모들이 치열하게 성찰하는 시간이 될 것이다. 이를 위해 지난 4년을 평가하는 백서 발간과 워크숍 및 평가회를 준비하고 있으며, 이러한 노력은 새로운 혁신학교 2기를 위한 움직임으로 계속 이어질 것이다.

학교운영위원회가 힘들어야 아이들이 편하다

이러한 우리 학교만의 특성화된 학교 운영을 위하여 공동체 구성원들의 많은 노력이 필요했다. 민주적으로 소통하는 문화를 만들기 위하여 학교운영위원회는 무엇보다도 토론 위주의 회의가 정착되도록 노력하였고, 이 때문에 학교운영위원회 회의가 보통 서너 시간을 훌쩍 넘기기가 일쑤이다. 안건이 많을 때는 낮에 회의를 하고, 안건이 적을 때는 밤에 회의를 한 후 뒤풀이 토론회를 갖는다는 원칙도 만들었다.

학교운영위원회가 힘들어야 학교가 잘된다. 학교운영위원회 위원들이 선출되고 위원회가 구성되자 마을 게스트하우스를 빌려서 워크숍을 진행하였다. 위원회의 역할과 학교의 운영 상황 및 현안 등을 공유하고 각자의 역할을 나누는 과정을 거쳤다. 위원회 공고가 나가면 위원들은 의안을 검토한 후에 중요한 사항은 미리 분담하여 자료 수집을 하거나 좋은 운영 사례를 조사하여 위원회 회의에서 의견을 개진했다. 당일 회의에서도 결론이 잘 나지 않는 난제는 추후 별도의 태스크포스를 구성하여 재논의 과정을 거쳤다. 재논의 과정에서는 학부모회가 참여하여 다수의 학부모 공동체의 의견을 수렴했다.

많은 주요 안건들이 이와 비슷한 과정으로 진행되는데, 하나의 사례를 들어 보겠다. 근래에 주된 이슈는 학교가 커지고 학생 수가 늘어나면서 빚어진 교실 부족 문제였다. 우리 학교는 향후 3~4년 정도는 계속 학생 수가 늘어나는 구조를 가지고 있다. 그 후로는 학생 수가 급감하기 때문에 교실 증축을 요구할 수도 없는 사정이다. 교실은 한정되어 있고 학생 수만 늘어나니 특별 교실을 순차적으로 줄어나가야 하는 문제이다. 돌봄 수요가 늘어나 방과 후에 사용되는 교실 수가 늘어나서 방과 후 특별활동에 필요한 공간을 확보하는 것도 한계에 이르렀다. 이러한 사정에 대해 학교장과 학교운영위원회가 여러 차례 공지나 회의를 통해 미흡하나마 방안을 모색하고 있었다. 그러나 방과 후 활동에 참여하는 학생 선발에 대해 학부모들의 불만이 표출되었다.

개교 당시와 비교하면 학생 수가 두 배 가까이 늘어났으니 교실이 부족해서 기존에 지키려고 했던, 신청자를 모두 받는다는 원칙은 유지할 수가 없게 되었다. 그러나 일반적으로 많이 하는 추첨제를 통한 선발은 방과 후 활동 부서가 50개나 되는 상황에서 행정적 소모가 너무 많아지는 문제가 있었다. 그래서 방과 후 소위원회는 선착순 선발 안을 추천하여 위원회 심의에 올렸다. 이 안건 하나로 한 시간이 넘는 토론을 거치게 되었고, 많은 대안이 제시되고 검토되었으나 결론을 내지 못해서 결국 추후 별도 태스크 포스를 꾸리게 되었다. 학교운영위원회 3인, 방과 후 소위원회 3인, 학부모회 및 관계 선생님들로 구성된 모임에서 다시 원칙을 만들고 부서별 특성을 살려서 새로운 추첨제 방식을 도입하는 것으로 의견을 모아 실행하기에 이르렀다.

학교운영위원회에 주어진 시간은 의안을 모두 파악하여 심의하기에는 턱없이 부족하다. 그래서 절차에 있는 '교사 다모임'이나 각종 소위원회의 사전 검토를 존중하면서 소통해야 한다. 위원들은 의례적으로 안건을 통과시키는 것이 아니라, 미흡한 부분에 대해 공동체 구성원들의 의견을 다시 모아가야 한다. 이것이 민주적이고 열린 학교 운영이라고 할 수 있겠다. 주변에서 '은빛 학교운영위원회 너무 빡세다.'라는 말을 종종 듣는다. 그러나 워낙 부족한 것이 많기에 우리는 '학교운영위원회가 힘들어야 아이들이 편하다.'라고 스스로를 위안한다.

꽃이 숨어 있어도 향기가 나는 울타리 만들기

학교 후문 앞에는 혁신학교 3년째 되던 해에 선생님들과 아버지들이 몇 주 동안 직접 삽으로 파서 만든 연못이 있다. 올해는 학교 숲 가꾸기 예산을 후원 받아서 숲을 곁들이니 제법 풍성한 마음의 동산이 만들어졌다. 지금 우리 '은빛' 연못에는 꽃들이 다투어 피고 나무들은 푸르게 하늘을 받치며 커가고 있다. 몸과 마음을 다해서 정성껏 가꾸고 눈길을 보내주시는 선생님들을 비롯한 학교 구성원들이 있어서 생태 연못에 깃든 많은 생명들은 다양함 속에서 건강하게 어우러지며 잘 자라나고 있다. 이 작은 연못에서 배운다. 이 속뜻에는 우리 은빛초등학교 현재의 다양성이 존재하는 모습과 우리 아이들의 푸른 미래가 되기를 바라는 마음이 담겨져 있다. 이 모습을 잘 가꾸는 것이 학교운영위원회 일원으로서의 책임이자 자랑이다.

혁신학교는 배우는 아이들과 가르치시는 선생님들뿐만 아니라 학교 울타리를 넘어서 서울 교육이 숨 쉴 수 있는 허파가 되어야 한다. 교육에 지쳐 있는 부모들을 넉넉히 받아줄 지역공동체로서 품 너른 너럭바위가 될 수 있어야 한다. 그러기 위해서는 온 마을이 학교교육에 동참하고, 학부모이면서 주민으로서 함께 아이를 키워나간다는 마음으로 동네 학교를 인식해야 한다고 생각한다. 그렇게 서로에게 위안을 주며 천천히 아이들을 지켜보아줘야만 높은 사교육 열풍을 빗겨 나갈 수 있으며, 악명 높은, 아파트촌의 교육에 대한 막연한 불안감과 조급함이 잦아들 수 있다. 어디서 핀들 꽃이 아니겠으며 늦게 피어도 우리 아이들 모두는 아름답지 않은가? 또한 꽃이 눈에 잘 보이지 않는다고 하여 그 향기가 나지 않는 것이 아니듯, 부모가 주민이 되어 함께 마을이라는 울타리를 만들어 구석구석에서 자유롭게 자라나고 꽃피울 수 있게 만들어 주어야 한다.

혁신학교로서 미래로 가는 제대로 된 교육철학과 학교문화를 찾기 위해서 동분서주해주신 훌륭한 선생님들이 안 계셨다면, 우리 학교운영위원회 학부모위원과 학부모들의 행복한 학교 만들기는 존재할 수 없었다. 그래서 오늘이 행복하고, 내일을 함께 꿈 꿀 수 있다. 혁신학교로서 구성원들이 많은 노력과 기회비용을 지불하였지만 그만큼 혜택을 받은 것이 사실이다. 그래서 고민하는 시점이다. 혁신학교였기에 우리 학부모만 누린 행복감, 우리 아이들만 누릴 수 있었던 좋은 교육적 기회가 이웃 학교, 서울 교육뿐만 아니라 더 나아가서 대한민국 모든 교육에 실현되기를 바란다. 우리 은빛초등학교 교가는 공모를 통해 재학생이 작사를 했는데, 그 속에 '함께 배우고 씩씩하게 자라서 널리 나누자'라는 노랫말이 있다. 전우익 선생님의 말씀대로 '혼자만 잘 살믄 무슨 재민겨'라는 의미를 되새기며, 혁신학교의 성과를 함께 나누어 널리 공유하기를 기대한다.

은빛에 물들다

- 은빛초등학교 제3회 졸업식에 부쳐
  이윤하

고맙구나, 햇빛에 일렁이는
바다 등비늘 보다 눈부신 은빛들아!
새로 생긴 학교에 이사 와서
은빛쉼터에 차곡차곡 손때를 묻혀주고
은빛연못에 펄떡펄떡 숨결을 불어넣어 준

이미 너희는, 전체가 우주다.

내 몸이 자꾸자꾸 커지면
우리는 무엇이 될까요?
내 노래가 자꾸자꾸 커지면
어디까지 울릴 수 있을까요?
내 꿈이 자꾸자꾸 커지면
어디까지 다다를까요?

미안하구나, 바람에 나부끼는
은사시나뭇잎 보다 눈부신 은빛들아!
초등학교 입학 할 적에
밥 잘 먹고 똥 잘 싸면 최고라고 여겼는데
너희들의 책가방이 무거워지는 만큼
어른들의 바람이 커져만 가는구나.

내 몸이 자꾸자꾸 커져서
이제 동생들의 손을 놓아야 하네요!
내 노래가 자꾸자꾸 커져서
이제 선생님의 품을 떠나야 하네요!
내 꿈이 자꾸자꾸 커져서
이제 이 교정을 떠나가야 하네요!

너희가 떠난 교실에
싱싱한 바람 펄럭이며 책장을 넘기겠지.
너희가 떠난 이 밤의 교정에

푸른 바다가 와와! 하며 몰려와 퍼덕일 테지.
너희가 두고 간 시간들이
동생들 얼굴마다 은빛으로 물들이겠지.

이제, 우리는 알 수 있지요.
산 뒤에 길이 있고
길 뒤에 꿈이 있어,
우리를 기다리고 있다는 것을!
이미, 우리는 알고 있어요.
하늘이 있어 꿈을 꾸고
마음 땅이 있어 꿈을 심을 수 있어,
우리를 은빛에 물들게 했다는 것을!

마흔이 넘어 다니는 초등학교

학부모 동아리 활동

민 은 하
신은초등학교

넝쿨째 복을 받는 기분

어느새 이곳에 이사 온 지도 만 3년이 되어가고 있다. '서울 어디 이런 곳이 흔할까.' 하는 마음이 드는 참으로 좋은 동네이다. 아침에 뻐꾸기 소리로 눈을 뜨고, 참나무의 속삭임으로 잠시 일상의 피곤함과 나태해진 마음을 어루만져주니 그지없이 포근한 엄마 품 같은 곳임을 감사하게 생각하며 지낸다.

어찌하여 이곳에 이사를 와서 보니 혁신학교에 아이를 보내게 되었다. 3년 전, 남다른 교육 열정과 헌신으로 아이들을 이끌어 주시는 여러 선생님들을 뵈면서 이런 학교, 이런 교육자들이 있다는 것이 낯설고 놀라울 뿐이었다. 요즘은 혁신학교에 대한 관심으로

아차산 역사 탐방

일부러 이사 오시는 분들이 많아지고 있는 것을 보니 그냥 앉아서 복을 넝쿨째 받고 있는 듯한 기분이다.

기존 학교의 교육과는 달리 아이들의 잠재적인 미래 비전을 제시하고 당장의 어떤 성과를 내기보다는 아이가 인생을 살아가는 데 필요한 거름과 땅을 가꾸듯이 늘 질문과 생각을 함께하는 열린 교육으로 소통하고 협력하는 모습을 보면, 꿈에 그리던 학교가 우리 신은초등학교임을 자부하게 된다.

자연과 벗 삼는 '초록 동아리' 활동에 참여하다

기존 일반 학교에 아이가 다닐 때를 생각하면, 나도 대개 다른 학부모들처럼 늘 주변에서만 학교를 바라보곤 한 것 같다. 다른 아이들보다 조금이라도 돋보이기를 바라는 부모였고, 조금은 앞에서 다른 아이들보다 한 걸음이라도 더 나아가길 바라는 학부모였던 것 같다. 선생님이 지향하고자 하는 교육 방안에 특별한 관심 없이 아이를 맡겨놓고, 중간중간에 보는 시험의 결과에 동그라미가 몇 개나 있나 체크하며, 많으면 안도하고 적으면 불안하여 아이를 다른 아이들과 비교하고 바라보는, 엄마의 마음이 아닌 학부모의 눈빛으로 바라보기만 했던 것이다.

그러나 그랬던 내가 지금은 아니라고, 이제는 엄마의 마음으로 아이와 눈높이를 맞추려고 노력한다고 감히 이야기할 수 있을 만큼 아이와 함께 행복하게 즐기고 있다. 이런 생각이 자리 잡게 된 것은 학교에서 활동하는 초록 동아리 모임 때문인 듯하다.

개교 이듬해에 동아리 가입에 관한 가정통신문을 받고, '음, 이게 뭘까?' 하는 의구심으로 신청서를 제출하게 되었다. 전에 살던 동네에서도 사실 엄마들이 삼삼오오 모여 '행복한 자연학교'라는 모임을 만들어 수요일 오후에는 간단한 간식을 준비하여 산이나 공원에서 놀며 지내던 경험이 있었기에 '초록'이라는 말에 정감이 있어 신청을 하게 되었다. 그리고 첫 모임에서 지도해주시는 선생님의 동아리 모임 취지를 전해 들으며, 굳이 내가 수고스럽게 체험활동을 하는 곳을 알아보지 않아도 아이와 함께할 수 있을 것 같은 막연한 기대에 활동을 시작했다.

동아리 모임을 시작하면서 우리 주변의 풀과 꽃을 관찰하며 이름을 하나둘 알아가는 재미가 그렇게 쏠쏠할 수가 없었다. 그냥

천마산 들꽃 탐사

학부모와 아이들이 함께 아차산을 오르며 진행한 식물 탐구

쓸데없이 자라는 잡초로만 여겨졌던 식물이 각자 나름의 이름을 가지고 있었고, 그들에게는 각자 나름의 생존 전략이 숨어 있었다. 길가에서 흔하게 피고 자라는 잡초라고 해도 소중하지 않은 것은 없음을 알게 되었다. 이제는 그들의 이름을 불러줄 수 있는 여유로움이 생기고 애정 어린 눈빛으로 바라보면서 나름 인생의 큰 결실을 맺어가고 있는 중이다.

그리고 월 1회 야외 활동으로 다양한 곳을 방문하여 동아리 모임에 참여한 우리 학부모들은 더욱더 자연을 가깝게 바라볼 수 있었다. 여름이면 민물고기 탐사, 겨울이면 철새 탐조로 우리는 1년 내내 다양한 옷으로 바꿔 입는 자연의 춤 향연을 즐겼다. 그리고 그 아름다운 자연이 우리 아이들, 그 다음의 아이들과 함께하기를 바라는 마음으로 여러 활동을 다양한 시각으로 바라보게 되었다. 야외 체험을 할 때에는 통섭을 헤아리는 다양함을 맛보기도 했다. 환경, 자연만 따로 생각하는 것이 아니라 큰 연결 고리로 역사와 문화가 조화를 이루는 통합 교육을 통해 우린 다양한 시각을 가지게 되고, 넓은 세계관을 지닐 수 있는 듯하다.

매월 두 번째 월요일 정기 모임에서는 김광철 선생님의 다양한 강연을 들으며 우리가 무엇을 해야 하는지 강구하며 모색하는 시간을 가졌다. 그리고 관심 밖이었던 여러 사회 문제에도 나름 질문을 던져보게 되었다. 초록 동아리 활동을 하며 이제는 단순히 몰랐던 사실이나 지식의 터득을 넘어 지혜를 공유하며 실천 행동을 하는 발걸음을 같이 한다. 그리고 그 걸음이 비록 미약하고 작은 것이나 모으고 모으면 큰 힘이 된다는 것을 알기에 그 걸음에 힘찬 응원을 보내는 것이 아닌가 생각한다. 우리는 정기 모임뿐만 아니라 소모임을 통해 다양한 책을 읽고 우리가 다음에 체험할 것에 대하여 토론하며 서로의 의견을 나누었다. 아는 것만큼 보인다고 했던가. 이런 자기계발의 시간만큼 생각 또한 넓어지는 듯한 느낌이 든다.

초록 동아리 활동에서 배운 '인생의 성공'

초록 동아리 활동을 하면서 아이가 '성공'이라는 다른 사람이 만들어놓은 틀에 맞추는 것이 아니라 자기 스스로 어떻게 사는 것이 올바른 것인가를 스스로 고민하고 질문하고 만들어가야 하고, 이것이 무엇보다 중요하다는 것을 알게 되었다.

조기 교육 과잉 열풍에 우리는 아름다운 우리말을 익히기도 전에 다른 나라의 언어를 습득하고, 흔히 말하는 사회적으로도 실패자가 되지 않기 위해 초등학생 아이에게 이미 중학교 과정을 습득하게 강요한다. 그런 아이들은 즐겁고 재미있어서 책을 좋아하는 것이 아니라 토론 대회에 나가 입상을 하기 위해 책을 읽는 것이다. 많은 학부모들은 그래야만 특별한 아이가 되고 우수한 아이로 치부된다고 생각하기 때문이다. 그래서 명문 대학, 연봉이 높은 직장에 들어간들 행복할까? 그리고 그런 사회, 그런 나라의 국민들은 왜 삶의 질과 행복 지수가 낮아 자살률이 최고인 나라에서 살고 있는 것일까?

깊은 땅속에서 세상살이가 궁금해서 발버둥을 치며 호기심 가득하게 땅 위에 몽긋거리며 피어오른 새싹에게 우린 어떤 세상을 보여주고 있는지 반성을 해 보아야 한다. 땅속에서만 듣던 산새 소리, 도토리를 물고 깡충깡충 뛰는 다람쥐의 발소리, 이리저리 여러 꽃들 사이로 분주하게 날아다니는 벌의 날개짓 소리를 상상하고 호기심으로 잔뜩 부풀어 꿈에 설레던 새싹은 과연 '이 세상이 정말 좋은 곳이구나!' 감탄을 하고 있을까? 더욱더 줄기를 뻗어 햇님도 만나고, 그렇게 바라던 새들의 지저귐도 듣고, 아련하게 윙윙 소리를 내며 비단옷의 부스럭거리는 소리 같은 벌들의 춤도 감상하며, 이 세상에 태어난 걸 축복하며 살아야 하지 않을까?

우리 아이들은 가뭄처럼 메말라가고 지쳐가고 있다. 그리고 마지막으로 애걸하고 있는지도 모른다. 이제는 그 아이들에게 파란 하늘을 바라볼 수 있는 쉼표를 주고 뭉실뭉실 피어오르는 자유를 주어야 하지 않을까? 나는 우리의 새싹들이 시들지 않기를 바란다. 지쳐서 이 세상에 태어난 것을 후회하지 않기를 바란다. 인생

올해 텃밭 가꾸기

이라는 것이 늘 자기 마음대로 살 수 있는 것이 아니라는 것은 나도 알지만, 힘들어 포기하고 싶을 때마다 다시 일어설 수 있는 용기가 있다면 분명 아이는 올바르게 잘 자라 원칙이 있는 사회, 배려와 협력이 있는 사회, 상식이 통하는 사회의 일원으로 아름다운 그림을 채워가리라 믿는다.

아이들에게 남겨줄 아름다운 세상을 위해

초록 동아리 활동을 하니 세상에 대한 눈을 갖게 되었다. 그리고 미안함에 반성하고, 나 자신을 되짚어 보게 된다. 전에는 몰라서 했던 행동이나 습관들이, 또 내 편의를 위해 거리낌 없이 행동을 하고, '이거 하나 한다고 어찌 되겠어?' 생각하고 하던 일들이 알고 보니 미래의 후손들에게 엄청난 죄를 짓는 것임을 알게 되었다.

이제는 아이를 바라봄에도 좀 더 여유가 생겨났고 나름 철학이 생긴 듯하다. 그리고 그 너그러움 속에 아이가 기대 이상 생각이 깊어지고 성숙해지는 것을 느낀다. 내가 닦달하며 아이를 내 틀에 가두는 것이 아니라, 아이와 함께 고민하고 생각하고 이해할 수 있게 되었다. 이는 초록 동아리 활동을 하면서 얻게 된 나름의 성장이며 자연의 섭리에 동반된 마음의 표현이기도 하다. 아이가 힘들고 지쳐있을 때에는 내 품을 열어두고, 아이가 발걸음을 내딛으며 앞으로 나아갈 때는 응원의 말 한 마디와 따뜻한 눈빛을 보여

지난해 가을 화성 공룡알 유적지 탐사에 함께한 아이들

주는 것만으로도 아이에게는 큰 힘이 됨을 알게 되었다.

　나는 친구들에게 "마흔이 넘어 초등학교에 다닌다."고 이야기를 한다. 전에는 아이가 다니는 학교를 방관하는 시선으로 바라보았 다면, 이제는 나도 배움의 갈증을 해소하고 성숙해지고 싶어 가는 학교가, 혁신학교인 우리 신은초등학교이다. 그리고 그 배움에 대 한 실천이 나만 위한 것이 아니라 다른 사람과 사회를 위한 것이 어야 한다는 것을 알게 된다. 전에는 아이의 학교였고 학부모 입 장이었지만 지금은 우리의 학교이고 나의 학교이다. 비록 담임 선 생님과 지정된 교실이 없지만 늘 배움이 살아있는 학교이기에 나 는 오늘도 당당히 교문을 들어선다.

혁신학교는 학부모회도 진화 중이다

강 경 화
도봉초등학교

혁신학교에 대한 믿음

내 아이는 도봉초등학교 3학년에 다니고 있다. 도봉초등학교는 2011년에 혁신학교로 지정을 받았기에 아이가 입학하던 2012년은 혁신학교로서 맞이하는 두 번째 해였다.

사람마다 타고난 적성과 흥미가 다르고 자신만의 고유한 무늬가 있다고 한다. 그러나 자신만의 고유한 무늬를 완전히 찾는 것은 초등학교 시기가 아니라고 생각한다. 초등학교는 교육 환경에 의해 각자 가지고 있는 작은 무늬가 끊임없이 변화하고 발전을 이루어가는 곳이다. 아이가 자신만의 고유한 무늬를 만들어가는 과정에 주변인의 역할과 교육 환경은 매우 중요하다. 그 주변인으로서 가장 가까이에서 영향을 주는 사람은 부모와 교사일 것이며, 학교는 바로 그런 역할을 하는 교육 환경이다.

그런 의미에서 나는 아이가 혁신학교 도봉초등학교에 입학하게 되면 혁신학교의 민주적이고 열린 분위기를 통해 아이가 자기 주도적인 삶을 향해 나아가는 첫발을 내딛기에 더없이 좋은 환경을 얻는 것이라고 확신하였다. 그리고 그 믿음은 지금도 여전하다.

학부모회에 대한 아쉬움

아이가 입학하던 2012년에 도봉초등학교는 학부모회가 없었다. 그렇다고 반별로 대의원 어머니들 조직이 있는 것도 아니었다. 처음에는 '이런 것부터가 혁신학교인가 보다.' 생각했다. 어머니회의 많은 긍정적 효과에도 불구하고 부정적인 모습이나 역효과에 대해서는 익히 들어온 바가 있었기 때문에, 혁신학교는 학부모 한 사람 한 사람이 모두 대의원이라고 생각해서 어머니회를 따로 조직하지 않는다는 말이 아주 매력적으로 들렸다.

그러나 시간이 지나면서 조금은 답답했다. 모든 일을 담임 선생님과 상의할 수 있는 것이 아님을 조금씩 피부로 느끼게 되었기 때문이다. 내 아이와 직접 연관이 있거나 내 아이 반에서 일어나는 상황에 대해서는 당연히 담임 선생님과 대화를 하면 되는 것이겠으나, 아이가 1학년 후반으로 접어들면서 교육과 학교에 대한 관심이 점점 커질 수밖에 없는 학부모들은 삼삼오오 동아리 활동

등을 하면서 자연스럽게 교육과 학교에 대한 건설적인 대화들을 나누게 되었다. 그 결과 무엇인가 의미 있는 활동들을 도모해보고 싶다는 생각과 함께, 보다 많은 학부모들과의 소통이 필요한 문제도 발견하게 되었다. 이럴 때 전체 학부모회가 있다면 학부모회 기구를 통해서 보다 효율적인 소통을 하고, 학교에 학부모들의 의견을 개진해볼 수도 있고, 학교와 아이들을 위해 의미 있는 활동들을 함께 도모할 수도 있을 텐데, 생각을 나눌 공식적인 기구 자체가 없고 학부모들 간에 구심점이 없었다. 그래서 학부모 한 사람 한 사람이 대의원이라는 취지가 현실성이 없는 이상적인 구호에 불과하다는 생각을 하게 되었다.

다행히 나의 이런 생각과 같은 생각을 하는 고학년 학부모님들도 많이 계셨는지, 몇몇 학부모님들이 다음 해에는 학부모회 조직을 다시 꾸릴 것을 학교에 건의했다는 말을 듣게 되었다. 학부모로서 지낸 1년의 경험상 나도 학부모회의 필요성을 느끼던 차였기에 다행이라고 생각했다.

2013년 아이가 2학년 되던 해 3월에는 각 반 대의원 희망 학부모 신청을 받았고, 반마다 인원수 제한 없이 희망하는 학부모는 누구나 대의원 신청을 할 수 있었고, 그 대의원들이 한곳에 모여 대의원 회장을 선출했다. 이렇게 2013년에는 대의원 회장을 중심으로 학교의 큰 행사들을 앞두고 대의원 회의를 가졌으며, 그 안에서 의논 과정을 거쳐서 학부모로서 학교의 큰 행사 기간 동안 아이들을 위한 활동들에 도움을 주고, 학부모회 자체의 아이디어와 기획으로 몇 가지 일들을 실행하기도 하였다. 그러나 첫해에는 학교의 큰 행사에 학부모로서 도움을 주어야 할 역할이 필요할 때 그것을 중심으로 대의원들은 모였고, 그 일이 끝나면 그냥 해산되고 마는 여느 학교의 대의원회와 크게 다를 바가 없었다. 대의원회 회장이 있고 대의원회가 있다고 해서 학부모들의 자발적인 소통이 원활한 것은 아니었다.

학부모회가 필요함을 절실하게 느끼게 되다

아이를 학교에 보내면서 차츰 혁신학교에 대한 관심을 갖게 되고 관련 책들을 살펴보니, 성공적인 혁신학교는 선생님들의 열정과 헌신적인 노력과 함께 학부모들의 제대로 된 교육열이 하나가 되어 시너지 효과를 내고 있었다. 학부모로도 함께 교육에 관심을 갖고 학부모로서의 역할을 제대로 하고자 노력하고 있다는 것을 알 수 있었다.

우리 학교도 이런 문화가 만들어지면 좋겠다는 아쉬움은 조금씩 늘어갔다. 그러던 중, 정기적이거나 비정기적이라도 어떤 주제나 안건을 가지고 대의원회가 열리고 토의가 이루어지는 문화가 없는 것에 대한 아쉬움을 결정적으로 크게 느끼게 된 계기가 있었다.

그것은 2012년 가을쯤, 교장 선생님과 교감 선생님의 징계 소식이 전해지면서였다. 교장 선생님과 교감 선생님의 징계 이유는, 수년 전 폭력성이 강한 학생들이 한 학년에 몰리게 되면서 많은 문제를 겪게 된 학교가 이듬해 그 학생들이 한 학년 올라가게 될 때 이 아이들이 한 반에 몰리는 것을 방지하여 이 아이들에 대한 관심과 보살핌도 늘리고 일반 학생들의 피해도 줄여보고자 한 반을 증설했다는 것이었다. 당시 교사 전체 회의를 통해서 모든 교사들이 이 방법이 최선임에 공감하여 찬성해서 결정된 사항이었고, 학교는 당시 북부교육청에 이를 보고해서 허락을 받은 사항이라고 했다. 그런데 2012년 7월 혁신학교 감사에 응한 학교에 수년 전 이 결정이 법에 어긋나는 것이라 하여 교장, 교감 선생님께 징계가 내려진 것이었다.

이 일을 내가 알게 된 것은 2012년 가을 즈음으로 기억되는데, 나는 한 학부모로부터 교장 교감님이 학교를 위해 결정한 내용으로 징계를 받게 되어 안타깝다는 내용의 문자를 받았다. 그 문자에는 자세한 내용은 없었으며 본인도 누군가로부터 이런 문자를 받았는데 들은 바가 있는지 내게 물어오는 내용이었다. 나는 처음 듣는 내용이라서 우선 생각나는 분이 담임 선생님밖에 없었다. 담임 선생님께 사실 여부를 문자로 여쭈어 보니 선생님으로부터 '사실이다. 안타깝다.'는 내용의 답장이 왔다.

이미 몇몇 학부모들 카톡방에서는 이 문제가 회자되고 있었기에 사실임을 확인하는 순간, 나는 이 문제를 내게 알려준 학부모와 이미 이 문제에 대해 알고 있는 몇몇의 학부모들을 카톡 방으로 초대했다. 선생님께서도 인정한 사실이시니, 아마 대의원회 회장님도 알고 있을 테니 최대한 많은 학부모들을 한 카톡방에 초대해서 대의원 회장님이 어떤 메시지를 주실지 기다려보자고 했다. 다음 날까지 카톡방 초대 행렬이 이어져 90여 명이 카톡방에 모여서 안타까움을 나누며 대의원 회장님을 기다렸다. 다음 날 대의원회 회장님과 90여 명이 카톡방으로 들어오셨고, 전체 학부모회의를 소집하기로 했다.

다음 날 전체 회의에 나온 인원은 30여 명 정도였으며 대의원이 아닌 분들도 많았다. 전날 카톡방에 모여 있던 90여 명은 대의원이든 아니든 상관없이 오로지 평소 학교 운영에 헌신적으로 수고하고 계시는 교장 선생님과 교감 선생님의 징계 소식에 놀라서 이유가 무엇인지 제대로 알고 학부모로서 함께 도울 일은 없는지 함께 고민해보고자 하는 단 한 가지 이유만으로 순수하게 모인 분들이었기 때문이다.

그 자리에서 학부모들은 학교 측에 제대로 된 상황 설명을 요청했고, 교장 선생님께서는 본인이 최종 책임자로서 당연히 감수해야 하는 부분임을 명확히 하시고 학부모들의 어떤 동요도 원치 않으심을 분명히 하셨다. 교장 선생님과 상황 설명을 해주신 다른 선생님께서 나가시고, 학부모들만 모인 자리에서 우리는 학부모로서 우리가 할 수 있는 일들을 토의하고 방법들을 결정했으며 실행에 들어가기 위한 역할 분담을 하였다.

우리가 선택한 것은 당시 문용린 교육감님께 도봉초 학부모의 이름으로 탄원서를 제출하는 것이었다. 그날이 금요일로 기억되는데, 우리는 탄원서를 작성하고, 탄원서에 서명을 받는 운동을 전개하기로 했으며, 제출 시기가 여러 가지 상황 때문에 촉박한 관계로 주말과 월요일에 걸쳐 완료하는 것으로 토의를 마쳤다.

이날 모인 30여 명의 학부모들 중에는 대의원이 아닌 학부모들이 절반 가량은 되었던 것 같다. 그럼에도 불구하고 정말 내가 대의원이라는 마음으로 이날 이후 탄원서 서명운동을 주변에 알리고 직접 탄원서를 받으러 다니는 수고를 마다하지 않으셨다. 서명 마감 일인 월요일 5시 탄원서 서명자 수가 1,000여 명에 이른 것으로 기억한다.

이 일을 계기로 학부모들 사이에서는 정말 살아있는 학부모회가 필요하다는 공감대가 확산되었다. 대의원회 회장님과 임원들이 있고 대의원들도 있는 학부모회였으나, 평소 학교 행사에 대한 도움을 주는 학부모회로서의 기능만 살아있었기에 학교의 일에 대해 학부모들의 생각을 모으고 나누고 무엇인가 결정해야 할 순간에 학부모회가 초기에 그 역할을 수행하지 못했다. 많은 학부모들은 대의원회에서 어떤 절차와 결정이 있을지 바라만 보며 기다리는 아쉬움을 직접 경험한 것이다.

내가 말하고 싶은 것은 살아있는 학부모회가 있어야 한다는 것이다. 무늬만 학부모회로, 어느 학교에나 존재하는 학교의 크고 작은 행사 도우미로서의 학부모회를 넘어서서 학교에 큰 사안이 발생하고, 큰 사안이 아니더라도 전체 학부모들의 소통을 통한 의견 수렴이 필요한 일이 발생했을 때에 학부모회가 소통의 창구로서 제 역할을 수행하고 학부모들의 구심점 역할을 제대로 해내는 학부모회를 말하는 것이다. 그러려면 새 학년 초 학부모회 운영을 어떤 형태로 할 것인지에 대해서 학부모와 학교 간에 대화와 소통이 먼저 있어야 한다고 생각한다. 그런 과정 없이, 어느 학교나 있는 학부모회이니 우리 학교에도 있어야 하는 정도의 인식으로 학부모회를 구성한다면, 무늬만 있는 학부모회에 불과할 것이다.

혁신학교 학부모회라면 그 구성에서부터 학부모들 스스로 관심을 가지고 주체적으로 나서야 한다고 생각한다. 행사 도우미로서의 학부모회를 넘어서서 아이들의 교육을 위해 학교와 함께 같은 방향을 바라보고 학교를 지지하고 격려해주며, 선생님들만으로 힘든 영역을 학부모가 함께 도와줄 수 있으려면 주체적인 학부모회의 자리매김이 무엇보다 필요하다고 생각한다.

도봉초등학교 학부모회는 진화 중이다

학부모회 활동을 하면서 나는 새로운 것을 깨닫게 되었다.

첫째, 1학년 아이 학부모로서 1년을 돌이켜보면, 누구나 대의원이라는 말은 참 훌륭한 발상이라고 생각한다. 그러나 그 생각이 현실에서는 누구도 학교 일에 나서지 않는 부정적 결과를 만들어낼 수도 있음을 알았다.

둘째, 2학년 아이 학부모로서의 1년을 돌아보면, 어느 학교에나 있는 학부모회처럼 학년 초 반에서 대세에 밀려 억지 춘향으로 대

2014년 1학기 교육과정 평가 간담회

2014년 1학기 교육과정 평가 간담회

의원을 한 학부모들이 모여서 대의원회를 구성하고 대의원 회장
을 뽑는 분위기가 된다면, 이후 학부모회는 학교의 행사 도우미로

서의 역할에만 머무르게 된다. 그 결과 일반 학부모들과 어떤 소통도 할 수가 없으며, 전체 학부모들의 의견수렴과 응집을 필요로 할 때 아무런 역할도 할 수 없음을 알았다.

셋째, 학부모회는 회장 중심으로 운영되는 것이 아니라 모든 학부모들을 중간에서 연결하고 엮어주는 모둠별 대표가 필요하다는 생각을 갖게 되었다.

아이가 3학년인 올해부터 도봉초등학교 학부모회는 각 학년 대표 체제로 운영되고 있다. 3월 학부모 총회에 참석하신 학부모들 중 각 학년, 각 반 대의원 희망자를 인원수 관계없이 신청을 받았으며, 전체 대의원이 모인 곳에서 올해 대의원회를 어떻게 운영하면 좋을지 토의가 있었다. 그 자리에서, 나는 대의원회 체제에 대한 문제점을 발표했다. 대의원회 회장과 임원을 뽑는 체제는 그간의 경험으로 볼 때 회장과 임원들에게만 학교 일에 대한 책임이 몰리게 만들었다. 그래서 누가 회장을 하든 맡은 사람의 부담이 크고, 일 중심의 효율적인 처리를 위해서 회장과 임원들 몇몇만 고생하고 마는 운영이 된다는 점을 제기했다. 그리고 대안으로 각 학년 대표를 선출하고, 학교 일에 대해 공유할 사안이 발생하면 각 학년 대표 전체 회의를 통해 토의를 하고, 결정된 사항을 각 학년 대의원들에게 알리는 체제로 운영하자는 제안을 내놓았다.

각 학년 대의원들이 각 학년 대표들로부터 소식을 전달받으면 각 대의원들이 속한 반의 일반 학부모님들께 알리고 소통해서 정말 살아있는 학부모회를 운영해 보자고 한 것이다. 그러나 위험

돌봄 교실 자원봉사 학부모들

아이와 소통하는 실내 놀이 소모임

부담도 있을 수 있음에 대해서도 분명히 말했다. 우리가 한번도 시도해보지 않았고, 학부모회 회장 중심의 체제에 익숙하기 때문에 각 학년 대표를 맡게 되는 분들 간에 원활한 의사소통이 이루어지지 않으면, 각 학년 학부모들 전체에게 전달할 일 처리가 늦어지거나 응집의 효과가 지지부진할 수도 있다. 그래서 만약 이 체제를 선택한다면 각 학년 대표를 맡게 되는 분들의 책임 의식이 전제되어야 한다는 것도 말씀드렸다. 그런데 이 제안에 대해 그 자리에 모인 전체 대의원들은 찬성의 뜻을 나타내 주셨다.

"한번 시도해보자."

"올해 해보고, 문제가 있으면 내년에 보완하거나 수정하면 될 것이다."

"회장 한 사람만 부담 주는 그런 학부모회가 아니라 각 학년 대표들 중심으로 함께 역할 분담하고 서로 소통하는 학부모회를 만들어보자."

이러한 생각과 뜻을 모아, 그 자리에서 학년별로 모둠을 만들어 각 학년 대표를 선출하게 되었다. 각 학년 대표들은 ① 대외 협력, 조직 관리, ② 기획, 홍보, ③ 동아리, 봉사단 관리 ④ 학교 행사 및 자체 행사 지원과 운영의 역할을 분담하였다. 그리고 현재 각자 맡은 분야에 대해 대의원을 중심으로 실무 지원 팀을 구성하거나 자신이 맡은 분야에서 도움이 필요할 경우 파트너를 찾아 함께 일을 추진해 나가고 있다.

학교에서는 학부모들의 도움이 필요한 경우에는 각 학년 대표 중

해당 분야의 담당 대표에게 연락을 주고, 연락을 받은 담당 대표는 각 학년 대표 전체 회의를 통해서 다시 토의를 해나고 있기 때문에 혼자 모든 일을 떠안아야 하는 부담이 없다. 함께 의논하는 과정에서 더 좋은 안이 생산되고, 그렇게 생산된 안을 결정하여 각 학년 대의원들에게 전달을 하고 있으므로 전달받은 대의원들은 일방적 전달을 받았다는 느낌이 없다. 학년 대표들이 모여 토의를 한 결과임을 알기에 마치 함께 회의에 참석한 듯한 느낌으로, 전달받은 내용을 일반 학부모들에게 알리고 협조 요청을 하게 된다.

아직 2학기가 남아 있어서, 올해 도봉초 학부모회가 성공적인 사례가 될지, 내년에 더 수정 보완해야 할 문제점이 발견될지는 모른다. 그러나 올해 들어 지금까지 학부모회 운영만 보더라도 분명히 진화 중이라고 말할 수 있겠다.

어느 학교에나 있는 획일화된 학부모회를 꼭 갖추어야 한다는 생각에서 벗어난 학부모들! 혁신학교의 방향을 잘 이해하고 응원하고 지지하며 아이들의 교육을 위해 함께 노력하는 학부모들! 학부모 자체적인 소통의 노력이 필요하다고 인식하기 시작한 학부모들! 이를 위해 우리가 정말 함께할 수 있는 형태의 학부모회 운영 체제는 무엇일지부터 함께 고민하고 결정한 학부모들!

올해 도봉초 학부모들은 이렇게 학부모회 운영 체제를 어떻게 만들어갈지부터 함께 토의하고 함께 결정했으며, 지금 그 과정에 함께 동참하고 있기에 올해 도봉초 학부모회는 연말에 할 말이 많으리라 생각하며, 할 말이 많다는 것 또한 더 나은 학부모회를 위한 진화의 과정에 꼭 필요한 일이라고 생각한다.

학교의 모든 선생님들은 한결같이 학부모들께서 학교에 관심을 가져주십사 당부하신다. 그러나 학부모들 개인으로는 학교의 상황에 대한 정보에 한계가 있고, 담임 선생님과의 대화만으로 모든 것을 알 수도 없거니와, 아무리 관심이 많은 사람이라 하더라도 개인이 나서서 무엇인가를 알아보고 도모하기란 쉬운 일이 아니다. 그러나 내 옆의 학부모들과 살아있는 학부모회가 있다면 사정은 달라질 것이다. 초등학교의 경우는 아직 아이들이 교육 수요자로서 주체적인 생각을 하는 데 한계가 있는 시기이기에 학부모들의 역할이 더욱 중요하다고 생각한다. 학부모회가 부담스러운 기구가 아니라 작은 일부터 큰일에 이르기까지 학부모들 스스로 아이들의 교육과 학교의 방향에 대해 함께 생각을 나누고, 교육에 시너지 효과를 불러일으키는 긍정적인 역할을 수행할 수 있는 기구가 되기를 바란다. 혁신 초등학교의 학부모회라면 아버지회든, 어머니회든, 그냥 학부모회든 주체인 학부모 한 사람 한 사람이 그 필요성을 인식하는 데서부터 시작되어야 한다.

진정한 교육을 향한 진화를 위해서 학교가 혁신의 과정을 밟아가듯이 초등학교의 학부모회도 아이들의 교육을 위해 혁신하기를 바라는 마음 간절하다.

아직도 진화 중인 도봉초등학교의 학부모회가 혁신 초등학교 학부모회의 모범적인 사례가 되어 주변 학교에 좋은 사례를 나누어줄 수 있기를 기대한다.

"아이들이 웃는다. 학교가 즐거워졌다!"

급식 모니터링의 사회적 역할

권 성 원
은빛초등학교

내 아이들의 첫 초등학교는 서울 양천구의 한 일반 학교였다. 3년 전에 서울 은평구 진관동으로 이사를 오면서, 처음으로 은평뉴타운 내 유일한 혁신학교인 은빛초등학교를 만나게 되었다. 내게는 현재 4학년인 쌍둥이 여자아이 둘과 내년이면 초등학교에 입학할 일곱 살 남자아이가 있다. 반년 겪어 본 일반 학교, 그리고 이곳에서의 3년, 참 많은 생각들을 하게 한다. 현재 급식 모니터링 대표로 2년째 학교를 가까이에서 만나고 있다. 지난 1년 반 동안의 급식 모니터링 활동을 회고하며, 학교 급식에 대한 나의 생각을 정리해 본다. 더불어 뜻과 지혜를 함께 모아준 분들에 대한 깊은 감사를 전한다.

1985년, 어느 초등학교의 무더운 날, 쉬는 시간 종이 울리자, 아이들은 누가 먼저랄 것도 없이 서로의 목을 축이기 위해 수도꼭지 식수대를 향해 뛰어간다. 개구쟁이들이 수도꼭지를 서로 부여잡고 입을 대는 통에, 뒤에 줄 선 아이들의 야유를 받는다. 발동 걸린 소년은 줄 선 아이들을 향해 물을 튕긴다. 남자애들끼리의 장난에, 고래 싸움에 새우 등 터진 꼴이 되어 버린 여자아이는 와락 울음을 터뜨린다. 어쩔 줄 몰라 눈치 보는 남자아이들 모습에, 여자아이는 분이 풀린 양, 다시 물을 튕기며 혀를 날름거리고는 까르르 웃으며 교실로 뛰어간다.

바로 유년 시절에 쉽게 볼 수 있었던 풍경이며, 나의 추억이기도 하다. 문득문득 그 옛날이 그리워지는 것은 단지 향수(鄕愁) 때문만은 아닐 것이다. 위의 추억 속에서는 두 가지의 양극화 현상이 있다. 오늘날은 상상도 할 수 없는 수도꼭지형 식수, 안심하고 마실 수 있었던 그때였기에 가능했던 추억, 그 이면에는 수돗물로 굶주린 배를 채웠던 아이들이 있었다는 사실이다.

모든 아이들의 건강을 위한 먹을거리

2010년부터 무상 급식이 실시된 이후, 학교에서는 차별 없는 급식이 이뤄졌다. 더 이상 어떤 아이도, '저소득층 급식비 지원'의 이름표를 달지 않게 되었다. 차별 없는 무상 급식은 형평성에 어긋난다는 등의 이유로 논란이 되기도 했지만, 참 좋은 출발이라 생각한다. 무상 급식이라는 이유로 식재료 저가 경매 입찰 등 크고 작은 진통들을 겪었지만 많은 변화를 가져왔다. 특히 다시금 친환경 급식의 면모를 갖춰가는 모습에 학교 급식의 미래는 밝을 것이라 기대한다. 이러한 학교 급식이 원활히 이루어지기 위해서는 급식 모니터링이 꼭 필요하다. 학교 급식의 운영 내용과 영양 및 위생 관리 상황 등을 공개하고 참여하게 하는 역할을 하기 때문이다.

엄마가 식판에 음식을 담아줬으면 좋겠다는 아이의 이야기에, 정말 아무것도 모르고 급식 모니터링 봉사를 신청했다. 녹색 교통, 교실 청소, 학급 도우미 말고는 학교 일을 도맡아 해본 적이 없던 나에게 얼떨결에 급식 모니터링 대표라는 직무가 주어졌다. 급식 모니터링 명단표를 받고 집으로 오자마자, 학년별 첫 줄에 이름이 적힌 분들께 전화를 걸어 '급식 간사'라는 직함을 드리고는 함께 봉사하기를 권했다. 좋은 인연을 만날 예정이었는지, 꽤 황당했을 법도 한데, 많은 분들이 함께해 주셨다. 그분들과 2년째 함께 급식 모니터링 일정 파악과 점검, 후기 릴레이 전달 등을 통해 급식 발전 방향에 대해 모색해오고 있다. 아이의 분주한 등굣길 아침은 단 5분도 길다. 급식 간사들이 자신의 담당 기간, 그 시간에 갑작스레 못 나오실 때는 그분을 대신해 급식 검수, 모니터링 자리를 지켜왔다. 안전, 위생을 선결 과제로 학교 아이들과 선생님들이 안전하고 건강한 먹을거리를 먹을 수 있도록 가까이에서 지켜보고 있다. 혼자였으면 하지 못했을 일들을 함께하였기에 가능했으리라 생각한다.

급식 모니터링에 도움이 될까 생각해, 작년에는 뒤늦게 직접 주말농장도 시작하며, 자연 먹을거리에 대해 관심을 가졌다. 어쩌면 모르고 스쳐 지나갔을지도 모를 학교를 좀 더 가까이에서 바라보고, 그중에서도 그동안 먹어왔던 '먹을거리'를 점검해 보며, 건강을 생각할 수 있는 뜻 깊은 계기가 되었다.

학부모들이 아이들에게 선사한 이색적 즐거움

은빛초등학교에는 봄방학, 여름방학, 겨울방학 외에도 봄, 가을 휴식기가 있다. 그중 가을 휴식기에는 '아람제'라는 이름으로 학교 전체가 무르익는 즐거운 잔치가 열린다. 학교는 물론 여러 학부모 봉사 단체에서는 아이들을 위한 의미 있는 행사를 마련한다.

급식 모니터링에서는 집에서 먹을 아이들을 생각하며, 정성껏 요리하는 엄마의 마음으로 친환경 먹을거리를 준비했다. 많은 아이들에게 좋은 재료의 건강한 먹을거리를 제공하려다 보니, 예산이 부족할 수밖에 없었다. 급식 모니터링 간사들이 모여 누가 먼저라고 할 것도 없이 집에서 담근 매실, 오디, 고구마, 포도씨유 등 귀한 양식을 선뜻 내놓기 시작했다. 식재료들을 살피며 장을 보고, 부족한 부분은 채워갔다.

급식 모니터링 팀은 아람제 참여를 앞두고, '아이들에게 건강한 먹을거리를 어떻게 즐겁게 전달할까?' 고민했다. 함께 모여 메뉴 선정부터 재료 구입, 여러 가지 기획하는 일이 뜻 깊었다. 서로의 집을 돌아가며, 첫째 날, 둘째 날로 팀을 나누었다. 우리는 아이들을 위한 선생님들의 노고만이 아니라, 학부모들도 함께 참여할 수 있어야 진정한 축제가 아닐까 생각을 하면서 재료 손질을 했다.

첫째 날은 아이들에게 두부와 샐러리, 아가베 시럽 등을 넣어 만든 두부 마요네즈를 크래커 위에 얹어 오디 스무디와 함께 주었다. 둘째 날은 패스트푸드의 감자 스틱을 좋아하는 아이들을 겨냥해서 고구마 스틱을 준비했다. 고구마에서 전분기를 빼고, 포도씨유에 튀겨 고구마 자체의 단맛과 함께 바삭하고 달콤한 맛을 느낄 수 있게 해주었다. 고구마 스틱의 느끼함을 없애는 매실차를 함께 주었더니 폭발적인 반응이었다. 음식들을 나눠주기에 앞서 물엿과 아가베 시럽의 미각 체험을 통해 아이들이 이색적인 즐거움을 느끼게 했다. "몸에 좋은 것은 맛이 없다."는 일반화된 오류를 깨뜨리고 싶었다. 몸에 좋은 것도 얼마든지 맛있다는 것, 그것을 아이들에게 알리고 싶었다. 그리고 아이들을 위한 행사로 시작했지만, 급식 모니터링 팀원들 간의 돈독한 정과 마음을 나눌 수 있는 계기가 되어 참 좋았다. 그래서 '봉사를 하는 것은 내가 즐거워지기 위함'이라는 말이 나오는가 보다.

한두 차례의 행사로 아이들의 입맛을 바꿀 수는 없다. 하지만, 아이들에게 좋은 식습관을 자연스레 가질 수 있게 해주는 것이 중요하다. 맛있게 먹으며 웃고 떠드는 아이들의 모습에, 서로의 피로를 잊고 흐뭇한 미소를 주고받았던 그날의 추억들이 새삼 그리워진다.

아람제 미각 체험에 호기심을 갖고 몰려온 아이들

성탄절을 맞아 독거 어르신들께 드릴 케이크를 만드는 아이들

쓸쓸한 흰 벽면에 아이들의 꿈을 담다

은빛초등학교는 개교 당시 600여 명이었으나 4년이 된 지금 1,300여 명에 가까운 학생들이 늘어났다. 급식실이 좁아서 4학년, 6학년은 교실 배식이 이뤄지고 있는 실정이다. 처음 급식실에 들어갔을 때, 벽면의 균열을 처리한 실리콘의 흔적이 군데군데 보였다. 기다려지고 즐거워야 할 급식실이 왠지 쓸쓸해 보이고, 아이들에게 무척 미안한 마음까지 들었다.

그러다가 어느 날 문득 '저 벽면을 화사하게 채우면 어떨까?'라는 생각이 들어 급식실 벽화를 제안했다. 이화여대의 '담이랑'이라는 봉사 동아리 대표에게 희망 편지를 보내, 올해 초에 화사한 급식실로 변화시킬 수 있는 기회를 가졌다.

선생님, 학교 회장단, 급식 모니터링 팀원이 페인트 구매부터 도안 과정 참관, 작업하는 과정까지 시작과 끝을 함께해 의미가 있었다. 앞뒤 벽면에 두 가지 그림을 그리고, 남은 페인트로 급식실 입구 기둥을 칠했다. 선생님과 학부모가 함께 기둥에 옷을 입히는 것에 담긴 의미가 크기 때문인지 울퉁불퉁한 기둥도 그리 미워 보이지 않았다.

벽화가 그려지기 전 과거 급식실 벽면

급식실 벽면에 벽화 그리기

벽화가 완성된 급식실 벽면

급식실에서 식사하는 아이들

학부모들이 나서서 급식 개혁을 이루어야

인간 삶의 기본 여건이 의식주(衣食住)가 아니라, '食'衣住라 할 만큼 먹을거리에 대한 중요성이 대두되며, 식생활 교육 패러다임이 바뀌고 있다. '먹는 것'은 '즐거움'이 핵심이 되어야 한다. 유럽 선진국은 말할 것도 없이, 후쿠시마 원전 사고로 국토의 절반이 넘게 오염된 가까운 일본에서는 체육, 보육보다 식육(食育)을 앞세우고 있다. 농업이 기본 산업이었던 우리나라가 눈부신 경제성장을 이루어가면서 놓친 부분이 삶에서 가장 중요한 바로 '식(食)'이 아닐까 생각한다.

급식 모니터링 간사들이 모여 보니 슬로푸드 매니저, 식이지도 전문가, 내과 간호사 등 의식 있는 식생활 습관을 알고 계신 분들이 많았다. 서울시교육청이나 구청에서 하는 다양한 급식, 먹을거리 교육과정을 들으며 지식도 쌓았다. 먹을거리에 신경을 쓰는 편이라 생각했는데, 그동안 잘못 이용해왔던 식재료들이 많았다는 것을 알게 됐다. 우선 간장, 된장부터 바꿨다. TV 광고를 맹신하고, 큰 글자로 내세운 '無첨가'만 있으면 좋은 줄로 알았다. 급식 모니터링 대표인 나부터가 바뀌어야만 했다. 나부터의 혁신이다. '1+1'에 마치 절호의 기회를 놓칠 새라 손이 빨랐던, 그 호들갑스럽던 아줌마가 말이다.

급식 모니터링을 하기 전에는 전문가의 식단과 조리의 친환경 급식이라면, 집에서보다 더 잘 먹을 수도 있겠다는 생각에 안심을 했다. 그러나 막상 들여다 본 급식에서의 친환경 식재료는 쌀, 야채뿐이라는 사실을 알았다. 수입산 콩으로 만들어진 된장, 간장, 고추장, 인스턴트 냉동식품이 많다는 것에 깜짝 놀랐다. '식단에 된장은 국, 나물 등에 다양하게 주 3~4회 이용되는데, 그 무섭다는 유전자 변형 작물(GMO)을 이용하다니! 가공 식품류의 인스턴트가 저렇게 많은데, 어찌 친환경 급식이란 말을 쓸 수 있는가!' 아이들을 위해 막중한 책임감과 의무를 떠올리며 분노하기 시작했다. 어른에 대한 예의를 중시하고, 갈등을 싫어하는 평화주의자인 나를 버려야만 했다. 그리고 간혹 극성인 무리 집단으로 보는 이들에게도 크게 신경 쓰지 않아야 했다. 어떤 방식이든 기존의 틀을 깨뜨린다는 것은 부딪칠 수밖에 없는 난제다. 오랜 시간이 걸려 영양사님을 설득해서 우리 콩으로 만든 된장, 간장, 고추장으로 바꾼 것도 작은 성과다. 통조림이나 인스턴트 사용도 가급적이면 자제해 달라고 당부드렸다. 여러 과정에서 영양사님께서 꽤나 스트레스를 받으신 모양이다. 정말 안타까운 일이지만, 반드시 해결해야 할 과제들이었다. 친환경 급식이 바로 서려면 말이다.

영국의 국민 요리사인 제이미 올리버(Jamie Oliver)의 급식 개혁 이야기를 잠시 해볼까 한다. 그는 영국의 초등학교를 찾아가, 영국 학교급식으로 나오는 음식들이 얼마나 몸에 해로운지 폭로하며 9개월 간의 급식 개혁을 시작했다. 지금까지도 식생활 교육에서 회자되고 있으리만치 사회적으로 큰 반향을 일으킨 사건이다.

국민 요리사에서 사회운동가로 급식 개혁을 보여준 그에게, 토니 블레어 영국 총리는 한화로 약 4조 8천억 원을 급식 개혁 비용으로 지원했다. 감자튀김과 탄산음료 등의 정크푸드(열량은 높지만 영양가는 낮은 패스트푸드, 인스턴트 식품의 총칭)를 공립학교의 급식에서뿐 아니라, 학교 주변에서도 판매를 금지시켰다. 한 젊은 요리사가 그 나라의 급식과 사회적 분위기를 바꿨다는 것은 정말 엄청난 일이다. 박원순 시장님이 쓴 책 『올리버는 어떻게 세상을 요리할까?』에서도 그의 혁신을 지지하고 있다. 혁신, 왠지 참 반가운 이름이다.

친환경 급식, 어른들이 꼭 지켜나가야 할 약속!

탁닛한 스님의 『화』라는 책에서는 음식에도 '화'가 있다고 했다. 화가 든 음식을 먹으면 화가 그대로 전달될 수 있다고 한다. 우리 아이들에게 건강한 먹을거리를 제공하는 것은 아이들에 대한 어른들의 책임이며, 반드시 지켜야 할 의무다. 건강한 친환경 식재료에, 영양사의 균형 잡힌 식단과 조리사의 사랑과 정성이 더해진다면, 친환경 급식의 가치는 더욱 빛날 것이다. 그 가치는 곧 아이들의 몸에서 정신으로 미래를 밝혀줄 거름임을 확신한다. 건강하고 안전한 먹을거리를 먹을 수 있는 아이들의 권리, 지켜줄 수 있도록 급식 모니터링부터 노력해야 한다. 많은 어른들의 학교 급식에 대한 관심과 애정이 있어야만 반드시 '혁신적인 급식'이 이뤄질 수 있다.

학부모 학급 다모임에서
명예 교사까지

이 경 은
상현초등학교

   내 딸은 상현초등학교에 입학하여 2학년에 재학 중이다. 입학 전 여러 학교를 두고 고민하다가 결국 상현초등학교를 선택하게 되었고, 딸아이가 일곱 살 반을 넘길 때 이 근처로 이사를 왔다. 인근 여러 학교들이 점심시간에 아이들의 안전을 위해 〈위기탈출 넘버원〉을 보게 한다거나 수업 시간에 주로 '아이스크린'을 활용한다는 이야기를 들으며, 이 학교에 대해 아는 것은 없었지만 이 두 가지를 하지 않는다는 이유로 이곳을 선택했다.

   이제 아이 학교에서 전체 다 시행되고 있지는 않지만 일부 시행되고 있는 학부모 학급 다모임에 대해 소개하겠다. 현재 2학년의 경우 시행하지 않아서 그 빈자리가 더 크게 느껴지지만, 경험자의 입장에서 앞으로 많은 학교와 학급에서 시행되었으면 하는 바람에서 아이 1학년 때 학급 학부모 다모임을 통해 배운 것을 정리해 보려 한다.

민들레반 학부모들 학급 다모임을 시작하다

학부모 학급 다모임은 매달 일정한 시간에 담임교사와 그 반의 학부모가 다 같이 만나 여러 이야기를 나누는 시간이다. 우리 반은 담임교사와 전업 주부들의 양해를 구해 매달 셋째 주 수요일 저녁 7시에 모였다. 1학기에는 부모만 참석했지만, 2학기 아이들이 좀 크면서부터는 아이를 봐 줄 사람이 없는 엄마들은 아이를 데리고 왔다. 옆 반 교실에서 아이들끼리 놀도록 하고 우리 반 교실에서는 다모임을 했다.

처음에는 모이는 장소가 교실이라는 것, 개인 상담이 있는데 학부모 전체가 다 모여 나눌 이야기가 무엇인가 하는 의문과 염려, 친하거나 성향이 비슷한 학부모끼리 이미 소모임으로 만나고 있는데 학급 단위의 학부모 모임이 왜 필요한가에 대한 어색함과 불편함이 있었다. 사실 요즘은 카카오톡 반 단체 방이 있어서 필요한 정보 공유 정도는 가능한데 전체가 다 모일 필요가 있을까? 그리고 피곤한 저녁 시간 아이들을 집에 놔두고 왜 모여야 할까? 그럼에도 불구하고 우리는 다모임을 시작했고, 꾸역꾸역 매달 모였다.

학부모 다모임

아이를 어떻게 가르치는지 학교와 공유하다

우리 아이들의 학교생활과 엄마들이 느끼는 아이들의 성
장과정을 서로 얘기하면서 공감할 수 있어서 좋았습니
다.   — 이경임

아이가 학교에서 어떻게 생활하고 있는지 궁금할 때나 아
이의 행동 중 어떻게 지도를 해야 할지 모를 경우에 부담
스런 개인 학교 방문이 아닌 자연스런 교사-학부모 다모
임으로 이야기를 나눌 수 있어 만족스러웠다.   — 이종민

우리 엄마들도 1학년 민들레반이 되어 한 달에 한 번씩
아이 자리에 앉았습니다. 엄마들과는 아이들 키우며 어
렵고 궁금했던 내용들을 공유하고 배울 수 있었습니다.
그리고 아이 자리에 앉다보니 서랍과 사물함에서 나오는
낙서장부터 교실에 전시되어있는 활동 작품들을 둘러보

는 것 또한 큰 재미였습니다. 선생님께서는 아이들이 지난 한 달 동안 무엇을 했고, 앞으로 무엇을 배워나갈지 알려주셨고 덕분에 막연했던 궁금증이 해소되었습니다. 저는 다모임에 다녀와서 남편에게 아이의 학교생활에 대해 더 많은 이야기를 전해줄 수 있고, 남편은 퇴근 후 아이와 짧은 시간 동안 좀 더 구체적인 대화를 나눌 수 있었습니다.
— 김현숙

선생님께서 '우리' 학교, '우리' 교실, '우리' 아이의 특수성을 바탕으로 올바른 교육의 방향을 제시해 주셔서 교육 안에서 방황하던 저에게 큰 도움이 되었습니다. — 김다인

'내 아이가 정말 행복한 학교생활을 하고 있구나, 참된 부모가 되려면 이렇게 해야 하는구나, 학교의 운영 방침은 이런 거구나.' 하는 것들을 모두 느끼고 배울 수 있었다. 다모임 …… 스승과 부모의 진정한 소통의 자리. — 노형지

다모임에서는 아이들의 한 달 학교생활에 대한 구체적인 이야기를 보면서 들었다. 전체 교육과정 맥락에서 그 달의 학습 목표와 아이들이 '얼마나 성취했는가?'가 아니라 '무엇을 어떻게 배우고 있는가?'를 공부했다. 그리고 이 과정을 통해 우리는 흔히 혁신학교라 하면 공부를 안 시킨다고 생각하지만, 안 시키는 것이 아니라 더 나은 방법으로 제대로 시키고 있다는 것을 알게 되었다.

예를 들어, 누군가가 '받아쓰기 시험'에 대한 고민을 이야기했

다. "일곱 살 때까지 잘해왔던 아이가 초등학교에 와서 받아쓰기 시험을 안 보니 요새는 엉망이 되었다."는 것이다. 이런 이야기를 학부모들 사이에서 소소하게 말하다 보면, 아마도 걱정과 염려로 결국에는 혁신학교에 대한 불신으로 결론이 날 수 있을지도 모른다. 그러나 다모임은 이런 걱정을 객관화, 공론화해서 답을 찾아가는 데 도움이 되었다.

"이 아이에게 필요한 것이 정말 받아쓰기 시험일까요?"

"일곱 살 때 써서 잘 맞히었는데 지금 틀린다면 그 당시 정말 알고 썼던 걸까요?"

"외워서 한 것을 계속 유지할 수 없다는 것이 밝혀진 것이 아닐까요?"

"제대로 알도록 하려면 어떻게 해야 할까요?"

이런 질문에 대한 생각을 서로 말하면서 교사와 다른 학부모들은 나름의 답을 찾아갔다. 그리고 우리들은 민들레반에서 받아쓰기 시험을 안 보는 대신 '바르게 읽기'를 집중하여 가르치고, 국어 수업 시간에 놀이처럼 바르게 쓰기 공부를 하고 있으며, 알림장이나 '날마다 자란다'라는 글쓰기 공책의 글 중 틀린 낱말이 있으면 바르게 고쳐주어 글쓰기를 지도하고 있다는 것을 알 수 있었다.

이런 과정은 혁신학교에 대한 이해를 높이고, 혁신학교의 교육 활동과 가정교육의 연계를 가능하게 만든다고 본다. 어렵지만 고민을 드러내 놓고 말하면서 아이 지도에서 '자율'과 '방임'에 대한 부모 나름의 울타리를 만들 수 있었다.

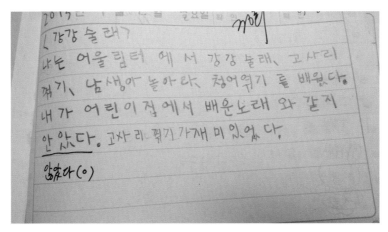

'날마다 자란다' 공책. 학교에서 일어난 일에서 글감을 선택해 글을 쓴다. 처음에는 세 문장에서 시작하여 다섯 문장, 그리고 공책 한 쪽 전체로 글쓰기를 늘려가는 데 사용되는 공책이다.

아이를 학교에 보내며, 부모인 내가 못하는 것을 학교에서 다 해 주기를 바라며 손을 놓는 것이 아니라 부모만이 줄 수 있는 것, 그리고 지금 주어야 할 것이 무엇인지 공감하고 나누는 시간이 되었다. 매달 아이의 자리에 앉아 보는 것. 별것 아닌 것처럼 느껴졌지만 아이의 짝, 아이의 모둠, 아이의 시선으로 둘러보는 것이 아이의 학교생활에 대한 이해의 폭을 넓혀 준다는 것을 느끼면서 말이다.

학교와 학부모들이 모두 소통하는 통로가 되다

편안하고 자유로운 분위기가 좋았습니다. 토론을 통해 교육에 대한 여러 엄마들의 마음속 이야기를 들을 수 있었고 서로 다른 관점을 이해할 수 있게 되었습니다. 우리 학교를 위해 학교의 구성원으로 목소리를 낼 수 있다는 것이 만족스러웠고 자부심도 느껴졌습니다.　　　　－ 김순옥

학교와 가정이 동반자적 관계를 이어나가며 긴밀한 협력을 할 수 있는 가장 바람직한 방법입니다. 학부모는 학교와 학급 운영에 도움을 주고 싶지만 방법을 몰라 안타까웠고 교사는 가정에서도 교육의 일관성이 지켜지기를 희망한다는 걸 알게 되었습니다.　　　　－ 김현정

나에게 학부모 다모임이란 "겹겹이 쌓인 추억." 왠지 선생님께 꾸지람 받는 듯한 기분이기도 하고 ^^; 하지만 시간이 흐를수록 그 말과 말 속에 베인 진심과 정성이 보였어요. 매월 한 번이지만 자리를 마련하고 서로의 시간을 할애하는 것에서부터 마음 나누기가 이미 시작된 것이기 때문이리라 생각됩니다.　　　　－ 서도화

　학부모 간에도 사실 교육의 '성향'이 비슷한 사람끼리, 시간이 맞는 사람끼리 모인다. 그런데 다모임을 하면 전업 주부나 직장을 다니는 엄마나 다 같이 모일 수 있으며, 친하지 않더라도 아주 조심스럽지만 서로 다름을 받아들이며 이야기를 들을 수 있는 시간을 가질 수 있다. 올해만 해도 여전히 우리 반 아이가 누군지, 누가 누구의 부모인지 사실 잘 모른다. 공식적으로 다 모이는 자리는 '소외'라는 것을 만들지 않고, 사람은 알면 결국 다 좋은 사람이라고 생각하며, 그렇게 정기적으로 보며 우리는 서로를 알게 되고

인정하게 되었다.

그리고 이 자리는 학교와 학부모가 소통하는 자리이기도 했다. 어떤 의견이 나 개인의 의견인지, 다른 사람도 그런 생각을 가지고 있는지 이야기해볼 수 있다. 나만의 생각이 아니면 학교에 공식적으로 제안할 수 있는 자리이기도 하다. 우리 학교의 방과 후 수업 수가 왜 그렇게 적은지, 영어나 수학 같은 교과의 방과 후 수업은 왜 안 하는지, 급식에서 밥이 왜 모자랐는지, 학교 증축이 왜 필요한지, 학교 증축을 위해 학부모가 나서서 해야 할 일은 무엇인지 등을 필요한 순간에 학교와 소통할 수 있으니 학교에 대한 불만이 있더라도 이해하고 넘어갈 수 있었던 것 같다.

학부모 다모임에서 명예 교사까지

우리는 매달 구체적인 교육 활동 안내를 통해 교사가 아이들과 해보고 싶으나 개별적으로 손이 많이 가는 활동이 있다는 것을 알게 되었다. 대중교통으로 나들이를 갈 때, 계절마다 숲 체험을 갈 때, 김장, 송편 만들기, 손뜨개를 뜨는 활동 등 다모임에서 이런 교육 활동의 의미와 지도해야 할 부분을 배우면서 엄마들도 명예 교사로서 담임교사와 함께 안정적으로 활동할 수 있었다.

예를 들어 다모임에서 직조와 손뜨개를 하는 이유와 방법을 미리 배우고 이후에 담임교사가 명예 교사 지원을 요청할 때 가능한 사람들이 자원하곤 했다.

손가락으로 목도리 뜨기

　담임교사에게 잘 보이기 위해서 명예 교사를 하는 것이 아니란 것도, 담임교사가 친한 사람에게 부탁한 것도 아니라는 것을 알게 되고, 수고하는 엄마들에게도 서로 감사한 마음을 갖게 되었다. 늘 아이 자리에 앉다 보니 아이들 전체 이름도 알게 되니 명예 교사 활동도 교사의 마음가짐으로 할 수 있었다.

　사실 담임교사와 그 반의 학부모가 다 같이 모여 이런 모임을 하는 것이 쉽지는 않겠다 싶다. 그러나 불편함과 두려움을 뒤로 하고 '일단' 해보면 현재 우리가 개별적으로 고민하는 많은 문제들이 해결되지 않을까?

송편 만들기   아이들과 함께 김치 담그기

기존 일반 학교에서는 단순히 학부모를 교육의 수요자, 학교 활동에 대한 동원되는 대상, 각종 위원회에 형식적으로 참여하는 대상이라고 할 수 있다. 그런데 이런 다모임은 학부모가 예전에 해보지 않았던 학교와의 민주적 소통을 경험하며, 교사와 협력하고 지원하는 관계가 무엇인지 알아가며 자신도 모르게 교육의 주체가 되어간다고 할 수 있을 것 같다. 학부모도 학교와 함께 교육의 주체로서 교육 활동을 지원하며 함께 성장하고 발전하는 관계가 될 수 있다는 희망을 갖게 된 경험이라 하겠다.

학부모 아카데미를 통해서
교육을 생각한다

손 수 연
선사고등학교

2013년 선사고 학부모 자치 활동 중 새로운 시도를 통해 성과를 낸 것으로 '학부모 아카데미'를 꼽는다. 혁신학교로 개교한 지 두 해 동안 학부모회에서는 환경 미화나 바자회, 김장 나눔 등과 같은 봉사 활동에 힘을 더해왔다. 드디어 1학년 신입생이 들어오고 완전 학급을 이루게 되자, 학부모회의 구성도 조금 견고해지게 되었고, 학부모 스스로 인문학적 소양을 높이는 기회로 배움의 프로젝트를 추진해보자는 의견들이 모아지게 되었다. 2013년 5월의 어느 여유로운 토요일 저녁 시간, 학부모 10여 명이 모여 앉아 학부모 아카데미 기획 방향에 머리를 맞대고 논의하였는데, 다양한 이슈 가운데 우선 교육, 꿈, 지역 활동 도서관의 주제로 총 3강의 아카데미를 추진하기로 결정하였다. 학년별로 논의된 강사를 섭

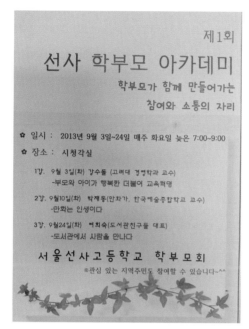

제1회
선사 학부모 아카데미 공고 포스터

외하고 아카데미 진행 시 강사 소개 및 진행을 겸하는 수고를 함
께하기로 역할을 분담하였다.

'부모와 아이가 더불어 행복한 교육혁명'

들녘에 열매가 여물어 마음이 넉넉해지며 가을 정취가 깊어가
는 2013년 9월의 화요일 저녁 7시, 자그마한 학교 시청각실에는
삼삼오오 모여 있던 학부모들 사이로 턱수염 가득한 정장 차림의

점잖은 연사 한 분이 나타나자 호기심과 정적이 모아졌다. 멀리 조치원에서 기차 편으로 서울역을 거쳐 서울 동쪽 끝자락 암사동으로 찾아오신 분은 강수돌 고려대 경영학부 교수님으로, 혁신학교 3년째인 선사고 학부모들이 기획하여 직접 섭외와 홍보를 거쳐 개최하게 된 '선사고 학부모 아카데미'의 첫 강사였다.

그날 강의 주제는 '부모와 아이가 더불어 행복한 교육혁명'으로 경쟁 사회에 내몰린 우리 어른들과 아이들에게 "어떻게 사는 것이 행복한 삶인가? 학부모는 어떤 시각으로 아이의 삶을 바라봐야 하는가?"에 대한 관점이었다. 실제 본인도 세 명의 아이들을 일찍이 대안학교에 보내고, 아이들이 진로를 선택해가는 과정 등의 솔직한 자식 교육 경험담을 나누었다. 강수돌 교수가 주장하는 행복한 삶에 대한 소견은 요약하자면 이러하다.

"인생은 속도나 높이가 아니라 과정과 느낌이다."

"삶은 성공이 아니라 경험하는 것 자체이다."

"입시 지옥을 뚫고 대학에 들어온 많은 대학생들이 본인의 삶에 대한 고민보다는 정작 경쟁에 휘둘려서 다시 좌절하는 모습을 보이고 있다."

대학 교수라는 안정적이고 명예로운 지식인의 이처럼 탈경쟁 선언과도 같은 실천담은 학부모 입장에서는 매우 신선했다. 더욱이 학부모들이 서로 공감하고 연대할 것을 제시하는 부분에 이르러서는 학부모로서 개개인의 행복과 아이의 성공적인 삶에 대한 주문이 초라하게 느껴지기도 했다. 비록 작은 실천이라도 학부모

강수돌 교수, "인생은 속도나 높이가 아니라 과정과 느낌이다."

들끼리 소통하고 서로 도우며 삶의 질을 높여가는 것이야말로 진정한 행복이 아닐까 생각한다는 결론은 소극적 학부모로서 그동안의 모습에 일침이 되는 자극이었다.

조용한 목소리 속에 이런 울림을 듣고 난 학부모 몇 분의 질문과 응답이 이어졌다. 강의가 종료된 후 한층 훈훈해진 강의실 뒤편 벽에 남겨진 한 줄 포스트잇에는 여러 학부모의 느낌표가 이어졌다.

"지금 이 시간조차 학원에서 수학 문제에 시름하고 있을 내 딸들아, 미안하구나! 행복이 이렇게 가까이 있는데……"

"무엇인가 위로 받고 싶고 마음을 다잡고 싶은 절실한 시간, 좋은 강의 듣습니다."

"모든 것이 오로지 대입 성패에 따라서 좌우되는 현실에서 신기

루처럼 들리는 내용에 한동안 멍한 느낌이었습니다. 아이와 나 서로를 인정하며 올곧게 노력해야 함을 느끼게 하는 시간이었습니다."

"수시 접수를 앞두고 조급하던 마음이 강의를 들으면서 차분히 가라앉았습니다. 서둘러 가는 것이 전부가 아니라 시간이 걸리더라도 원하는 목표를 향해 즐기면서 가는 것이 중요하다는 사실을 다시 새기게 된 기회였습니다. 아주 시기적절한 강의였어요. 불안했던 마음이 한결 가벼워졌습니다."

작은 기대로 출발한 '학부모 아카데미'의 첫 강의가 참석한 학부모들의 감동 어린 한 줄 표현과 같이 많은 공감과 위안을 줄 수 있다는 것만으로도 시청각실의 빈 좌석이 어른거리지 않게 되었다.

'만화는 인생이다'

두 번째 강의는 그 다음 주 화요일 저녁 7시에 만화가 박재동 화백님을 모시고 진행되었다. 박 화백님에 대한 인지도 덕분에 학부모뿐만 아니라 학생들과 지역 주민 몇 분도 참석하여 눈에 띄었다. "화가에게 보이는 풍경은 모두 그림이다."라는 인상적인 멘트로 시작된 강의는 예전에 천시받았지만 요즈음은 베스트셀러까지 변신하게 된 만화의 역사를 세밀하게 더듬는 기회가 되었다.

박재동 화백은 만화 가게 아들로 태어난 덕분에 어려서부터 하루 종일 만화방에 틀어박혀 만화를 많이 보게 되었고, 나중에는 책 귀퉁이에 있는 선만 보고도 누구 작품인지 알게 될 정도가 되었다고 한다. 자연스럽게 만화가로서의 꿈을 그리게 된 박 화백은 미대에 진학하게 되었고 졸업 후 잠시 고등학교 미술 교사 생활을 하였지만, 결국 시사만화가로서 꿈을 이루게 되었다. 특히, '한겨레 그림판'은 박 화백으로 하여금 만화의 독창적인 매력을 시사 풍자로 표현할 수 있게 한 계기가 되었고, 박 화백은 8년 동안이나 연재하면서 많은 독자들의 사랑을 받았다. 시사만평에 말풍선과 액션을 넣어 신선한 시사만화 장르를 선보였는데, 이는 어릴 적 보아왔던 소년 만화에서의 방식을 가져온 것으로 "만화에 대한 본인의 무한 신뢰"에 힘입은 것이란다. 어릴 때 자양분과 같이 흠뻑

박재동 화백 "화가에게 보이는 풍경은 모두 그림이다"

취한 박 화백의 만화 사랑의 힘이 느껴졌다.

박재동 화백은 추억에 담겨있는 여러 만화 캐릭터들을 하나하나 소개하면서 다양한 만화의 일대기를 자료 화면으로 상세히 보여주었다. 그 자리에 참석한 몇몇 학생들에게 진지한 꿈의 진행과정을 파노라마처럼 보여주시는 듯했다. 우리 어린 시절에 보았던 〈마징가제트〉, 〈우주소년 아톰〉, 〈똘이장군〉 등 향수에 젖은 만화 캐릭터들을 보면서 잠시 어린 시절 한 페이지로 돌아가게 해주는 흥미진진한 강연이었다.

'도서관에서 사람을 만나다'

세 번째이자 마지막 강의에는 한 주 후 화요일 7시 '도서관에서 사람을 만나다'는 주제로 여희숙 '도서관친구들' 대표가 초대되었다. 주제가 도서관인지라 강의 장소도 학교 도서관으로 옮기기로 했다. 도서관에 들어가 보니 알록달록 색상의 편해 보이는 의자도 있었지만, 휑한 공간이 눈에 띄어 신설 학교의 빈자리는 감출 수가 없었다. 여희숙 대표는 2005년 광진구의 광진정보도서관을 지원하기 위한 봉사 단체에서 출발하여 도서관의 주민자치적인 운영에 힘을 더해주는 비영리 민간단체로 발전한 경험 등을 소개하였다.

도서관친구들은 2013년 8월말 현재 약 3,600명, 친구 도서관 28개관, 친구 출판사 59개 등으로 8년 만에 괄목할 만한 성장을 해오고 있다. 처음 한 동네, 주변 아파트 학부모 15명에서 출발한 것이라니, 첫걸음은 쉽지 않았겠지만, '도서관 역시 책 이전에 사람에 의해 희망이 만들어지는 공간이구나.' 하는 생각이 들었다. 또한, 일방적으로 책 읽기를 강요하는 것이 아니라 책을 읽게 도움을 주는 여러 가지 이벤트와 행사로 독서 욕구를 자극하는 독서 모임과 토론 모임을 사례 중심으로 설명하였다.

현재 우리나라에는 약 700개의 공공도서관이 있는데, 향후 2,000개를 목표로 도서관친구들을 만들어 나가고 있다 한다. 그리되면, 출판되는 많은 책들이 첫 인쇄 후 판매가 되지 않아 반품되고 결국 파쇄되는 자원 낭비와 창작의 아픔을 지울 수 있고 지금보다 훨씬 다양한 책들이 공공도서관 서가에 꽂힐 수 있게 된다하니 참 야심찬 계획이다. 실천적인 아이디어도 많은 여희숙 대표는 작은 독서 토론 모임의 활성화를 위한 한 줄 독후 토론, 반품 도서를 기증받아 열었던 책 시장 등 출판사와 빈곤한 서가를 풍성하게 변모시키는 창의적 독서 지도자의 면모를 보여주었다.

학교 도서관을 활성화하는 비전에 대해 많은 것을 생각할 수 있는 기회가 되었다. 선사고는 이제 개교한 지 3년에 불과한 신생 학교다 보니 서가의 빈약함은 어쩔 수 없는 현실이다. 또한, 학생들의 독서 활동을 장려하려는 취지로 만들어진 독서인증제 덕에, 여러 즐비한 필독 도서가 서가를 차지하고 있어서 다양한 책을 비치하는 데에는 시간이 걸릴 수밖에 없다. 이번 강연 기회를 통해 도서관친구들처럼 선사고도 자체적인 도서관 친구들이 생겨서, 더 풍

여희숙 대표 "주민자치로 운영되는 공공도서관이 필요하다"

성한 책들을 맞이하게 되는 도서관, 잠자는 책들에게 더 많은 독
자들을 찾아주고, 학생들이 애용하는 학교 공간으로 발전해 나갈
수 있기를 희망해본다.

학부모에게 배움의 기쁨과 공감,
우정을 나누어준 학부모 아카데미

1학년 학부모로서 혁신학교 새내기에 합류한 나는 '제1회 선사
학부모 아카데미'를 함께 기획하고 진행에 참여하면서, 스스로에
게 진정한 교육의 의미를 그리고 학교를 묻고 생각해보게 되는 계
기를 얻었다. 우리 때의 학교는 장난치고 싶은 친구들, 어쩐지 뵙
고 싶고, 생각만으로도 설레는 선생님께서 기다리고 계실 것 같은

장소였다. 지금의 학교는 배움의 기쁨, 친구들과의 우정보다 시험의 결과에 따라 마치 인생이 결정되는 듯한 강박에 갇힌 경쟁의 공간으로 변해가고 있다. 하지만, 학부모가 고민을 공감함으로써 서로의 지혜를 나누고 힘도 보탤 수 있다는 것을 알게 되었다.

학부모 교육은 흔들릴 수밖에 없는 학부모들을 다잡아 주면서 학부모들에게 위안을 주고 조금 더 넓은 시각을 제공하여 "행복한 삶을 만드는 부모가 된다는 것"의 의미와 가치를 공유할 있게 된 것 같다. 첫 행사이다 보니 홍보도 다소 미진했고, 강의 후 서로의 느낌을 공유할 수 있는 참여의 장이 부족하다는 의견도 있었으나, 첫발을 내디뎠다는 것만으로도 의미 있는 행사였다고 생각된다. 더욱이, 도서관친구들의 활동에 자극을 받아 지난 겨울방학 동안에는 선사고 학부모들이 직접 도서관 도우미를 만들었다. 방학 중에 도서관을 열기가 힘들었는데 학부모 10여 명이 일일 봉사로 순환하면서 자원해주신 덕이었다. 이러한 도서관 자원봉사는 이번 여름방학에도 이어지고 있고, 향후에도 지속될 수 있을 것으로 보인다. 이렇듯, '선사 학부모 아카데미'는 학부모에게 배움의 기쁨과 공감을 통한 우정까지 싹트게 하는 작은 계기로 발전해 나갈 것으로 희망해본다.

올해도 '제2회 선사 학부모 아카데미'를 위한 기획 모임을 가졌다. 새로운 1학년 학부모가 참여하여 다시 새로워진 학부모 아카데미 추진 모임에서는 지난 활동에 대한 소개와 학부모 반응, 올해의 주제와 진행 방법 등을 논의하였다. 전년도 교육, 꿈, 지역 활동 도서관 등의 주제에서 올해는 건강·의료, 교육, 먹거리로 정하고 강의 일정을 확정하였고, 현재 강사 섭외를 마무리 중이다. 올해에는 주제가 좀 더 일상생활과 친밀해진만큼 학부모뿐만 아니라 암사동 지역 주민들에게 적극적 홍보 활동을 통해 많은 분들과 함께 나누고 공감하여 "더불어" 행복해지는 시간이 될 것이다.

지금 행복해야 미래에도 행복하다

홍 은 정
삼각산고등학교

내 아들은 삼각산고등학교 1학년이다. 혁신학교인 삼각산고등학교라면 아무 생각 없이 사는 것처럼 보이는 아들이 하고 싶은 일을 좀 더 빨리 찾는 데 도움을 받을 수 있을 것이라 믿는 엄마를 두어 통학 거리가 한 시간인 삼각산고등학교에 다니고 있다.

가끔은 불행한 학부모

학부모라면 학교에 보낸 아이가 선생님 말씀도 잘 듣고 공부도 잘한다면 그것으로 행복함을 느낄 것이다. 이것만으로 본다면 가끔은 불행했던 나는 일하는 엄마다. 그래서 아이가 초등학교에 입학한 후 지금까지 아이 학교 방문은 1년에 한두 차례가 고작이었다.

학부모 총회 때나 공개 수업을 통해 만나게 되는 담임교사들로부터 아이가 산만하다는 얘기를 가끔 들었다. 그러나 의무교육 기간 9년 과정 중 이것이 문제가 되어 아이가 학교생활에 어려움을 겪은 것은 초등 4학년 단 한 해였던 것으로 기억한다. 수업 시간에 딴 짓을 한다는 이유로, 매일 쓰는 일기의 글씨를 반듯하게 쓰지 않는다는 이유로 수시로 혼이 났고 벌 청소를 했던 아들. 밝고 건강하던 아이가 스트레스로 얼굴에 버짐이 피고 주눅 들었던 그때를 생각하면 아직도 마음이 아프다.

중학교에 진학한 아이는 새로운 친구들을 사귀며 학교생활을 아주 즐겁게 했다. 친구들과 어울려 운동하고 게임하는 것만큼 공부에 신경을 쓰지 않아 걱정하는 말을 건네기라도 하면 "하고 싶은 일이 생기면 열심히 할 거예요."라고 답하며 놀았다. 학업성취도가 낮은 아들에게 성적 운운했던 난 가끔 불행한 엄마였다.

행복해지려는 노력

혁신학교 부모들이 혁신학교 생활을 책으로 묶는다고 글 한 꼭지 써달라는 청탁을 받았을 때 눈에 들어온 글감의 제목이 '지금 행복해야 미래에도 행복하다'였다. 그래야 한다는 생각에 넙죽 글을 쓰겠다고 했다. 그러나 늘 생각은 하고 있었지만, '지금 혁신학교에 다니는 내 아이는 행복한가?' 자문을 하지 않을 수 없었다.

집에서부터 한 시간 거리에 있는 학교에 보낼 때는 고등학교 생활, 입시에 찌들지 말고 행복했으면 하는 바람과 진로교육에 역점을 두고 있는 삼각산고에서 다양한 활동을 통해서 하고 싶은 일을 찾고 미래를 준비한다는 자세로 학업에도 열중해 주기를 바라는 욕심이 있었다.

한 학기를 지난 지금 '내 아이가 행복한가?' 자문을 해본다. 짧은 글쓰기인데도 쉽게 시작을 못하던 어느 날 아이에게 물었다.

"아들, 너 요즘 행복하니?"

아들은 '뭐야?' 하는 반응을 보였다. 그러면서 하는 말이 "엄마는 매일매일이 행복해요? 나는 행복할 때도 있고 힘들 때도 있고, 그런데 그렇다고 해서 불행하다는 생각은 해본 적이 없어요." 끙! 맞는 말이다.

아들이 '혁신학교 다녀서 행복해요.'라고 답하면 거기에 다시 '어떻게?', '왜?' 하는 질문을 던지며 글머리를 잡으려 했던 생각은 물거품이 되었다. 또 며칠이 흘렀을 때 우연히 보게 된 〈감히 연세대 동문, 동문 거리는 놈들……〉라는 기사 제목에 무슨 소린가 호기심에 그 기사를 열어봤다가 깜짝 놀랐다. 그래도 우리나라 최고의 대학이라는 곳에 들어간 아이들이 그 안에서조차 입시 결과별 골품이니 하며 본교와 캠퍼스 간의 서열을 만들고 취업률을 잣대로 학과 간 서열을 만들고 있다니! 그런데 이런 현상이 이 학교뿐만이 아니라 서울과 지방에 함께 캠퍼스를 가진 대부분의 대학교에서 일어나는 현상이라는 것이다.

끊임없는 경쟁 속에 내몰려서 학창 시절을 보낸 아이들의 현재 모습이라는 생각과 함께 '이 아이들이 과연 행복할까?' 하는 생각을 하게 되었다. 아니다. 아닐 것이다. 이런 삶이 어떻게 행복할수 있겠는가. 이 아이들은 지금도 경쟁에서 뒤처질까 마음 조리며하루하루를 살고 있을 것이다.

행복을 만드는 교육 현장

그럼 혁신학교에서 학창 시절을 보내는 아이들은 어떻게 자라고 있을까?

삼각산고등학교의 교훈인 '성장, 나눔, 평화', 그리고 학교 홈페이지를 열 때마다 만나는 '참여와 협력 중심의 삼각산고등학교입니다.'라는 소개에서 볼 수 있듯이 대부분의 혁신학교에서는 아이들이 함께 배우고 성장할 수 있도록 교육과정을 운영하고 있다. 요즘 '혁신학교지킴이' 밴드에서 만나게 되는 여러 학교들의 다양한 교육 활동 사례들을 보면 그 속에서 자라는 아이들이 '얼마나 행복할까!' 하는 생각이 저절로 든다.

초등학교에서는 블록 수업이 진행되고 중간 쉬는 시간 30분 동안에는 신나게 뛰어논다. '교육은 엄마가 알아서 하겠지' 생각하던 아버지들까지 '아버지모임'을 만들고 아이들과 함께 방과 후와 주말을 이용하여 숲 체험과 캠핑을 하는 학교도 있다. 중학교에서는 아이들이 자발적으로 동아리를 만들어 운영하고 학기별로 체험활동과 발표회를 하며, 학생회가 중심이 되어 봄·가을로 구기 대회를 연다. 학생 생활 중심의 캠페인 활동을 벌이는 학교, 교사, 학생, 학부모가 몇 개월에 걸친 회의와 토론 과정을 통해 3주체 생활 협약을 만든 중학교도 있다.

나는, 이런 교육과정과 환경 속에서 자라는 아이들이 행복하고, 행복한 아이들을 보는 부모들도 행복할 것이고, 행복한 가정들이 있는 마을이 건강한 미래 세대를 만들어낼 것이라 생각한다.

혁신 고등학교에서의 한 학기

일반 중학교를 다니다 혁신 고등학교에 진학한 아들은 입학식 다음 날 함께 밥 먹을 친구가 없어 점심을 굶고 왔다고 해서 엄마 마음을 아프게 하더니만 그것도 잠시, 학기 초 왕성한 학교 활동을 하며 금방 고등학교 생활에 적응을 해나갔다. 학급에서는 친구들과 논술 두레를 만들어 고등학생의 이성 교제를 가지고 애기를 나누고, 벽화 두레에 들어가 선배들과 지역의 청소년수련관 벽에 벽화를 그렸고, 배드민턴 동아리에 들어가서 매주 화요일마다 온몸이 땀에 젖도록 운동을 하고, 학교에서 진행하는 진로 특강은 문과, 이과 가리지 않고 들었다. 그 외에 학생회에서 주관한 제3세계 어린이들을 위한 옷 기부 활동에 참여하고, '공부에 날개를 달자'는 8주간의 자기주도학습 특별 프로그램에도 참여했다.

강북청소년수련관 벽면에 벽화를 그리는 '벽화 두레' 활동

　　이렇게 보낸 한 학기, 아이는 아직 공부에 날개를 달지도 못했고 하고 싶은 일을 구체적으로 찾지는 못했지만 지난 한 학기의 피로감을 풀어내듯 즐거운 방학을 보내고 있다. 아이는 선배들처

럼 멋있게 배드민턴을 치고 싶은데 체중이 많이 나가 스피드와 체력이 부족한 것 같다며 웨이트트레이닝을 하고 있다. 또한 지역의 청소년수련관에서 진행한 봉사 활동, 엄마의 권유로 시작한 시립미술관 도슨트 활동, 사촌과 함께한 북한산 둘레길 걷기 등으로 그 어느 방학보다 알찬 시간을 보내고 있다.

아이가 입시 때문에 아무것도 하지 않고 오로지 공부만 하라는 학교에 진학했다면 지금처럼 이렇게 평온한 일상을 보낼 수는 없었을 것이다. 가랑비에 옷 젖는다는 말이 있다. 아이는 이 여름이 지나기 전에 문과, 이과 중 진로를 선택해야 하는 기로에 서있다. 아이는 말하지 않았지만 지난 한 학기 동안 학교에서 제공한 다양한 진로 프로그램들과 활동들을 통해 자기를 돌아보게 되었을 것이고 지금도 고민하고 있는 것을 본다. 나는 아이가 지금 하고 있는 고민이 아이의 인생에서 한 발을 내딛는 성장 과정이라고 생각하면서 기다리고 있다.

부모의 성장도 돕는 혁신학교

우리 부모 세대는 기억하고 있을 소설로서 영화, 노래로도 만들어진 〈행복은 성적순이 아니잖아요〉는 1986년에 사회적인 파장을 일으켰던 자살한 중학생의 유서를 모티브로 해서 만든 작품으로 알려져 있다. 그 유서의 내용은 다음과 같다.

"난 1등 같은 건 싫은데, 난 꿈이 따로 있는데, 난 친구가 필요한데 이 모든 것은 우리 엄마가 싫어하는 것이지. …… 나에게 항상 수단과 방법을 가리지 말고 이기라고 하는 분, 친구와 사귀지 말라고 슬픈 말만 하시는 분, 그분이 날 15년 동안 키워준 사랑스런 엄마라니 너무나 모순이다."

청소년들이 성적을 비관하여 자살을 하는 나라. 이 아이의 죽음 후 30년이 되어가는 지금도 우리는 아이들을 입시 전쟁에서 구해내지 못했을 뿐 아니라 대학 입시 아래에서 더 다양한 방법으로 줄 세우기를 하고 있다. 공부를 잘해서 좋은 대학에 가고 좋은 직장에 취업하고 돈 잘 버는 것이 행복한 삶의 지름길이 아니고, 하고 싶은 일을 하며 이 사회에 바른 가치를 실현하며 사는 것이 행복하게 사는 것이라고 가르치는 학교와 부모가 많아져야 한다고 생각한다.

여러 혁신학교에서 진행하고 있는 학부모 아카데미와 학부모 학습 동아리들, 혁신학교 학부모 네트워크, '혁신학교지킴이' 밴드 또한 부모들의 성장을 돕는 역할을 하고 있다고 본다. 다양한 부모 교육의 창구를 통해서 우리 부모들이 자녀들에게 좋아하는 일, 잘하는 일을 통해 경제적인 자립과 함께 이 '사회에 봉사하는 사람으로 자라라.' 말할 수 있는 강단 있는 부모들로 바로 설 수 있도록 돕고 있다고 생각한다.

　교육은 가치를 전하는 일이라고 한다. 무너진 공교육, 그 대안으로 문을 연 혁신학교에서 이런 일들이 이루어져 가고 있다고 생각한다. 자신의 배움에 책임을 지고 함께 배우도록 돕는 배움의 공동체, 3주체 생활협약과 같은 시민교육, 무너진 생태 감수성 회복을 돕기 위한 '숲 생태 체험' 등 다양한 활동을 통해 환경교육이 이루어지고 있으며, 학교시민햇빛발전소 건립 운동과 같은 지역 사회 운동도 활발히 진행되고 있다.

　부모는 자녀에게 '건강하게만 자라라.' 하고 학부모는 '공부만 해라.'라고 한다는 말이 있다. 나는 부족한 엄마라서 하루에도 열두 번 학부모가 되었다, 부모가 되었다 했다.

　이 글을 쓰며 다시 한 번 부모가 된다.

　나는 혁신 고등학교에 자녀를 보내고 있는 행복한 엄마다.

3장

존중과 배려로 가꾸어내는
학교문화

휠체어를 타는 수민이가
사랑하는 학교

홍 윤 희
강명초등학교

내 딸 수민이는 휠체어를 타는,
상체가 튼튼한 초등학교 여자아이다

수민이는 태어나자마자 척추에 악성 종양이 발견됐다. 치료를
하더라도 평생 장애를 가질 가능성이 크다는 진단을 받았다. 산
부인과 원장도, 신경외과 의사도, "포기하는 것도 방법"이라고 말
했다. 하지만 일단 아이를 살려야겠다는 생각으로, 또 장애인을
위한 환경이 나아질 것이라는 막연한 믿음을 갖고 수민이를 치료
했다. 수민이 할머니와 할아버지도 "장애인을 위해 세상이 좋아
지지 않겠느냐."고 말씀하셨다. 병은 완치됐지만, 후유증으로 걷
지 못하게 된 아이를 데리고 다니며 지하철, 버스, 건물 계단 등

공동육아 - 모든 아이를 내 아이처럼 돌보는 문화

기본적인 이동권조차도 마음대로 누릴 수 없는 현실을 뼈저리게
느꼈다.

아이에게 꼭 필요한 교육의 권리도 마찬가지였다. 수민이가 처음 접한 공교육의 반응은 '거부'였다. 노골적으로 싫어하는 티를 내는 어린이집 원장도 있었고, "마음은 있지만 장애아 받을 여력이나 특수교육 교사 인력이 없다"며 거부하는 경우도 있었다.

수없이 마음에 상처를 입은 우리 부부와 아이를 받아준 곳은 '공동육아' 어린이집이었다. 공동육아는 부모들이 교육 공동체를 이뤄 남의 아이도 내 아이처럼 함께 품앗이하며 키우는 곳이었다. 공립도 구립도 아닌 사설 어린이집이지만 엄마들이 번갈아가며 아이를 업고 나들이에서 다른 아이들과 함께 어울리게 해주는 정성에 감동하지 않을 수 없었다.

온 마을이 아이를 키우는 공동체 교육을 찾아 떠나다

그때, 우리 아이를 위해 좋은 교육은 "온 마을이 아이를 키우는" 공동체 교육이라는 생각이 마음속에 자리 잡게 됐다. 당시 우리 가족이 살던 곳은 공동육아에서 초등학교로 공동체 교육이 이어지기 힘든 상황이었는데, 게다가 언덕이 많은 곳이라 아이가 혼자 휠체어를 끌고 다니기에는 쉽지 않았다.

공동육아 아이들이 가고자 하는 대안학교를 알아봤더니 비인가 학교라 엘리베이터 없는 곳이 대부분이었다. 아이가 휠체어를 타고 혼자 왔다 갔다 하려면 엘리베이터가 필수다. 서울시 내 종합병원을 1년에도 수십 번씩 다녀야 하는지라 서울시 바깥에 있는 대안학교는 생각조차 할 수 없었다. 대안학교와 가장 비슷한 공동체적 교육 환경을 찾다가 아무 연고도 없이 무작정 이사 온 곳이 바로 혁신학교인 강명초등학교 근처였다.

당시 개교한지 불과 2년에 불과했던 혁신학교에 대한 사전 정보는 아무것도 없었다. 핀란드 교육과 비슷하다는 말도 들었고, 발도르프 교육과 비슷하다는 말도 들었고, 중요하게는 공교육의 틀 안에서, 애들에게 성적이나 등수를 강요하지 않는, '다 같이 함께하는 교육'을 표방한다는 정도의 추상적 정보뿐이었다.

결론적으로, 우리 아이는 지금 무척 특별하면서 멋진 교육을 받고 있다. 혁신학교라고 하면 무슨 사립 초등학교처럼 특이한

휠체어 계주를 준비하는 아이들

교육을 하는 것으로 오해하는 사람들이 있는데, 혁신학교는 아이들 머릿속에 무엇을 주입식으로 넣어주기보다는 모든 아이들이 스스로 그 '무엇'을 탐구할 수 있게 자율성을 북돋워 주고 잠재능력을 살려주는 곳이다.

휠체어 타는 아이도 계주 선수가 될 수 있는 곳, 혁신학교

휠체어 타는 우리 아이가 가장 좋아하는 시간은 체육 시간이다. 학교에서든 놀이터에서든 '몸 놀이'에서 소외될 수밖에 없었기에, 아이의 이런 얘기가 놀랍기도 하고 감격스럽기도 하다. 고

배려가 몸에 배어있는 혁신학교 아이들

무줄놀이를 할 때 휠체어 탄 아이는 고무줄을 손으로 잡을 수 있고, 달리기를 할 때는 몇 미터 앞에서 출발한다는 규칙을 친구들과 함께 만들었단다. 학교 체육대회에서도 계주 선수로 휠체어를 밀고 출전했다. 휠체어 탄 아이는 참여하게끔 배려받지만, 이기게끔 배려받지는 않는다.

이런 배려는 학기 초마다 담임 선생님과 특수학급 선생님이 아이를 위한 특수학습 지도안을 만들면서 살뜰하게 챙겨 주셨기에 가능하다.

하지만 교사의 배려만으로 아이가 학교를 즐겁게 다닐 수는 없다. 물론 개인차가 있겠지만 전반적으로 혁신학교는 아이들 사이에서 배려를 일상화할 수 있는 좋은 토양을 갖고 있다. 시험이 없어 성적으로 차별하지 않는다. 회장-부회장 제도도 없다. 아이들 사이에서 지위로 차별하지 않는다. 학교에서 자체 개최하는 경진대회나 상장이 없다. 상을 받았네 마네 여부로 서로 으쓱해하거나 의기소침해할 일이 없다.

그러니 당연히 장애 여부로 차별하는 것은 '정말 이상한 것'이다. 아파트 평수나 핸드폰 유무를 갖고 차별하는 것은 말할 것도 없다. 요즘은 초등학교 3~4학년 아이들도 게임기나 핸드폰이 없다는 이유로 노는 아이들 사이에 끼워주지 않는 '은따'(은근한 따돌림)를 당한다고 한다. 우리 강명초등학교에도 게임기나 핸드폰을 갖고 다니는 아이들이 있지만, 우선 그것으로 차별하는 건 나쁘다는 것을 입학하면서부터 몸으로 체득하게 된다.

일상에서 평등을 체험하는 아이들 사이에서 왕따 문제는 현저히 적을 수밖에 없다. 실제로 우리 학교에는 장애아가 14명이나 있다. 학교의 따뜻한 분위기를 소문으로 듣고 일부러 이사 온 부모들이 대부분이다.

일상에서 평등과 배려를 체험하는 혁신학교

이런 평등과 배려의 문화는 어디에서 나오는 것일까? 혁신학교의 일상을 보면 힌트를 얻을 수 있다. 어느 날 아이 숙제를 보고 깜짝 놀랐다. 반 아이 서른 명에 대해 "○○○의 좋은 점" 숙제가 매일 나왔다. "○○는 친구를 잘 도와줘요. ○○는 웃긴 표정을 잘 만들어요."와 같은 내용은, 아이들끼리 친하지 않고는, 친구를 잘 관찰하지 않고는 쓸 수 없는 내용이다.

'친구 알아보기' 숙제가 가능한 이유 중 하나는 쉬는 시간이 일반 학교보다 길어서 한 번 쉬는 시간이 30분인 덕분이다. 줄 서서 오줌만 누면 빨리 뛰어 들어가야 하는 시간이 아니다. 수업 시간 80분, 쉬는 시간 30분. 그만큼 학교에서 친구들과 어울리는 시간이 길다.

요즘처럼 아이들이 학교 끝나면 이리저리 사교육으로 내몰리는 현실에서 친구와 학교 안에서 교감할 수 있는 시간이 길다는 건 특히 우리 아이처럼 타인과 어울릴 기회가 절대적으로 적은 아이들에게는 너무나도 소중하다. 한 자녀, 두 자녀가 대부분인 현실에서 돈 주고 배우기 어려운 사회성을 키우는 것이다.

아이들은 학교에서 쉬는 시간 동안 친구들과 책 읽고, 어울려 논다. 공감 능력을 키우고, 분쟁을 조정하고 함께 사는 법을 배운다.

혁신학교는 노는 학교?

혁신학교가 '아이들이 노는 학교'라고 한다. 천만의 말씀이다. 아이들이 놀듯이 배우게 함으로써 스스로 배우는 재미를 느끼게 하는 곳이다. 그렇게 남다른 80분 수업을 위한 통합 교육과정을 만들기 위해 혁신학교 선생님들은 매주 학년별 회의를 밤늦게까지 연다. 문제집이나 주입식 시험 중심이 아니라 교구나 자연물, 학생들 사이의 상호작용을 통해 흥미를 갖고 스스로 생각하는 훈련을 할 수 있는 학습 방법을 연구하신다.

국어 시간에는 아이들이 색색의 공책에 자작시를 적으며 자연스럽게 받침 있는 단어를 익힌다. 수학 시간에는 몸으로 놀이를 하거나 카브라 쌓기를 하며 연산을 배운다. 친구의 팔을 손가락으로 짚으며 길이 개념을 배운다.

이론을 배우기보다 리듬을 신명나게 타는 것을 더 중요하게 여기는 창의 음악 시간에 참여하는 아이들을 보면 오디션 프로그램 심사위원들이 입에 닳도록 얘기하는 '그루브'와 '소울'이 있는 것처럼 보인다. 그러다 음악 소질을 발견하는 아이들도 있다. 이 학

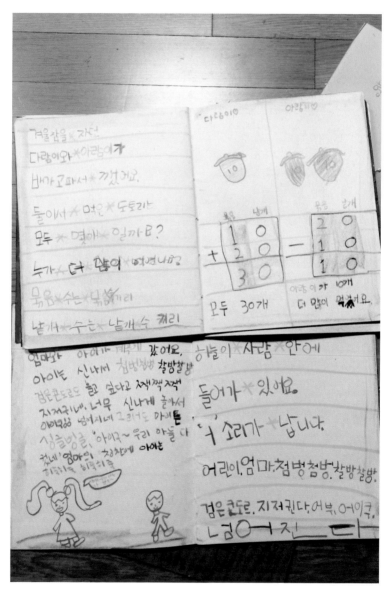

선생님들이 한 땀 한 땀 만든 공책에 직접 국어와 수셈을 쓰며 익힌다.

카브라 쌓기로 수셈을 배우는 아이들

교 입학식에서는 고학년 현악 합주단이 축하곡을 연주한다.

학부모가 편안한 학교

학부모, 특히 직장을 가진 부모들이 마음 편하게 아이들을 보낼 수 있다는 것도 장점이다. 학부모 상담 때는 음료수 하나도 가져오지 말라는 공문이 알림장, 가정통신문을 통해 두 번 세 번 내려온다. 롤케이크 하나 들고 상담 갔다가 선생님께서 도망가셔서 민망했던 기억이 생생하다. 일하는 학부모를 위해 저녁 시간에도 학부모 상담이 이뤄지는 것도 장점이다. 내 학교 후배만 하더라도 낮에만 상담 시간을 잡아서 직장 눈치 보며 상담하러 갈 수밖에 없단다.

회장-부회장 제도가 없다는 것도 부모들에게는 장점이다. 학기 초, 학부모가 회장 출마 연설문 봐주느라 골머리 썩거나 아이들이 회장 되는 것에 급급해 "회장 되면 햄버거를 매달 쏘겠다."는 식의 '빌 공(空)' 공약을 날릴 일이 없다. 학부모에게 회장-부회장 제도가 없다는 것은 회장 엄마를 중심으로 선생님 눈치를 보느라 스트레스 받을 일이 없다는 것을 뜻하기도 한다. 강남의 어느 학교에서는 소풍 갈 때 회장 엄마가 주도해 백화점 최고급 도시락 맞추고 옆 반이랑 도시락 수준을 비교하며 스트레스 받는다는 얘기를 듣고 경악했는데, 이곳 강명초등학교에서는 그런 은근한 스트레스가 없다.

혁신학교에서는 회장, 부회장 엄마들이 학부모회를 주도하는 대신 학부모 중 원하는 사람이 학급 대표를 맡아 아이들을 위한 활동에 나선다. '마을이 아이를 키우는' 공동체 토양의 학교 버전인 셈이다. 엄마들은 독서 모임, 아빠들은 아이들과 텃밭을 가꾸고 학교에서 야영을 한다. 아이들과 생태 공원 쓰레기 줍기, 김장 봉사, 책 박람회 같은 행사를 아이들과 함께 준비한다는 점도 우리 강명초등학교의 자랑이다. 아빠모임 텃밭에서 아이들이 땀방울 흘려 수확한 감자와 상추를 모임 친구들 집과 함께 나눈다.

　회장 부회장 제도가 없는 대신, 아이들은 다모임 활동을 통해 리더십과 토론 능력을 키운다. 예를 들어 '학교에서 휴대폰을 허용해야 하나?'에 대해 아이들이 모임을 갖고 토론의 리더를 뽑아

아빠 모임 텃밭에서 재배한 채소로 차려진 저녁 식탁

자유롭게 토론한다. 다양한 취미와 흥미, 주제에 대해 리더십을 키울 기회가 모든 아이에게 열려 있고 더 많기도 하다.

특히 장애아에 대한 배려는 '모든 다른 것'에 대한 존중과 배려, 공감 능력 형성으로 이어진다는 것을 부모들의 눈으로 똑똑히 목격하고 있다. 특별한 배려 프로그램이 있다든지 강연회가 있다든지 하는 것이 아니다. 차이를 차별로 인식하지 않는 강명초등학교의 혁신학교 교육철학 자체가 일단 부모들에게 편안함을 주고 있다.

오히려 혁신 교육에서 추진하고 있는 장애아에 대한 인간적이고 개별적인 교육 환경 구축에 대한 철학을 물리적 환경이 따라가지 못하고 있다. 각 학교가 아닌 지자체나 교육청 예산에 좌우되는 활동 보조 인력 지원이 대표적인 사례다. 아이들의 개별화 교육에 필요한 가장 기본적 요건은 아이들이 자유롭게 움직일 수 있게끔 해주는 것인데, 그것을 위해서는 휠체어 타는 아이나 자폐아 등 각각 아이들에게 필요한 보조 교사, 또는 활동 보조 인력이 따라붙어야 한다. 특히 야외 활동을 나갈 때는 필수적이다. 그런데 이런 보조 인력 지원은 각 특수교육지원센터에서 지원받아야 하는지라 특수교육센터의 예산 상황에 크게 좌우될 수밖에 없다. 정부 예산이 어디에 집중되어 있는가에 따라 교육청 예산이 '펑크' 나기도 한다. 2014년의 경우 교육청 예산은 대통령 공약이었던 누리과정에 집중된지라 장애아 지원을 비롯해서 다른 쪽 예산이 희생된 상태라고 한다.

그래도 전반적으로 장애를 가진 우리 아이와 '함께 살자'고 해주는 아이 친구들, 학부모, 선생님이 계시는 이곳 혁신학교가 좋다. 버스나 지하철, 공공장소에서 휠체어가 편히 다니는 일본이나 미국 사례를 보면서 심각하게 이민을 고민했는데, 혁신학교에서 '그래도 내 나라 한국에도 우리 아이가 인간답게 살 수 있는 환경을 우리가 노력하면 만들어갈 수 있겠구나!' 하는 희망을 발견한다.

　　공감 능력을 키워주는, 그래서 휠체어를 타고 다니는 우리 아이도 불편을 불행으로 느끼지 않는, 그런 사회에 적합한 인재를 키우는 혁신학교가 더 확산되길 진심으로 바란다.

의구심을 이겨낸 희망, 혁신학교

김 영 애
도봉초등학교

위장 전입까지 권유하던 이웃 사람들

우리 아이는 현재 아이들이 행복한 학교 도봉초등학교 3학년
에 재학 중이다. 6년 전 도봉동에 이사와 혁신학교인 도봉초등학
교에 3년째 다니고 있다

도봉동에 처음 이사 와 도봉산 바로 밑에 살면서 자연이 주는
천혜의 혜택을 누리며, 서울이지만 시골 같은 분위기인 동네에서
자연과 벗 삼아 아이를 유치원에 보냈다. 아이가 초등학교에 들
어갈 즈음, 주변 사람들은 하나같이 지금 사는 곳에서는 도봉초
등학교에 갈 수밖에 없으니 위장 전입을 해서라도 큰길 건너 아
파트 단지 안에 있는 초등학교에 보내라며 나보다도 더 아이를

걱정하는 눈치였다.

이유인즉슨 도봉초등학교는 워낙 낙후된 데다 서울에 위치하고는 있지만 시골에 있는 학교보다도 못하고 소위 문제아들이 많아 선생님들도 손 놓고 있고 무엇보다 결손 가정 아이들이 많아 그 속에 같이 섞여 공부하게 되면 자연히 흡수되어 공부를 제대로 할 수 없고 아이들이 안 좋은 것만 배워온다는 것이다.

그래서 나는 학부모로서 내가 직접 학교를 확인하고 싶어 찾아가보기로 마음먹었다.

혁신학교에 대한 의구심이 궁금증으로

초행길이었던 나에게 학교는 너무도 찾기 힘든 미로 같은 곳이었다. 지나가는 사람들에게 몇 번을 물어 학교에 도착했을 때 정말 서울에 이런 학교도 있구나 싶을 정도로 아주 외진 산 밑에 허름한 건물이 너무도 삭막하게 덩그러니 서 있었다.

'그래, 이런 곳에 내 아이를 맡길 순 없겠다.' 싶어 편법을 써서라도 좀 더 좋은 환경, 좀 더 공부 많이 시키는 학교에 보내야겠다고 마음먹고 있는데, 주변에 도봉초등학교에 아이를 보내는 엄마들이 도봉초등학교가 교장 공모제로 교장 선생님이 새로 오시고 혁신학교가 되면서 너무 좋아졌다고 말하는 것이다. 그러나 나는 여전히 의심스러웠다.

'학교가 좋아졌으면 얼마나 좋아졌겠어!' 이런 의구심에 엄마들의 말을 귀 기울여 듣지 않았다.

그렇지만 도봉초등학교에 아이를 보내는 엄마들로부터 학교가 좋아졌다는 말이 계속 들려왔다. 우리 아이가 일곱 살 되던 해에는 도봉초등학교 1학년에 아이를 보내는 엄마들은 자기 아이들이 학교에 다니는 것을 너무 즐거워한다며 도봉초등학교에 보내면 후회하지 않을 것이라 장담하기도 했다.

이런 말을 하는 도봉초등학교 엄마들을 보면서 나는 혁신학교가 무엇인지 궁금해졌다. 그래서 혁신학교가 어떤 학교인지 찾아보게 되었다.

생기가 넘치는 아이들, 아이가 먼저 행복한 학교

당시에 도봉초등학교는 혁신학교 첫해 햇병아리 시절이었다. 학교가 외진 곳에 있다 보니 아이들이 20여 분을 걸어서 등교하는 학생들이 대부분이었다. 먼 길을 걷다 보면 지치기도 하고 때론 꾀를 부릴 수도 있건만 아침에 등교하는 아이들의 얼굴을 보면 생기가 넘쳐 빛이 날 정도였다.

아이가 행복하고, 교사는 보람 있고, 부모는 신뢰할 수 있는 학교, 주입식 교육이 아니라 혁신을 통해 창의적인 교육을 하고, 무엇보다 아이들이 행복하게 공부할 수 있고 주체적으로 공부할 수 있는 분위기를 만들어낸다는 원칙을 걷겠다는 것이 혁신학교라고 요약할 수 있었다.

학교 앞 텃밭에서 상추를 수확하는 3학년 아이들

'그래! 아이가 행복하면 되는 것 아닌가.'

나의 판단은 틀리지 않았다. 유난히 새로운 환경과 새로운 사람들을 만나면 낯가림이 심하고 적응하는 데 어려움을 겪는 아이이기에 딸아이가 초등학교에 들어가서 힘들어하면 어쩌나 걱정

각자 수확한 상추를 집으로 가져가는 아이들

했는데 입학해서 다니는 순간부터 학교 가는 일이 제일 즐겁다며 매일 아침 학교 가는 딸아이의 뒷모습을 보면서 도봉초등학교에 아이를 보내길 정말 잘했구나 하는 생각이 들었다.

교장 선생님은 학교에 다니는 아이들을 내 아이 대하듯 일일이 맞아주시며 교문에서 하루도 빠짐없이 아이들 이름을 불러주신다. 교장 선생님 덕분에 아이들 얼굴이 더 밝고 생기가 넘치는 것 같다.

봄에는 학교 앞 텃밭에서 신나는 농부가 되어 상추를 심고, 여름에는 도봉산 무수골에서 세상에서 가장 행복한 얼굴로 물총 놀이를 하고, 가을에는 황금 들녘의 빛나는 얼굴로 가을걷이를 하고, 겨울에는 운동장 가득 쌓인 눈밭에서 아침 햇살보다 더 환한 얼굴로 미끄럼을 타고, 그러니 도봉초등학교는 아이들이 행복할 수밖에 없는 학교다.

오늘도 학교 가지 말라는 말을 제일 무서워하며 생기 가득한 얼굴로 학교로 향하는 딸아이의 뒷모습을 보면서 운동장에서, 도서관에서, 체육관에서, 교실에서 생동감 넘치는 아이들의 웃음소리를 그려보며 행복한 '엄마 미소'를 지어본다.

3년 전 선택이 옳았다!

우리 학교는 일반 학교와는 다르게 블록타임제로 수업이 이루어지고 있는데 80분 동안 진행되는 수업이 자칫 지루할 수 있는데도 학교를 다니면서 아이 입에서 한 번도 지루하다는 소리를 들어본 적이 없다.

아이들이 80분이라는 시간 동안 지루하지 않도록 그만큼 선생님들께서 수업 준비를 위해 얼마나 큰 정성을 쏟으시는지 알 수 있다.

80분 동안 수업하고 30분 동안 중간 놀이 시간이 있다. 일반 학

학교 바로 뒷산 도봉산에서 '자연 재료로 상상 작품 만들기'

활동실에서 재밌는 연극 연습

교에서 주어지는 쉬는 시간에는 아이들이 화장실 다녀오기도 빠듯하다면, 30분이라는 중간 놀이 시간에는 아이들이 운동장에서 또는 도서관에서 충분히 본인의 시간을 보낼 수 있다.

1학년에 보내 놓고 아이가 안심이 안 되어서 몰래 학교에 가서 아이를 본 적이 있다. 중간 놀이 시간이었나 보다.

친구들과 운동장에 나와서 옛날 우리가 학교 다닐 때 했던 놀이인 땅따먹기 놀이를 하면서 친구들과 허리가 휘어져라 웃는 아이의 모습을 보았다. 그 모습에 엄마인 나의 입가에도 행복한 미소가 절로 지어졌던 기억이 아직도 생생하다.

우리 아이는 현재 3학년이다. 3학년이 되면서 6교시가 많아져서 학교에 앉아있는 시간이 많아 힘들 텐데도 학기 초에 '3학년은 6교시가 많아서 제일 좋다.'는 아이의 시를 보면서 아이가 학교에 다니는 걸 정말 행복해하고 있구나 하는 생각이 들었다.

매일 아침 기다렸다는 듯이 행복한 미소를 띠며 학교에 가는 아이를 보면서 3년 전 나의 선택이 '정말 옳았구나!' 매일 아침 느끼곤 한다.

서현이의 학교 적응기
정정당당하게 배우고 소통할 수 있는 혁신학교

최 은 영
상원초등학교

'공동육아'에서 '혁신학교'로

내 딸아이는 2013년에 서울에 있는 상원초등학교를 입학해 2년째 다니고 있다. 많은 부모들이 혁신학교에 대해 잘 모르고 입학하거나, 집 주위에 있으니 별생각 없이 보내는 경우가 대부분인데, 나는 일부러 집 근처 혁신학교를 찾아간 경우이다.

딸아이는 일반 유치원이 아닌 공동육아 어린이집을 다녔는데, 그러다 보니 한글이나 영어 등 인지적인 교육을 전혀 받은 적이 없고, 산으로 들로 뛰어놀고 자유롭게 교사한테 자기 의견을 얘기하는 환경에서 자랐다.

그런데 막상 학교를 보내려 하니 현실적으로 여러 걱정이 생기

뭐가 달라도 다를 것이라는 신념 하나로 혁신학교 상원초등학교로 아이를 보냈다.

기 시작했다. 물론 엄마 입장에서야 내 아이를 믿고 잘 지낼 것이라고 생각하지만, 학교라는 곳에 대한 막연한 불신은 가라앉지 않고 여러 고민에 빠졌다. 그렇다고 공교육에서 벗어난 대안학교에 보낼 용기도 없었고, 서울에서 제대로 된 대안학교를 찾는 것 또한 쉽지 않는 일이었다.

고민 끝에 집 주위에 있는 혁신학교를 보내기로 마음먹었다. 주위에서는 혁신학교도 공교육에 속해 있고, 다른 학교와 그렇게 다르지 않을 것이며, 초등학교에서 가장 중요한 것은 어차피 교사이다. 혁신학교 교사라고 뭐가 그리 다르겠냐는 의견이 많았다. 하지만, 나는 뭐가 달라도 다를 것이라는 신념 하나로 혁신학교인 상원초등학교에 보내기로 결심했다.

드디어 공동육아 어린이집을 졸업하고 학부모가 된다는 설렘 반 걱정 반으로 학교 입학식에 참가했다. 우리 딸 서현이도 긴장된 모습으로 입학식이 열리는 강당으로 들어갔고 서현이 담인 선생님인 1학년 3반 선생님도 보였다. 고학년의 축하 공연도 보고 드디어 교장 선생님 말씀 순서가 되었다.

그때 처음 본 교장 선생님의 입가엔 웃음이 한가득 있었고, 교장 선생님께선 책 한 권을 들고 앞으로 나오셨다. 역시 우리 신입생 아이들은 긴장으로 미동도 없이 가만히 앉아 있었다. 교장 선생님께서는 강단에 서시며 오늘은 특별히 재미있는 동화책을 읽어 주겠다고 말씀하셨다. 나는 그 순간 긴장되던 마음이 녹으면서 편안해졌고, 긴장하고 있는 아이들을 위해 자신의 하고 싶은 말을 다 포기하고 떡보이야기라는 동화책을 읽어주시는 교장 선생님의 배려에 감사한 마음이 절로 들었다. 비록 긴장된 모습이었지만, 신입생 꼬마 아이들도 주의 깊게, 재미있게 교장 선생님의 동화 이야기를 듣고 있었던 모습이 지금도 생각하면 잔잔한 추억으로 남아있다. 이렇게 입학식이 끝나고 서현이의 학교 적응기가 시작되었다.

소통을 가장 중요시하는 혁신학교 시스템

우리 서현이는 유난히 몸을 쓰는 것을 좋아하는 아이이다. 나무 위에 올라가는 것이 특기이고, 땅을 파는 것이 취미인 아이이다. 그런 아이가 학교 교실 의자에 가만히 앉아 있어야 되고, 쉬는 시간 10분 동안 잽싸게 화장실에 갔다 와야 되니, 얼마나 힘들까 하는 걱정이 들었다. 아마 이런 걱정은 학교를 처음 보내는 부모들이라면 누구나 하지 않을까 하는 생각이 든다.

혁신학교와 일반 학교의 가장 큰 차이는 이 수업 시간과 쉬는 시간에 있는 것 같다. 80분 수업에 30분 쉬는 시간, 정말 너무나 고마운 시간 배정이 아닌가 하는 생각이 든다. 일단 이 긴 수업 시간을 위해서인지 우리 학교는 '스몰 스쿨제'를 운영하고 있다.

스몰 스쿨제란 학년에서 학년부장 교사를 중심으로 회의를 하고 수업 운영에 대해 전체 학년이 아니라 한 학년에서 나오는 여러 가지 의견과 방식을 선생님들이 의논하고 적용해서 운영하는 것을 말한다. 이러다 보니 낭비되는 회의 시간 없이 선생님들도 자기 학년에 집중할 수 있고, 그 학년에 밀착된 현실적인 내용이 주가 될 것이라고 기대하고 있다.

또 중요한 것이 있다. 아이들의 수업 진도와 수준에 맞게 받아쓰기나 단원 평가는 있으나 중간고사, 기말고사가 없다. 어떻게 보면 우려스러운 것일 수도 있으나, 냉정하게 실상을 볼 필요가 있다. 다른 일반 학교 다니는 친한 엄마와 대화하다 보면 시험에 대한 관심이 상당하다. 그래서 중간고사나 기말고사 시기가 되면 교사들은 비슷한 기출문제를 내놓기 바쁘고 수업 시간에도 기출문제 중심으로 이루어진다고 한다. 아이들에게 비슷한 기출문제를 몇 장씩 숙제로 내주면서 훈련시킨다. 그럼 엄마들은 또 아이들을 붙잡고 시험 훈련을 시킨다. 이런 훈련이 정말로 공부일까? 일반 학교와 선생님들을 비난할 생각은 전혀 없다. 현 시스템에서는 어쩔 수 없는 행보일 것이다. 하지만 혁신학교에서는 시험에 신경 쓰지 않고 수업을 진행하기 때문에 오히려 깊이 있게 공부다운 공부를 할 수 있으리라 본다.

그리고 가장 중요한 것이 소통이다. 혁신학교는 3주체가 함께 운영하는 것을 원칙으로 한다. 그래서 학교, 학생, 학부모가 문제를 해결하는 과정에서 함께 소통하는 것을 기본으로 하고 있다. 물론 말처럼 쉬운 일은 절대 아니다. 학부모 입장에서 말하고 싶은 것을 학교 측에 다 하기란 정말 어려운 일이다. 하지만, 교장 선생님을 비롯하여 여러 선생님들의 열린 마음과 부모들의 관심으로 시간이 갈수록 소통을 위해 다들 노력하는 것이 느껴진다. 부모들의 참여도 높아져 가고 대화 창구도 많이 만들어지고 있다. 나 또한 처음보다 많은 관심을 가지고 교사 분들과 소통하려고 노력하고 있고, 그런 기회가 점점 늘어나고 있다.

아이들의 자유로움을 배려하는 혁신학교 선생님

어떻게 어린 아이들 특히 1학년 아이들이 80분을 집중할 수 있을까 많은 부모님들이 의아해하고 걱정하지만, '열린 학교'(참관수업)에 참관해서 수업하는 선생님과 아이들을 보면 생각이 달라질 수밖에 없다.

서현이 1학년 때 담임 선생님은 유난히 아이들을 좋아하고 아이들 입장에서 생각하는 선생님이셨는데, 한 마디로 아이들의 자유로운 영혼을 그대로 받아주는 선생님이셨다. 물론 이 '열린 학교'는 학교가 열림과 동시에 시작되고 또 학교가 닫힐 때까지 자유롭기 때문에 시간이 허락된 부모님이라면 아이의 학교생활을 하루 종일 볼 수 있다.

수업 시간 전에 우리 아이는 어떻게 보내고 있을까 궁금한 마음에 나는 학교가 열림과 동시에 열린 학교를 참관했다. 가자마자 놀라지 않을 수 없었다. 아이들의 자유로움이란 학교에서도 이럴 수 있구나 하는 생각이 들 정도였다. 특히 서현이 반 아이들은 유독 자유로웠는데, 이 또한 선생님의 배려가 아닌가 하는 생각이 들었다. 서현이는 책상이 아닌 바닥에 엎드려 책을 읽고 있고, 어떤 아이는 선생님 책상에서 종알종알 선생님과 대화하고 있고, 또 어떤 아이는 바닥에 주저앉아 쏟아 놓은 블록 쌓기에 집중하고 있었다. 이렇게 아이들은 학교에서 허락되는 자유 속에 아이다움을 내뿜고 있었다. 이런 모습이 진정 아이가 자유롭게

학부모들이 교실 뒤편에서 수업을 참관하고 있다.

생각하고 경직된 사고 방식을 가지지 않고, 유연함을 가질 수 있어 어른이 되었을 때 좀 더 어른다운 어른이 되지 않을까 하는 생각이 들었다. 80분 수업 시간은 정말이지 선생님의 노력과 배려가 아니면 이루어질 수 없다는 생각이 든다.

선생님께서는 1학년 아이들을 위해 아이들 수준에 맞는 소품과 퀴즈로 수업 시간 내내 열성으로 임해주셨다. 아이들 또한 긴장하지 않고 자유로운 분위기 속에서 자신의 생각과 의견을 냈고, 그것에 대해 선생님은 아이들을 끊임없이 격려해주셨다. 다시 한 번 선생님께 감사한 마음이 들었다. 그리고 30분 쉬는 시간이 돌아왔다. 서현이는 내가 온 것을 확인하려고 한 번 뒤를 돌아

모둠 수업을 위해 책걸상이 배열되어 있다.

볼 뿐 크게 신경 쓰지 않았다. 물론 쉬는 시간 30분 중 1분도 포기하고 싶지 않은 아이의 순수한 마음과 열정 때문이겠지만 말이다. 30분 동안 아이들은 정말이지 잘 놀았다. 요즘 운동장에 아이들이 제대로 노는 모습을 볼 수 없다고 하지만, 혁신학교에서는 이 금쪽같은 30분의 쉬는 시간이 운동장과 교실에서 이루어지고 있었다. 아이들은 이런 에너지를 발산함으로써 오히려 수업 시간에 집중할 힘을 얻고 생각할 수 있는 힘을 얻는 듯했다.

학교생활을 하다 보면 아이들 사이에 여러 가지 문제가 생기게 마련이다. 부모 입장에서는 무조건 제 아이 편을 들게 되고, 이상하리 만큼 아이 문제는 부모들의 이성을 잃게 만든다. 이럴 때는 중간자인 선생님 입장과 역할이 너무나 중요한데, 특히 교사의 태도에 따라 어떠한 사건이 상처가 되기도 하고, 성장의 밑거름이 되기도 한다.

서현이 반에는 유독 말썽꾸러기 녀석이 있었는데, 수업 시간에 갑자기 불쑥불쑥 큰소리로 말하거나 선생님께 함부로 대하거나 하는 행동을 종종 보였다. 이런 일들은 선생님께서 설명해주며 다독거릴 수 있었으나 문제는 다른 아이들에게 듣기 싫은 말을 하거나 다툼이 발생할 때였다. 그때마다 선생님께서는 학부모들에게 이렇게 말씀하셨다. "다 똑같은 제 자식인데, 조금만 기다려주십시오. 제가 더 노력하겠습니다." 선생님께서는 그 아이를 야단치고 벌주는 대신 사랑으로 이해하고 감정을 제대로 표현하기 어려워하는 아이를 위해 노력하셨다. 선생님의 부단한 노력으로 그 아이는 정말이지 많이 좋아졌으며 행복하게 학교생활을 하고 있다. 어디에서나 있는 일이지만 어디에서나 흔히 볼 수 있는 해결책은 아니다.

또한, 서현이는 요즘 아이들이 어릴 때부터 받은 인지 교육을 전혀 받지 않은 상태로 학교에 갔기 때문에 학교 가기 전부터 한글은 기본이요 영어까지 해내는 아이들보다는 학교 수업에서 늦을 수밖에 없었다. 그럴 때 유독 이런 느린 아이들을 비난하는 아이가 있었나 보다. 그때마다 선생님께서는 이런 말씀을 하시며 느린 아이들에게 힘을 주셨다.

아이들이 함께 배우는 모둠 활동

　　"이 아이들은 반칙하지 않았어. 이게 정상인 거야. 학교
　　에서 배우는 거야."

　학원에서 배우고, 학교에서 확인하는 그런 시스템이 아닌 배움
이 있는 제대로 된 학교로 바로잡기 위해 애쓰시는 모습이 느껴
졌다. 이런 따뜻한 말 한마디에 아이들은 힘을 얻고 행복하게 학
교생활을 즐길 수 있다.

　지금 2학년이 된 우리 딸아이는 혁신학교에 대한 자부심이 크
다. 적어도 학교에서 자기가 가진 생각을 말할 수 있고, 그 말을
받아주는 선생님이 있다면, 학교생활의 절반은 성공한 것이 아닐

까? 어린이집과 가정에서 돌봄만 받다가 학교라는 작은 사회로 들어간 우리 아이들에게 가장 필요한 것이 무엇인지 생각해보면 답은 이미 정해져 있는 듯하다. 영어 단어 하나, 수학 문제 하나가 아니라, 아이가 학교에 가서 친구랑 놀고 싶고, 선생님과 이야기하고 싶고, 자기 마음을 누군가와 공감하고 싶은 욕구들이 해소된다면, 그 학교야말로 제 할 일을 제대로 하고 있는 곳일 것이다. 지금은 과도기일 수도 있고, 눈에 보이지 않을 수도 있지만, 선생님들과 학부모들이 더 노력한다면 지금보다 더 행복한 학교가 되리라 믿는다.

모든 아이가 주인공이 되는 학교

장 은 주
유현초등학교

'학교를 왜 다녀야 할까?'

큰아이는 초등학교 5학년 때 혁신학교인 유현초등학교로 전학해 2년을 다닌 후 졸업해 지금은 숭곡중학교에 다니고 있다. 둘째는 유현초등학교에 입학해 올해 2학년이 되었다.

큰아이는 수도권 신도시의 한 학교에 입학했었다. 처음 일주일 학교에 데려다 준 것을 빼고는 아이가 스스로 학교생활을 잘하리라 생각해 유난히 학교생활을 챙기진 않았다. 아이는 지각하면 안 된다고 서둘러 학교에 가곤 했다. 겨우 여덟 살인데 기특했다.

하지만 기특하게 학교를 부지런히 다닌 이유는 따로 있었다. 선생님이 지각한 아이들에게 교실 뒤에서 쪼그려 뛰기를 시키기 때문이었다. 그리고 큰아이 말에 따르면, 선생님은 떠든 아이를 교실 앞으로 불러 세워놓고 그 아이가 다른 떠드는 아이를 적발해서 자기 자리에 세워야 들어가게 했다. 선생님이 없을 때는 반장이 대신 그 일을 한다고 했다. 그런 이유 때문인지 큰아이는 반장이 되고 싶다고 말했다. 그리고 큰아이는 다 그리지 못한 그림을 늘 집으로 가지고 왔었는데, 나중에 알았다. 선생님이 다른 아이들 그림은 모두 게시판에 걸어주지만 큰아이 그림만 걸어주지 않는 것이었다.

선생님과 만나서, 왜 우리 아이 그림은 걸어주지 않으시는지 선생님께 여쭈니 주어진 시간 안에 그림을 다 못 그리면 걸어줄 수 없으니 빨리 그리는 연습을 엄마가 집에서 시키든 학원을 보내시든 하라고 말씀하셨다.

그러나 나는 아이에게 모두가 그리는 속도가 다 똑같을 순 없고 오래 구상하고 천천히 그리는 네 좋은 방식을 억지로 바꾸지 말라고 말했다. 물론 선생님께도 똑같은 의미의 말씀을 드렸다.

1학년이 끝나고 아이가 말했다.

"학교를 왜 다녀야 해?"

나도 생각했다.

'학교를 왜 다녀야 할까?'

그때 나는 아이에게 분명히 답해주지 못했다. 분명한 답을 몰랐기 때문이다.

"학교를 안 가면, 친구랑 어디서 놀아!"

"학교를 안 가면, 숲에서 누구랑 놀아!"

'학교를 왜 다녀야 할까?'에 답을 얻다

나는 그 답을 몇 년 뒤 둘째에게서 들을 수 있었다.

"학교를 왜 다니냐구! 학교를 안 가면 친구랑 어디서 놀아! 숲에는 누구랑 가! 내 토마토엔 누가 물을 줘! 그리고 지식도 좀 배우는 게 좋아. 나중에 내 딸이 수학을 나에게 물었는데 내가 엄마인데 모르면 어떡해? 그러니까 학교에 다녀야지."

중간에 혁신학교로 전학 온 오빠와 달리 처음부터 혁신학교에 입학한 둘째는 학교를 그런 곳으로 이해하고 있었다. 친구와 놀이 하는 곳, 선생님과 숲에 가서 나무도 풀도 벌레도 알게 되는 곳, '내 토마토'와 '내 벼'에 물 주고 가꾸는 곳, 그리고 삶에 도움이 될 지식도 쌓는 곳이 바로 학교인 것이다.

얼마 전 우리 둘째 또래의 다른 학교 학부모들을 만났다. 쉬는 시간 화장실에 다녀오는 아이를 제외하곤 모든 아이들이 교실에서 책을 읽어야 하는데, 책 위로 머리가 나오면 안 되는 규칙이 있어 모두 엎드려서 책을 읽는다는 것이었다. 너무 지나친 것 아니냐고 말한 학부모는 선생님으로부터 예전에 안전사고가 나서 그런 것이니 이해해 달라는 말을 들었다는 이야기도 나왔다. 또 다른 어떤 학교에서는 성적과 숙제의 성실함, 인사하기 같은 예절, 발표하기 등을 모두 점수를 매겨 한 달 동안의 점수를 합해 개인 점수를 주고 있었다. 그리고 자리 배정을 하는데 자기 자리가 맘에 안 드는 친구는 손을 들어 다른 친구와 자리를 바꿀 수 있는데, 단, 자기보다 점수가 낮은 친구와만 바꿀 수 있는 것이었다. '내' 점수보다 낮은 아이의 자리는 '내가' 뺏을 수 있고, 거꾸로 '나'는 '내 자리'가 맘에 들어도 '나'보다 점수가 높은 친구가 '내' 자리를 원하면 당연히 자리를 내주어야 하는 것이다. 이 선생님은 학부모에게 성적으로만 점수를 매기는 것이 아니고 생활 습관을 잡아주기 위한 제도이니 문제 없지 않느냐고 말했다고 한다.

학교문화는 큰아이가 입학했던 6년 전이나 심지어 내가 학교를 다니던 30여 년 전과도 많이 달라지지 않고 있다. 학교는 왜 다녀야 하는지에 대해 고민을 하는 아이들이 아직도 많이 있겠구나 하는 생각에 마음이 무거웠다.

우리를 놀게 해 주셔서 감사합니다

큰아이가 유현초등학교로 전학온 후 제일 좋았던 것이 중간 놀이 시간이다. 하지만 처음부터 아이들이 잘 놀 줄 알았던 것은 아니다. 반 아이들이 돌아가며 쓰는 학급 일기에 어떤 친구가 이렇게 적었다.

중간 놀이 시간에 몇 명은 나갔지만 나랑 많은 애들은 복습 노트를 쓰거나 학원 숙제를 하고 있었다. 그런데 선생님이 깜짝 놀라시며 이렇게 날씨가 좋은데 왜 교실에만 있냐고 복습 노트 안 써도 되니 나가 놀라고 하셨다. 그래

중간 놀이 시간. 아이들이 처음부터 잘 놀 줄 알았던 것은 아니다.

서 애들이랑 우루루 나가 신나게 놀고 왔다. 선생님이 나
가 놀라고 해 주셔서 정말 고마웠다. 나는 앞으로 수업 시
간에 더 열심히 공부하고 숙제도 잘 해야겠다고 결심했
다.

혁신학교 3년 차, 아이들은 이제 알려주지 않아도 알아서들 잘
논다. 중간 놀이 시간에도 놀고 점심시간에도 놀고 학교가 끝난
후에도 '와글와글 놀이터'가 있어서 또 논다. 요즘 다른 일반 초등
학교 아이들은 많이 바빠서 하교 후에도 놀 시간이 없는 것 같다.
학교에서 놀 수 있는 우리 아이들은 행운아라고 생각한다.

또 좋았던 점은 일반적으로 다른 학교에서 해오던 시상이나 대

중간 놀이 시간. 아이들은 이제 알려주지 않아도 잘 논다.

회가 거의 없다는 것이다. 혁신학교에서 시상이나 각종 대회를 하지 데에는 여러 가지 이유가 있다.

어떤 아이의 창조적인 결과물도 소중하지 않은 것은 없다. 상이란 기준으로 평가하려는 순간부터 아이의 순수함은 사라지게 된다. 선생님들이 행사 준비를 하시느라 본연의 업무에 쏟아야 할 시간을 빼앗기게 되는 것도 중요한 이유이다. 그리고 상이 없어지면, 상을 받지 못하는 아이의 상실감도 없어지게 된다.

지금까지 학교는 소수의 잘하는 아이를 격려하고 칭찬하여 다른 아이의 분발을 촉구하게 했는지도 모른다. 더 솔직히 말하면 잘하는 소수의 아이를 위해 대다수의 아이들을 들러리로 세우고 있었는지도 모른다. 배려와 협력은 도덕 책으로 배우고 생활에서는 경쟁과 질서만을 강요하지 않았나?

조연도 단역도 모두가 주연인 세상을 위해

그렇다고 물론 혁신학교에 다양한 체험을 위한 행사가 없는 것은 아니다. 일반적인 다른 학교와 구별되는 중요한 차이점은 모든 행사의 주인공은 아이들 '모두'라는 점이다. 조연, 단역 상관없이 모두가 주인공이 되는 행사로 큰아이의 학교 졸업식을 소개하고 싶다.

난 학교 졸업식이라고 하면 재학생 대표 송사와 졸업생 대표 답사가 떠오른다. 졸업식의 꽃이었던 답사는 졸업생 중 성적과

졸업식 졸업생 소개

모두가 주인공이 된 졸업식

부모 기여도 등을 두루 고려해 뽑았던 걸로 기억되는데 똑똑한 학생들을 뽑아 선생님들이 맹연습을 시키신 덕인지 답사를 들으며 우는 친구들도 많았던 걸로 기억한다. 나는 덜 똑똑해서였는지 송사니 답사니 하는 것을 한 번도 하지 못했다. 대학 졸업식 때는 다른 많은 친구들도 그런 것처럼 졸업식장도 가지 않고 학사모 쓰고 사진만 찍고 왔었다.

유현초등학교 졸업식은 많이 달랐다. 가장 감동적이었던 것은 졸업생 하나하나가 모두 졸업식의 주인공이었다는 점이다.

아이 하나가 단상에 올라서면 그 친구의 졸업 사진과 함께 프로필이 영상으로 비춰졌는데 거기에는 자기소개, 수상 내역, 졸업하는 소감, 장래 희망, 친구들에게 하고 싶은 말과 진학하는 학교 등이 소개되었다. 나는 처음에 반 대표로 한 명씩만 소개되는 줄 알았는데, 졸업하는 모든 아이들이 똑같이 소개되었다. 모두가 단상에서 교장 선생님께 졸업장을 받고 악수를 하였다. 졸업식장에 있는 우리는 졸업하는 아이 한 명 한 명이 어떤 친구인지 알 수 있었고 진심으로 그 친구들의 꿈이 이루어지길 기원해줄 수 있었다. 주인공이 아닌 아이는 하나도 없었다.

학부모들도 함께 이 졸업식을 준비하고 참여하였다. 이미 학부모들이 '초등학교를 졸업하는 나의 아들, 딸에게'라는 편지를 써서 선생님을 통해 보냈고 아이들은 교실에서 부모님 편지에 대한 답장을 써 놓았다. 졸업식장 배치도 아이 한 줄, 부모님 한 줄로 되어 있었는데, 아이가 바로 옆에서 부모님께 편지를 읽어주도록 하기 위해서였다. 졸업식 노래도 "잘 있거라, 아우들아, 정든 교실아~"가 아니라 015b의 〈이젠 안녕〉을 불렀는데, 어른들도 집에서 아이들과 미리 연습해 두었다.

부모님 편지에 대한 답장을 아이들이 부모님께 속닥속닥 읽는 순서가 있었다. 선생님들께서 어떻게 아이들의 감성을 끌어내셨는지 모르겠으나 일평생 아마 가장 감동적인 편지였을 것이다. 듣는 부모들도 읽는 아이들도 마음이 뭉클해져 눈물을 흘리는 사람들이 많았다. 그중 한 덩치 큰 남학생은 편지를 다 못 읽고 자기보다 훨씬 작은 엄마 품에서 엉엉 울었는데, 그 모습이 너무나 귀여워서 울다가 웃는 어른들도 많았다.

그 다음 순서는 선생님들의 졸업 축하 동영상 상영이었다. 아이들의 졸업을 축하한다는 메시지가 담긴 동영상인데, 6학년 선생님들이 직접 찍고 출연하셔서 연기력을 뽐내셨다. 조금만 소개하면 이런 부분도 있었다.

"너희들 만나서 정말 행복했고 헤어져 슬프다."

"뻥이야! 우리도 힘들어 죽는 줄 알았다."

특히 '뻥이야' 부분에서 날렵하게 이단 옆차기를 하시던 선생님의 코믹한 표정에 부모님과 아이들은 채 마르지 않은 눈물을 닦으면서 박장대소하기도 했다. 내용도 감동적이었지만 선생님들의 마음이 더 감동적이었다. 졸업하는 제자들에게 전하고 싶었던 메시지를 어떻게 하면 재미있게 전달할 수 있을까 고민하셨을 선생님의 마음이 고마워 가슴이 뭉클해졌다.

혁신학교란 그런 곳이다. '어떻게 하면 아이들이 더 행복해하고 건강하게 잘 성장할 수 있을까?' 고민이 끊이질 않는 곳이다.

혁신학교가 되기 훨씬 이전부터 그런 고민을 가지셨을 많은 선생님들, 현실의 어려움 속에서도 타협하고 안주하지 않으신 그분들이 계셨기에 지금 혁신학교라는 열매를 맺을 수 있었으리라. 이제 우리 아이들은 이 세상에서 조연도 아니고 단역도 아닌 모두 자기 삶의 주인공으로 살 수 있을 것이다. 학교에서 그렇게 배웠기 때문이다.

행복 바이러스를 '감염시키는' 혁신학교

서 승 희
신은초등학교

2011년 8월 서울 양천구 신정동 신정이편하우스에 입주해서 이곳 단지에 개교한 신은초등학교에 아들이 2학년 2학기에 입학하게 되었다. 서울 서남쪽 끝자락에 위치한 이곳은 교통이 불편하기 짝이 없고 편의 시설도 거의 전무한 수준이었지만, 바로 옆에 지향산이 있어 공기는 좋았다. 또한 분위기가 한적하고 여유가 있어서 좋았다.

이사 왔을 때 특히 가장 맘에 들고 기대에 찬 점은 아들이 입학하게 된 신은초등학교가 혁신학교라는 점이었다. 매스컴을 통해 혁신학교에 대한 여러 보도를 접하면서 혁신학교가 그전부터 내가 관심을 두고 있던 대안학교에 가까운 것 같다는 기대감이 있었기 때문이었다.

아이가 기존에 다니던 학교와 비교했을 때 신은초등학교는 정규 수업에서 문·예·체 교육을 강조했다. 그리고 선생님들이 아이들을 가르치는 방식도 매우 다양했다. 지향산 주말 농장에서 노작 활동을 한다든가, 선후배가 서로 교감하는 어깨짝반 같은 것은 기존 학교에서는 볼 수 없는 것이었다. 그리고 아이들뿐만 아니라 학부모가 참여하는 동아리 활동도 활발해 보였다.

학부모와 소통하는 담임 선생님

혁신 초등학교가 제아무리 혁신적인 훌륭한 교육목표를 가지고 운영된다고 해도 좋은 선생님들이 있어야 그 빛을 낼 수 있다. 아이가 3학년이 되었을 때 나는 아이 담임 선생님을 통해 그 빛을 만났다. 윤수경 선생님은 자기 자신은 물론이고 학생, 학부모 모두 각자 자신의 눈높이에서 삶을 되돌아보고 긍정적인 방향으로 나가갈 수 있도록 이끌어주었다.

2012년 3월 학기 초에 3학년 학부모 교실을 열었다. 이후 매달 학부모 간담회를 가졌다. 간담회 시간에 선생님은 아이들의 학교생활, 학습 두 측면에서 지난달을 평가했다. 선생님은 아이들의 특징, 앞으로 기대되는 바, 교육의 효과 등을 일일이 알려주면서 다음 달 계획을 설명해 주었다. 그리고 참석한 학부모들로부터 의견을 물어 수렴하고 필요한 경우 도움을 요청하기도 했다. 심지어 낮에 직장을 다니는 학부모들을 위해 동일한 내용의 간담

신은혁신마당에 참여한 자줏빛 동아리 회원들　　신은혁신마당 '학생, 학부모 고민 나누기'

회를 밤늦은 시간에 반복 진행한 적도 있다. 그 내용의 진술성도 사람을 감흥시키지만, 1년 동안 한 번도 빠지지 않고 매달 꾸준히 학부모들과 소통해주신 선생님의 정성과 열의에 감복하지 않을 수 없었다.

　물론 아이의 말을 통해서 아이의 학교생활을 알 수도 있다. 그러나 간담회를 하고 나면 선생님의 체계적인 계획과 평가를 통해 아이들의 교육, 학습, 생활 전반적인 측면에서 보다 깊이 이해할 수 있었다. 선생님은 무엇 하나도 그냥 허투루 하지 않으셨고 그런 것들을 학부모들과 나누려고 최선을 다하셨다. 이런 분에게 신뢰감이 가는 것은 인지상정이다. 선생님이 뭘 하시겠다 하면 엄마들도 다양한 의견을 내고 적극 지지해드리면서 자연스럽게 좋은 학급 분위기가 만들어졌다. 선생님은 학부모 개인과의 상담도 학사 일정에 얽매이지 않고 언제나 열린 마음으로 맞이해주었다.

아이들의 마음을 우선하는 가르침

선생님은 아이들의 마음이 안정되어야 학습도 효과적으로 이루어질 수 있다고 강조하면서 정서적인 안정감을 중요하게 여겼다. 매일 아침 등굣길에 '아침 열기'를 통해 아이들의 마음을 보듬어주고 학교생활에서 문제가 발생하면 '아! 그래서 그랬구나, 힘들었겠네.' 말씀하시며 공감해 아이들 마음이 풀리기를 기다려주고 하굣길에는 한 명씩 안아주면서 등을 쓰다듬어 주었다.

교사라는 지위를 강압적으로, 억압적으로 이용하지 않았고 언제나 아이들의 생각을 존중해 주었다. 학급 회의에서는 되도록 모든 안건에 대해 아이들 스스로 결정하고 책임지도록 이끌어 주었다. 그래서 종종 학급 회의가 길어져서 다른 반보다 하교가 늦은 날도 있었다. 처음에는 애가 올 때가 되었는데 오지 않아 걱정했지만 선생님의 지도 방식을 알고 신뢰감이 쌓였고 '올 때 되면, 오겠지.' 생각하며 마음을 고쳐먹게 되었다.

선생님은 아이들에게 동급생 중 배려가 필요한 친구들이 있다는 것은 "더불어 살고 서로 성장할 수 있는 좋은 계기"라고 설명해주었다. 선생님은 아이들이 서로 잘 어울리도록 이끌어주었는데, 여기에 감동을 받은 학부모도 있었다. 도움이 필요한 아이에게는 끝까지 관심의 끈을 놓지 않고 지켜주는 분이었다. 그러니 시간이 지나면서 아이들도 선생님을 믿고 따르게 되고 비교적 행복한 학교생활을 하지 않았나 생각한다.

학습 면에서도 탁월한 가르침이 있었다. 매주 금요일이면 그 다음 주 주간 학습 계획표를 주는데, 천편일률적인 교과서 순서가 아니라 선생님께서 학습 순서를 재구성한 것이었다. 그 주제에 맞는 학습을 여러 교과의 통합 수업을 진행했고 때론 교과서가 아닌 다른 방식으로 학습 목표를 달성할 수 있도록 체계적으로 준비해 주셨다. 한땐 '왜 교과서가 이렇게 깨끗하지?' 하며 의문이 들기도 했지만 '설령 교과서 진도는 비었더라도 그 학습 목표는 다 이루셨을 거야.' 하는 믿음이 생겨났다.

공개수업 때에도 선생님께선 나눗셈의 두 개념을 두 팀으로 나눠, 한 팀은 묶어 덜어내기를 연극으로 표현해 보도록 하고, 다른 한 팀에게는 똑같은 나누기를 게임으로 표현해보도록 지도하셨다. 공개수업을 참관하면서 나는 '아, 수학 공식을 칠판에 써서 가르치는 것이 아니라 아이들이 몸으로, 게임으로도 그 원리를 이해하고 응용하도록 가르칠 수도 있구나!'를 처음 느꼈다. 물론 아이들이 그 한 번의 수업만으로 나눗셈을 다 이해하기는 힘들지만 적어도 구체적인 조작, 몸을 통한 이해 방법은 너무나도 현실적이면서 구체적이라는 생각이 들었다.

한번은 외부 프로그램인데 과일 케이크 만들기 수업을 선생님께서 신청해 당첨되었다. 우리 반 아이들은 대중교통을 이용해 케이크를 만들고 왔는데, 그때 주최 측으로부터 받은 단체 앞치마와 두건은 우리 반의 표상이 되었다. 언제 케이크를 우리 아이들이 친구들과 단체로 함께 만들어 보겠는가.

선생님은 시간 관리법도 알려줘서 아이들이 스스로 중요도와 긴급도를 판단해서 자기가 해야 할 일을 메모하는 습관도 길러 주셨다. 그중 노트 필기법은 선생님의 노하우가 녹아있는 것으로 코넬식 노트 정리를 초등 수준에 맞게 접목시킨 것이었다. 아이의 학년 초 노트와 학년 말 노트는 그야말로 괄목상대할 정도였다. 이런 좋은 습관들이 쭉 이어지기를 바랐지만 학년이 올라가면서 지속되지는 않았다. 그러나 내 아이도 가르치면 잘할 수 있구나 하는 그 가능성은 보았다.

선생님은 아이들의 신체발달 측면에서 노작 활동을 중요하게 여겼다. 아이들은 수업시간에 같은 반 친구들 모두와 텃밭을 가꾸기도 하고, 방과 후 자유롭게 텃밭 갈 친구들과 함께 가서 땀 흘리며 텃밭 농사를 직접 지었다. 감자를 심어 관찰 일기를 쓰기도 하고, 수확한 감자를 가지고 동화도 쓰고, 감자 요리 대회, 텃밭에서 키운 배추와 무로 김장을 해 어려운 분들은 도와드리기도 했다. 이런 것이 살아있는 교육이 아닌가? 선생님께서는 걸스카우트 출신으로 현재도 지역대 대장님이다. 공동체 놀이, 바깥 놀이의 대가이기도 하다. 선생님은 아이들 몸과 마음이 건강할 수 있도록 다방면으로 애써주셨다.

진정한 가르침의 하이라이트, '꿈 노트'

선생님께서 아이들에게 베풀어 준 참 교육자로서의 진면목은

신은혁신한마당에서 자신의 꿈을 적는 아이들

아이들 한 명 한 명의 꿈으로 채운 밤하늘

바로 '꿈 노트'에 있다. '꿈 노트'는 아이가 공부를 떠나 자기가 관심 있고 하고 싶은 분야에 대해 다 적어 내려가는 자기만의 공간이다. 어떤 내용을 써라 하는 가르침 없이 스스로 한 주제를 정해 다양한 방식과 내용으로 찾아가는 나의 '꿈 노트'라니 이 얼마나 멋진 것인가! 나는 너무 부러웠다. 어떤 선생님께서 교과목이 아니라 아이의 꿈에 집중하고 아이들을 격려하실 수 있을까? 이런 분을 아이들이 어찌 좋아 하지 않을 수 있을까?

한 아이의 '꿈 노트'를 본 적이 있는데, 그 아이는 로봇 과학자가 꿈이어서, 로봇에 대해 알아보고, 로봇 발명가에 대해 조사해 보고, 자기가 만들고 싶은 로봇 설계도를 그려보고, 그렇게 해서 정말 정성껏 꾸몄다. 우연히 지나가다 그것을 본 1학년 아이가 "진짜 멋지다"고 감탄을 하며 갖고 싶어 했단다. 정말이지 이 '꿈 노트'대로 10년, 20년 뒤 꿈을 이룬 아이가 있다면, 선생님은 살아 있는 참교육을 실천한 것이다. 설령 꿈이 이뤄지지 않았다 하더라도 그 노트를 꾸밀 때 집중한 시간은 그 자체만으로도 행복한 시간이 되었을 것이다. 이후에 다른 꿈이 생긴다면, 그런 저력으로 아이는 깊게 빠져들어 성공할 수 있을 것이다. 억지로 시킨다고 될 성싶은가? 그야말로 좋아서, 미쳐야 뭔가를 해내도 할 것이 아닌가? 그런 힘과 습관을 길러준 선생님이 정말 존경스럽다.

학부모 자기주도학습 동아리 '자줏빛'

또한 선생님은 학부모 자기주도학습 동아리를 맡고 있다. 그리고 담임하고 있는 아이들만이 아니라 전교 학생들이 참여할 수 있는 자기주도학습 동아리를 만들어 맡고 있는데 우리 학교를 졸업한 중학교 학생들까지도 계속 동아리 활동을 할 수 있도록 배려해 주신다.

창립 3년 차인 학부모 자기주도학습 동아리는 자기주도학습으로 빛을 발하라는 의미로 '자줏빛'이라 불린다. 동아리에서 엄마들은 우선 올바른 교육관을 갖기 위해 부모 교육을 받는다. 무턱대고 학습이라는 말에 현혹되어 온 분들도 "학습은 2차적인 것이며 우선은 아이들이 효과적으로 학습할 수 있도록 마음 밭 갈기를 먼저 해야 한다."는 선생님의 말씀에 서서히 동감하며 연수를 통해 변화되어 갔다. 연수 시에 부모 교육, 다양한 효과적 학습법, 다중지능에 따른 우리 아이 감점 지능 찾기, 부모의 유형, 집중력 향상 도움 도구 등등 참으로 많은 유익한 내용을 배울 수 있었다.

이런 귀한 시간 속에서 동아리 회원인 나는 학부모가 아니라 부모가 되는 길이 어떤 것인지 배우고, 아이들만 바라보는 해바라기가 아니라 내 인생을 되돌아보고 나의 여생을 어떻게 보내야 할까 진심으로 고민하게 되었다. '아! 자기계발을 해야겠구나, 엄마인 내가 행복해야 아이도 가정도 행복해지는 거구나!' 이런 느

자줏빛 정기 모임 연수 '자기의 장점 사고팔기' 시간

낌과 변화들은 동아리 소모임을 만들게 했고, 이를 통해 엄마들
은 서로의 애로 사항들을 나누고 도움을 주고받고 있다.

이런 모습을 일반 학교에서 꿈꿀 수 있을까? 삼삼오오 모여 아
이들 성적 이야기, 내 집 아이와 다른 아이 비교, 학원 정보, 시험
이야기, 아니면 선생님 흉보기나 하는 모임과는 차원이 다른 너
무나 생산적인 모임이 되고 있는 것이다. 능동적으로 삶을 살기
위해 중년의 나이에 아이의 꿈이 아니라 나의 꿈을 찾고 그 꿈을
이루기 위해 노력하는 삶을 살도록 선생님은 끊임없이 긍정적 자
극을 주고 있다.

학생 동아리는 동아리 구성원이 기존 학부모 동아리의 자녀들로 구성되어 있고 엄마들이 기본적으로 선생님의 가르침에 동의하고 가정에서도 그 가르침대로 하려고 노력하기에 그 효용성이 높다. 동아리 아이들은 선생님과의 정기적인 수업을 통해 본인의 강점, 도덕성, 꿈을 찾아가는 아주 귀한 시간을 갖게 되었다. 선생님은 아이들 한 명 한 명에게 충분한 설명으로 자신의 꿈을 찾게 하고 그 꿈을 위해 무엇을 해야 하며 어떻게 공부해야 하는지 방법을 제시해주신다.

혁신 초등학교 운영 3년 차로 3회 졸업생을 배출했는데, 올해부터는 졸업생들에게도 자기주도학습 동아리에 참가할 수 있는 기회를 주고 있다. 쉬는 주말까지 반납해가며 졸업생들에게 '노트 필기법', '731시험계획' 등을 알려주며 스스로 공부하는 습관을 갖도록 지도해준다. 중간고사, 기말고사가 없는 혁신 초등학교를 졸업해 중학교에 입학하면 배치고사부터 중간, 기말 각종 시험에 부딪혀야 한다. 우리 학교 자기주도학습 동아리에서는 그 학생들에게 실제 시험 기간 2주 전에 731 계획을 세울 수 있도록 지도해주고 사후 관리도 해주고 있다. 만약 졸업생 엄마들이 선생님의 가르침을 신뢰하지 않았다면, 아이들이 학원에 가거나 개인 공부할 시간에 아이들을 선생님께 보내지는 않았을 것이다.

행복 바이러스를 전하는 혁신학교

흔히들 혁신 초등학교하면 공부 안 시켜 학습 능력이 떨어진다고들 하는데 나는 절대 이 의견에 반대한다. 공부는 교과서로만 하는 게 아니다. 그렇게 말하는 학부모님들은 학생 때의 교과서나, 시험 본 것들을 다 기억하고 현재 실생활에서 활용하고 계신가? 난 아니라고 본다. 우리 윤수경 선생님처럼 학습 목표를 가지고 다양한 방법으로 그중 아이들에게 효과적인 바로 그 방법으로 접근해 아이들이 그 목표를 배우면 되는 것이다.

일례로 텃밭에서 감자나 케일을 키우면서 거기에 붙은 배추흰나비 애벌레를 크기대로 잡아 교실에 놓고 관찰하면서 애벌레가 커가면서 나비가 되는 과정을 본 아이와 교과서를 통해서 읽고 수업에서 "1령에서 2령, 3령 애벌레로 성장한 후 번데기가 되어 나비가 되었어요. 알았죠?"란 이야기만 들은 아이를 비교해 보자. 과정을 제대로 관찰한 아이는 잡아온 애벌레가 다 나비가 되지 못하고 죽는 상황을 보고 그 이유를 궁금해하고 책이나 다른 방법을 통해 기생벌이 배추흰나비 애벌레 안에 알을 까 놓아서 배추흰나비 애벌레는 죽고 극히 소수만 나비가 된다는 것을 알 수 있다. 관심과 애정을 갖고 스스로 궁금한 점을 알게 된 아이는 이런 과학적 사실은 외워서 아는 것이 아니라 그냥 아는 것이다. 이런 식으로 학습을 하게 되면 장기기억으로 가서 영원히 그 아이의 자산이 되는 것이다. 제대로 혁신 교육을 따르지 않으면서 학습 능력 운운하는 것은 문제 있다고 본다. 단 여기서 가장 중요한 부분은 우리 선생님처럼 혁신 교육을 실천하고 중요하게 여기는 분을 만나는 것이 관건이다.

사실 우리 아이는 신은초 4학년을 다니다가, 축구 선수가 되고 싶은 꿈을 위해 2013년 12월 18일 부로 축구부가 있는 다른 학교로 전학을 갔기 때문에 현재 나는 혁신 초등학교 학부모가 아니다. 그러나 내년에 입학할 아이가 있고 현재 계속 학교 동아리 활동을 하고 있다. 게다가 아이를 일반 학교로 보내보니 더욱 혁신 초등학교의 윤수경 선생님의 가르침이 그립다. 아이도 그 당시 우리 선생님은 말씀도 많고 너무 늦게 끝내준다고 싫어했지만 이제 5학년이 되어 생각해보니 선생님은 우리들을 존중해주고 우리들의 성장을 위해서 많은 관심과 노력을 기울이셨다고 말한다.

우리 '윤샘'이 "저는 어릴 때부터 선생님이 꿈이었어요. 선생님이 되고 나니 좋은 선생님이 되고 싶은 꿈이 생겼답니다. 그 꿈을 이루기 위해 혁신 초등학교로 지원하게 되었어요." 첫 만남에서 이 말씀을 해주셨고, 이를 실천하기 위해 사비를 들여서라도 필요한 교육을 받고 그 배움을 우리에게 베풀며 참교육을 보여주셨다.

선생님은 우리에게 행복 바이러스다. 진정으로 '샘께' 무한 감사를 드린다. 내 인생의 전환점을 제시해준 우리 따뜻한 '윤샘'과의 인연의 끈을 평생 간직하고 싶다. 그리고 여러분도 이런 분을 만날 수 있는 기회가 있었으면 하고 진심으로 바란다. 인생이 참으로 행복하다. 선생님께 받은 행복 바이러스를 나도 퍼뜨리며 살고 싶다.

내 아이들과 나의 선생님 이야기

임 지 은
은빛초등학교

곽노현 교육감이 당선된 후, 내가 소망하던 혁신학교가 드디어 서울에도 들어서기 시작했다. 지금 아이들이 다니고 있는 은빛초등학교는 2011년 개교한 신설 학교로서 세워질 때부터 서울형 혁신학교로 지정되어 올해로 혁신학교 4년째를 맞고 있다. 그리고 나는 은빛초등학교를 아이들과 함께 찾아온, 혁신학교 4년 차 학부모이다. 큰아이는 2011년 2학년에 은빛으로 전학하여 현재 5학년, 작은아이는 2012년 입학하여 현재 3학년이다.

내 아이들의 선생님

2년 전이었던 2012년, 작은아이가 은빛초 신입생으로 입학했다. 일반 공립학교를 보내면서 여러 가지 준비를 시켰던 큰아이와는 달리, 작은아이는 한글도 제대로 떼지 못하고 수셈이라곤 해보지도 않은 상태였다. 일반 학교였다면 아마 결손 학생 혹은 골칫거리로 취급당했을지도 모를 작은아이가 처음 은빛에서 만난 담임 선생님의 이야기부터 시작하려 한다.

선생님은 아이들의 다양성을 인정해주고 어른의 눈에는 부족해 보일 수 있는 작은아이를 믿어주었다. 선생님 수업을 처음 참관하면서 받았던 감동을 아직 기억한다. 선생님은 긴장하여 우물쭈물 발표를 잘 못하거나, 틀린 답을 말해 수줍어하는 아이에게 "틀려도 괜찮아. 우리는 1학년이니까. 그러면서 배우는 거야."라고 진지한 눈빛과 미소로 눈을 맞추며 말해주었고, 다른 아이들도 선생님과 리듬을 맞추어 응원해 주었다.

현장학습에서 개인적인 관심과 호기심으로 자꾸 뒤쳐지는 아이 때문에 내가 죄송해하자, "아이들의 관심은 모두 다르다. 현장학습에서 그 성향이 더욱 극명히 드러난다. 그래서 더 자연스럽고 감사하다. 땅 파고 언덕 뛰어내리는 게 더 좋은 아이는 윽박질러 데려와도 교사의 이야기가 귀에 들어오지 않는다. 아이들의 호기심에 감사하고 기다려주자."라며 오히려 나를 다독여 주었다.

그렇게 1학년이 끝나갈 무렵, 작은아이가 엄마 숙제라며 '아름다운 우리글'이라 적힌 빨간 노트 한 권을 내밀었다. 아이는 에포크(주기 집중) 수업 형태로 진행되는 국어 수업 시간에 쓰는 그 노트에 부모님 편지 받아오는 것이 숙제라고 했다. 노트를 열어 보니 여러 가지 한글 자모음과 단어가 서툴고 삐뚤어진 글씨로 빼곡히 채워져 있었고, 몇 장 뒤에는 아이가 지은 시가 적혀 있었다.

산
오르고 오르려고 해도 산은 너무 높다.
산은 그래도 재미있다. 그리고 새도 있어서 조아.

파도타기
파도타기는 무섭다 하지만 재미있다 그리고 상어가 나올 라그런다

함박샘과 한들반
함박샘은 후후후 /한들반은 호호호
함박샘은 경중경중/ 한들반은 촐랑촐랑
함박샘 눈은 둥글둥글/ 한들반 눈은 동글동글

남자아이인 작은아이는 글자와 표현이 또래 빠른 친구들에 비해 서툴렀다. 겨우 글자를 적고, 받침이나 겹모음도 엉성하게 써서, '받아쓰기가 필요하지 않을까?' 나를 많이 걱정시키고 고민하게 했던, 그 아이가 짧고 어설프지만 자신만의 시를 나름 정성껏 적은 모양새에 나는 울컥하는 감동을 느꼈다.

그해, 큰아이는 3학년이었다. 큰아이의 담임 선생님은 학부모와의 다양하고 꼼꼼한 소통으로 학급을 이끌어 주었다. 고학년

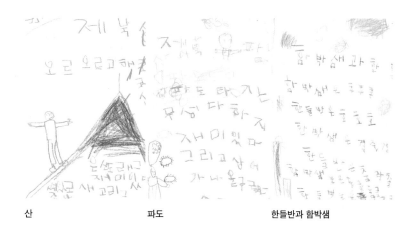

산   파도   한들반과 함박샘

으로 넘어가는 길목에 있는 아이와 학부모의 고민을 다양한 소통 방식과 헌신을 통해 해소시켜 주었다. 선생님에게 결례를 무릅쓰고 선생님이 주신 글에서 몇 토막을 옮겨 적는다.

어제 3학년 달리기 대회 관련입니다. 3개 반 학생이 동시에 이어달리기를 했는데, 아쉽게 저희 반은 3등, 그래도 괜찮아, 괜찮아! 서로 격려해주는 모습이 정말 감동이었습니다. 뒤이어 대표 주자들의 청백 계주. 아~주 간소한 차이로 여울반의 마지막 주자가 결승선을 통과하여 청팀 승리. 여울반은 환호성을 지르며 기뻐했습니다. 하늘도 높고 맑은 가을날 오후, 모두에게 한 자락의 아름다운 추억이었기를 바랍니다.

은빛 축제 일환으로 11월 7일(수) 오전에 연극놀이, 음악 줄넘기를 동시에 발표하는 시간을 가져보고자 합니다.

준비한 기간도, 연습 시간도 짧습니다. 잘 만들어진 의상을 입고, 연습 많이 한 공연보다 그저 우리 학생들이 직접 만든 내용으로 열심히 연습한 것에 의미를 두고 보러 와 주셨으면 합니다^^. 학습은 멋진 결과도 의미 있겠지만, 만들어가는 과정이나, 서툴지만 노력의 흔적이 더욱 가치 있는 게 아닐까 생각합니다. 멋진 연극을 위해서라면 정규 교육과정 시간을 할애하는 집중 연습이 필요할 텐데, 무리해서 진행하지는 않겠습니다. 어머님들께서도 그 정

2011년 개교식, 직접 꾸민 깃발을 들고 마을을 행진하는 아이들

팀장이 된 후 아이들이 그리워 1박 캠프를 열었던 '함박샘'. 선생님도 아이들도 신났다.

도는 이해해주실 테고, 그저 연극을 통해서 자신을 표현
하는 하나의 기회가 되기를 바라면서 저희, 열심히 준비
하겠습니다. 행복한 가을 주말 되세요.

큰아이의 또 다른 담임 선생님은 방과 후 시간을 내서 학부모
들과 부모 교육 영상을 함께 보며 서로 고민을 나누었다. 선생님

은 아파트 아이들이 조롱박을 언제 봤겠냐며 인대가 늘어난 팔을 추스르며 박꽃을 심고 넘어진 묘목을 세웠다. 또 다른 분은 공동체를 유지하는 것이 가장 중요하다며 공휴일에 짬을 내서 아버지들과 아이들과의 산행을 함께하기도 했다. 올해 만난 선생님은 "아이의 5학년 시절이 어쩌면 마지막 어린 시절일 터이니 학습에 치여 현재를 놓치지 말고 더 많이 믿고 안아주고 사랑해주어야 한다."고 말씀하셨다.

작은아이의 2학년 선생님은 아이가 고통스럽고 어려운 수술을 마쳤을 때 "어머님이 강해야 아이도 일어납니다. 울지 말고 기운 내세요."라고 말하면서 오히려 나보다 더 많이 울어버릴 정도로 아이를 걱정해주었다. 아이 수술 회복기에 뵙게 된 올해 선생님은 수업 태도와 숙제 등으로 아이와 생긴 갈등을 상담하는 나에게 아이와의 관계가 더 중요하니 당분간 그저 안아주기만 하라는 조언을 해주었다. 선생님은 방과 후 아이와 이야기를 나누고 부족한 부분을 보충해주며, 아이가 애쓴 부분과 어제에 비해 나아진 부분을 찾아 칭찬하며 아이를 마냥 예쁜 눈으로 바라본다. 한 해가 갈 때마다 우리 아이들은 "작년 선생님도 너무 좋았고, 올해 선생님도 너~무 좋아!"라며 이야기한다.

은빛 선생님들을 통해 25년 전 내 스승의 모습을 보다

아이들 담임 선생님들뿐만이 아니다. 교장 선생님은 매일 아침

아이들을 정문에서 맞이한다. 그리고 "어린 시절 교장실을 방문하는 것은 아이들에게 평생 갈 추억거리가 된다."라고 말씀하시며 전교 모든 아이들을 차례로 교장실로 초대해 간식까지 준비해 이야기를 나눈다. 교장 선생님 말씀대로 그 기억이 아이들에게 정말 좋았나보다. 작은아이는 교장실에 들어가 봐서 너무 좋았다며 지난 스승의 날에 교장 선생님께 카네이션 대신 자기가 제일 좋아하는 생선구이를 대접해 드리고 싶어서 나름 정성껏 그린 감사 편지를 드렸다고 한다. 또한 교장 선생님은 기회가 될 때마다 학부모들의 참여에 대한 감사의 마음을 전하며 소통에 애쓰신다. 교감 선생님 두 분 역시 그 곁에 함께하신다.

'팀장'(다른 학교의 부장에 해당되는 직책이다. 은빛초에서 팀장 선생님은 업무 경감을 위해 담임은 맡지 않고 2~4시간 정도 교과만 담당한다.)이라는 영예로운 자리를 버리고 교실로 돌아와 아이들과 함께하는 선생님도 있고, 팀장이 된 후 아이들이 너무 그립다며 예전 학급 아이들과 학교 야영을 기획해서 늦은 밤까지 땀 흘리며 아이들과 신나게 놀아주는 선생님도 있다. 수업 시간만으로는 미흡할 수 있는 부분을 걱정해 학생 동아리를 통해 아이들을 이끌어 주시고, 휴식기나 방학에도 학교에 나와 프로그램을 진행하는 선생님도 있다. 수업 준비로 늦은 퇴근을 아랑곳하지 않고 아이들이 자유롭게 뒹굴라고 맨발 교실을 한 번 더 걸레질하는 분도 있다. 그리고 개교 때부터 노심초사 학교를 위해 몸과 마음을 다하다가 건강을 다쳐 퇴직하였음에도 최근까지 각종 학교 행사

2013년 '우리 땅 걷기 대회'.
은빛 선생님들은 휴식기에도 아이들을 위해 휴가를 반납하고 수고를 마다하지 않으셨다.

에 참여하여 힘닿는 대로 아이들과 함께하는 선생님도 있다.

또한 아이들에게 꿈을 찾으라고 다그치지만 말고 부모 먼저 꿈을 찾아 노력하는 모습을 보이라며 아무 대가 없이 자신의 재능을 기부해 학부모 강연을 해주거나, 학부모의 꿈과 소질 개발을 위해 퇴근 시간까지 미루면서 학부모 동아리를 이끌어주시는 선생님도 있다.

표현의 방식은 다르고, 하는 일도 다르시지만, 아이들과 학교를 위해 보이는 곳에서, 보이지 않는 곳에서 감동을 주시는 선생님들을 나는 이곳 은빛에서 많이 뵈었다.

사실 나는 25년 전, 내가 고등학생이었던 1989년에 성적이나 규율보다는 우리의 마음을 들여다보며 진심을 다해 주시던, 당시로는 너무나 보기 드문 국어 선생님을 도저히 납득할 수 없는 이유로 내 눈앞에서 잃은 기억이 있다. 나는 그 선생님을 다시는 나의 교정에서 만날 수 없었다. 하지만 그분에 대한 기억은 시간이 지나도 내 마음속에 너무나 생생했고, 가능하다면 내 아이들에게도 그런 선생님을 한 분이라도 만나게 하는 것이 내가 부모로서 해줄 수 있는 최선 중 하나라는 생각을 했었다. 그것이 내가 아이들과 이곳 은빛을 찾아왔던 가장 큰 이유였다. 그리고 내 예상은 틀리지 않았다. 아이들뿐 아니라 나도 다시 교정에서는 만날 수 없었던 25년 전 내 선생님의 분신을 이곳 은빛 선생님들을 통해 만날 수 있었다.

인생을 살면서 좋은 선생님을 만난다는 것, 아이뿐 아니라 역할 모델로 학부모를 변화시킬 수 있는 분들을 만날 수 있다는 것은, 소수의 개인을 넘어 궁극적으로 사회를 변화시킬 수 있는 커다란 원동력이다. 우리 인생에 한 분이라도 그런 분을 뵐 수 있다면 큰 행운이 아닐 수 없다. 그런 면에서 나와 내 아이들은 너무나 운이 좋다.

2014년 다시 꾸는 꿈

그래서 2014년 교육감 선거를 맞이했을 때, 나는 아이들의 스승과 그 스승들이 미련하도록 땀 흘려 일궈온 은빛을 지켜야 한다는 마음으로 피켓을 들었다. 은빛 구성원 모두가 간절히 지키고 싶은 혁신학교를 위해, 갑작스러운 교육감 교체로 아프게 꺾인 꽃봉오리가 다시 살아나기를 간절히 소망하며, 동료 학부모들과 한 마디 한 마디에 진심을 담아 외쳤다.

진심과 간절함은 통하는 법인가 보다. 우리는 다시 너무나 소중한 꽃을 피웠다. '사람이 먼저인 교육', 바로 내가 25년 전 잃었던 선생님이 몸소 보여주셨던 그것이다. 그때 나의 선생님이나, 지금의 혁신학교 선생님들은 색깔론을 좋아하는 혹자가 말하는 것처럼 불순한 이념가가 아니다. 우리가 그분들을 따르는 것은 소속이나(실제로 소속이 다른 분도 많다) 이념 때문이 아니라, 가슴이 인간에게 열려 있는, 따뜻한 심장을 지닌 '참 스승'이기 때문이다.

나는 내년에도, 내후년에도 이런 분들을 아이의 학급에서, 교육 현장에서, 계속 뵐 수 있기를 희망하고 기대한다. 그래서 나도, 내 아이도 좀 더 변화할 수 있기를, 좀 더 나은 가치를 알고 있는 사람이 되기를 원한다. 매해 어떤 선생님을 만날지 불안해하지 않고, 우리에게 감동을 주었던, 그 가치를 가지고 아이의 한 해를 지켜보고 기다려주며, 부족하더라도 즐겁게 참여할 수 있기를 기대한다. 그 믿음을 바탕으로 더 나은 시스템과 가치를 발전적으로 논의하고 만들어갈 수 있기를 기대한다. 그런 은빛초등학교가 계속되기를, 그런 서울형 혁신학교가 되기를 희망한다. 나아가 모든 대한민국의 학부모가 나와 같은 감동으로 아이들을 학교에 보낼 수 있기를 희망한다.

아이도, 엄마도 맘껏 놀 수 있는
방과후 학교 '마음밥 와글와글 놀이터'

구 은 아
유현초등학교

북한산 맑은 공기를 숨 쉬며 자라는 완이와 빈이

완이, 빈이는 유현초등학교에 다니고 있다. 아토피가 심한 완이의 초등학교 입학을 앞두고 3년 전 공기 좋은 곳을 찾아다니다 북한산이 눈앞에 펼쳐진 수유동으로 이사를 왔다. 학기 중에 전학을 시키고 싶지 않아 갑자기 내린 선택이었지만 지금 완이는 4학년이고, 빈이는 1학년이 되었다. 엄마의 걱정과는 달리 학교생활에 잘 적응하는 아이들이 대견스럽다.

유치원을 다닐 때까지만 해도 빈 양의 별명은 '치마공주'였다. 치마를 입지 않으면 절대 유치원에 갈 수 없고 외출을 할 수 없는 아이였다. 심지어 다섯 살 때는 어린이집 원복을 한 번도 입은 적이 없는, 치마만 사랑하는 고집쟁이 치마공주였다.

그런 빈 양에게 초등학교 입학 후 변화의 바람이 불기 시작했다. 워낙 치마를 좋아하는지라 입학 선물로 원피스를 몇 벌 구매했는데, 학기 초엔 치마만 입고 등교하던 아이가 바지를 입는 횟수가 늘어나더니 1학기가 끝나가는 지금까지 태그도 떼지 못한 치마가 여러 벌 생겼다.

'예뻐지기 위해 불편함은 감수한다!'

때와 장소를 가리지 않고 치마만 사랑했던 빈 양에게 이제 치마는 한 달에 한두 번 입는, 신나게 뛰어놀기엔 너무도 불편한 옷이 되었다.

빈 양이 오빠와 함께 다니고 있는 학교는 오빠가 2학년으로 올라갈 때 혁신의 바람이 불어 혁신학교로 어느새 3년째를 맞고 있다. 처음 혁신학교가 될 때까지만 해도 처음 접하는 프로그램들로 걱정이 앞섰는데, 지금은 다른 학교 아이들과는 달리 더 많은 것을 체험하고 느끼며 배우는 학습에 만족한다. 가장 마음에 드는 학교 프로그램 중 첫 번째를 뽑으라면, 수업이 끝나고 매일 두 시간씩 운동장에서 맘껏 뛰놀 수 있는 '마음밥 와글와글 놀이터'를 들고 싶다.

아이들이 신나게 놀 수 있는 '마음밥 와글와글 놀이터'

아이들은 하교 후 맘껏 놀고 싶다. 하지만 요즘 아이들은 너무도 바쁘다. 집 근처 놀이터에 나가도 친구들은 학원에 가고 텅 빈 놀이터만 덩그러니 아이들을 기다리는 것이 지금의 현실이다. 그렇다고 학교 운동장에서 아이들을 놀게 하고 싶어도, 아이들만 뛰어 논다는 것이 걱정되어 꺼려지는 것이 불편한 현실이다. 아이를 운동장에서 맘껏 놀게 하고 싶어도 엄마가 계속 옆에서 지키고 있을 수는 없다. 그래서 놀지 못하게 하는 엄마 때문에 하교 후 집으로 향하는 아이의 입에서는 투덜거리는 말이 흘러나오기도 한다.

우리 유현초등학교 아이들도 크게 다르지 않았다. 그러나 놀고 싶어도 맘껏 놀지 못했던 아이들에게 작년부터 '마음밥 와글와글 놀이터'가 생기고는 많은 것이 달라졌다. 더 많은 아이들이 운동장을 맘껏 뛰어놀고 더 많은 아이들의 웃음소리가 들린다.

지난해 시작된 '마음밥 와글와글 놀이터'는 올해 두 살을 맞게 되었는데, 수업이 끝나고 학원으로 달려가는 일반적인 초등학생 아이들과는 달리, 우리 학교 아이들은 매일 2~3명씩 새로운 놀이와 즐거움을 안고 찾아오는 '마음밥' 이모들과 비가 오나 눈이 오나 바람이 부나 신나게 뛰어 놀 수 있다. 처음 '와글와글 놀이터'를 시작한 작년에는 1~2학년을 대상으로 시범적으로 운영되어 많은 아이들이 즐거움을 함께 느낄 수 없었지만, 올해는 4학년까지 맘껏 운동장을 달릴 수 있다. 아이들은 '마음밥' 이모들과 함께 새로운 놀이와 엄마, 아빠가 추억으로 간직하고 있는 전통 놀이도 배운다. 이모들의 넓고 편안한 울타리 안에서 가슴 활짝 펴며 신나

비가 오는 날은 우산을 쓰고 달팽이와 지렁이를 잡는 아이들

는 하루하루를 보내고 있는 것이다.

학기 초 쌀쌀한 날씨에 눈발이 날리고 바람이 불 때에도 아이들은 콧물을 흘리며 양 볼이 빨갛게 터질 때까지 추위를 이기며 이모들과 뛰어 놀았다. 비가 오는 날은 우산을 쓰고 달팽이와 지렁이를 잡았으며 삼삼오오 모여 우산으로 집을 짓는 '우산집' 놀이를 하고 햇볕이 쨍쨍한 날엔 손으로 잡으면 공처럼 동그랗게 말리는 공벌레를 잡으며 흙 놀이를 맘껏 즐겼다. 무더운 여름에는 재활용 페트병을 이용해 물총을 만들어 옷이 흠뻑 젖을 때까지 물총을 쐈으며 커다란 수박을 한입 가득 베어 물고 수박씨를

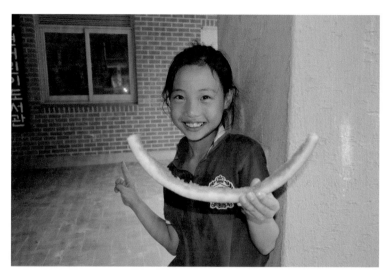

수박씨 뱉기 놀이

수박씨 뱉기 놀이

페트병으로 물총 놀이

더 멀리 날리는 '퇴~퇴~퇴~' 수박씨 뱉기 놀이를 했다. 모래사장
에선 모래 구덩이를 파고 물을 뿌려 물길도 만들며 모래 놀이를
했다. 클라이밍을 하며 암벽을 오르는 등반대원의 모습처럼, 철
봉에 올라 거꾸로 대롱대롱 매달리는 박쥐 놀이는 아이들만이 즐
길 수 있는 놀이이다. 엄마인 내가 어릴 적 많이 하던 달팽이 놀
이, 사방치기, '다함께 넘어보자' 긴 줄넘기 등등 너무도 많은 놀
이가 매일매일 새롭게 아이들을 기다린다.

매일 2~3명의 놀이터 이모와 함께 두 시간 여를 신나게 놀다
보면 학교는 어느새 달콤한 초콜릿이 된다. 처음 입에 넣을 땐 쌉
싸름한 초콜릿이 입 안 가득 달콤함을 선물하듯, 처음 접하는 전
통 놀이와 친구들과 여럿이 함께하는 놀이를 통해 자연스레 협동

맨손으로 흙 놀이

심을 배우며 아이들에게 배움의 즐거움과 함께하는 친구의 정을 느끼게 한다.

마음밥 와글와글 놀이터는 아이들에게 매일매일 더 많은 달콤함을 선물하기 위해 더 많은 놀이들로 아이들을 기다리고 있다. 나는 어릴 적 동네를 뛰어다니며 저녁 먹을 시간도 놓쳐가며 맘껏 뛰어 놀았는데 요즘 아이들은 놀이에 항상 굶주려 있으니 참으로 안쓰럽다.

그랬던 아이들이 이젠 엄마인 내게 놀이를 가르쳐준다. 아이들이 마음밥 이모들에게 배운 놀이를 엄마, 아빠와 함께 하게 되면서, 나는 놀이를 통해 아이와 대화하고 아이의 마음을 읽게 되었다. 아이의 생각을 읽게 되니 어렵던 육아에 파란불이 들어온다.

분명 나에게도 초등학교 시절이 있었는데, 엄마가 된 나는 아이의 마음을 이해하지 못하는 빨간 신호등이었다. 그러나 지금은 아이와 함께 웃으며 이야기를 하다 보면 아이의 마음을 차근차근 들여다 볼 수 있다. 집 앞 놀이터에서도 엄마, 아빠와 함께 커다란 달팽이를 그려놓고 달팽이 놀이를 하는 아이들을 보면, 매일 장난감이 있어야 잘 노는 것처럼 보이던 아이들에게 놀이감을 찾아 나서야 하는 번거로움이 이젠 줄었다. 그리고 아이와 함께 있다는 것이 행복이 되었다.

'마음밥' 이모님들, 감사합니다

매일 놀 것을 찾아다니는 굶주린 아이들에게 '마음밥 와글와글 놀이터'는 놀이를 배우며 함께 뛰어 놀며 마음과 생각이 자라는 아이들의 웃음과 행복의 원천이다.

아침이 되면 엄마보다 먼저 일어나 등교 준비를 하며 학교 가길 기다리는 아이들을 바라보면, 어느새 학교는 아이들의 즐거운 놀이터라는 느낌이 든다. 신나게 놀고 더 많은 것을 배우면서 학교가 즐거운 놀이터가 되는 '마음밥~'.

그런 마음밥도 어느새 1학기가 저물어 간다.

아이들과 함께 놀고 싶어도 시간이 부족해서, 놀이 방법을 몰라서 마음과는 달리 함께하지 못했던 엄마들과는 달리 그동안 아이들과 함께 신나게 놀아주신 이모님들께 감사하고 작은 도움도 드리지 못해 정말 죄송하다.

언제나 밝은 웃음을 선물해준 우리 이모님들께 부족하지만 마음으로 고마움을 표현하고 싶다.

"이모님들, 고생하셨습니다. 그리고 감사합니다. 이모님들, 최고입니다."

더 많은 아이들이 함께 뛰어 놀고 함께 웃으며 즐겁게 배우는 배움의 행복을 알아가는 학교가 되었으면 좋겠다.

놀이가 밥이고 배움터인 우리 아이들은 더 많이 뛰어 놀며 친구를 이해하고 배려하며 오늘도 한 뼘 더 크게 자랄 것이다. 함께 놀 수 있는 친구가 있는 학교, 놀이를 알려주는 학교, 맘껏 놀 수 있는 학교에서 더 넓게 더 큰 꿈을 키우며, 한 걸음 한 걸음 발걸음을 내딛을 아이들의 작은 웃음이 커다란 울림이 되어, 완이와

'마음밥' 이모님들에게 배우는 전통 놀이

빈이가 다니는 유현초등학교는 학교 슬로건처럼 작지만 강한 학교가 될 것이다.

더 많은 아이들과 함께 웃게 될 행복한 선물 '마음밥 와글와글

'마음밥' 이모님들과 함께 노는 아이들

놀이터'는 놀이를 통해 배우며 자라는 아이들에게 더 큰 행복을
주기 위해 2학기를 설렘으로 기다리고 있다.

아이와 나를 바꾼
선사고등학교 3년

안 혜 경
선사고등학교

피하고 싶었던 혁신학교

우리가 암사동으로 이사 온 것은 아이가 중학교 1학년 때였다. 아이가 중학교 3학년이 될 즈음, 집 근처에 혁신 고등학교가 들어 선다는 소문이 들렸고, 혁신 고등학교는 공부를 시키지 않기 때문에 대학 들어가기 힘들 것이라는 얘기가 뒤따랐다.

아이를 하나 둔 나로서는 입시에 대한 불안이 여느 엄마들보다 컸다. 주변에는 좋은 고등학교 옆으로 이사하는 엄마들도 있었다. 이대로 있으면 안 되겠다 싶어 인근 유명 고등학교 근처에 집을 알아 보았는데 마땅한 집이 나오지 않았다. 할 수 없이 지원학교를 신중하게 쓰기로 하고 이사를 포기했지만 예상대로 아이는 혁신 고등학교인 선사고등학교로 배정받게 되었다. 결과가 나온 날, 그 녀석은 울 듯한 표정으로 배정표를 바라보며 이제 대학 가는 건 힘들겠다고 한숨을 내쉬었다. 자기가 하기 나름이라고 아들을 위로하면서도 나 역시 걱정이 되었다. 아무리 혁신학교라고 떠들어대도 지금까지의 공교육을 생각해보면 별반 다를 것 같지 않았다.

선사고등학교는 신입생 오리엔테이션을 1박 2일로 진행했다. '대학도 아닌데 무슨 오리엔테이션인가?' 싶었는데, 아이가 다녀오더니 이 학교는 다른 학교랑 많이 다른 것 같다며 생각보다 나쁘지 않다고 얘기하는 것이었다. 오리엔테이션에서 학교 교가도 학생들이 함께 만들었고, 선생님들도 가부장적이지 않고 친구처럼 대해 주서서 놀랐다고도 했다.

무엇보다도 엄마로서는 한 학급을 15명씩 두 반으로 나누고 각각 두 분의 선생님이 담임을 맡는다는 점이 마음에 들었다. 아무래도 선생님이 담당하는 학생 수가 적으면 학생들의 문제점을 쉽게 파악할 수 있으리라 예상했기 때문이다.

학교는 선생님과 학생, 그리고 부모가 만든다

3월 개학을 하고 한 달도 되지 않았을 때 아이가 고개를 갸우뚱하며 말했다.

"엄마, 우리 학교 선생님들은 아이들이랑 상담을 많이 하서. 조금이라도 문제가 있다 싶으면 그 친구와 운동장을 돌면서 얘기하고, 교무실에서도 얘기하셔. 근데 그게 혼내는 게 아니라 얘기하는 거야. 이상해."

나도 이상했다. 그리고 궁금했다.

'보통의 선생님들이라면 학생이 잘못하면 일단 꾸짖는 게 정상인데 얘기를 하신다니 대체 무슨 얘기를 어떻게 하시는 걸까?'

아이 말처럼 혁신학교는 좀 다르긴 한 것 같았다. 그러나 큰 기대는 하지 않았다. 아마 학교가 처음 개교했고 혁신이라는 타이틀을 달아서 좀 색다르게 하는 모양이지만 뭐가 그리 크게 다르겠는가 하는 생각에는 변함이 없었다.

그러던 어느 날, 조용히 공부나 할 줄 알았던 아이가 난데없이 학생회장에 출마하고 싶다고 말했다. 날벼락이 떨어진 것 같았다. 학생회장 선거에 나가서 당선된다 해도 걱정이었고 낙선한다 해도 걱정이었다. 낙선을 한다면 마음의 상처가 클 것이고, 당선이 된다면 얼마나 돈이 들지 부담이 되었기 때문이다. 주변에 고등학생을 둔 엄마들 얘기를 들어보면 학생회장이 되면 어느 정도의 금전적인 부담은 각오해야 한다는 것이 상식처럼 되어 있었다. 그냥 공부나 하라는 내 충고에 마음이 흔들리던 아이가 담임선생님과 대화하고 나서 결심을 확고히 하고 선거에 나가겠다고 선언했다. 도저히 말릴 수가 없어서 아이의 결정에 맡기기로 했다. 그리고 아이는 학생회장에 당선되었다.

신설 학교 선사고등학교 개교식

결론부터 얘기하자면 학생회장이 된 뒤 금전적인 문제는 전혀 없었다. 선생님들께서는 음료수 한 병도 마다하셨기 때문에 일부 학부모들은 너무 심하다고 오히려 불평을 할 정도였다. 이런 선생님들의 일관된 태도에 내 생각도 조금씩 바뀌어갔다. 전에는 항상 아이의 학교를 찾아가는 것이 불편했는데, 언제부터인가 학교에 가는 것이 즐겁고 학교 일을 돕는 것이 참 보람 있다는 생각이 들었다.

신설 학교였기 때문에 학부모들이 도와야 할 일들이 많았다. 아이들과 함께 만든 교복은 지금까지도 주변에서 가장 예쁜 교복으로 통한다. 우리 아이는 학교에 가지 않을 때도 자랑스럽게 그

학생들과 함께한 교복 선정

교복을 입고 나서곤 했고 지금도 고이 간직하고 있다.

　선사고는 교칙 대신 학부모, 선생님, 아이들이 모여 공동체 생활협약을 만들었다. 찬반양론이 있었지만 3시간여 넘는 공청회를 거쳐서 두발 자유와 지나치지 않은 화장은 허용하기로 결정했다. 처음에는 우려한 대로 화장, 염색, 파마를 한 학생들이 늘었지만 어느 정도 시간이 지나자 차분해지기 시작했다. 허용이 되고 일상적인 것이 되어 버리니 굳이 누가 뭘 하건 신경 쓰지 않고 자신에게 어울리는 스타일을 하게 된 것이 아닌가 싶다.

　우리 아이는 머리 손질하기 편하다며 파마를 하게 되었다. 그 모습이 내가 봐도 더 나아 보여서 나도 반대하지 않았다. 파마한다고 공부에 지장이 있거나 갑자기 불량 청소년이 되는 것은 아니지 않은가! 어쩌면 우리 기성세대의 잘못된 선입견으로 아이들

학생, 학부모, 교사 3주체 공동체 생활협약 공청회

의 자유를 억압하는 부분이 있었던 것이 아닌가 돌아보는 계기가
되었다.

꿈을 찾고 대학 문을 열다

학생회 일도 중학교 때와는 전혀 달랐다. 선생님들께 프로그램
에 대한 동의만 받으면 기획부터 진행까지 전적으로 학생들의 힘
으로 이루어졌다. 그런 과정을 몇 번 거치면서 아이는 몰라보게
성장했고 공부도 시간을 쪼개 더욱 열심히 하게 되었다.

많은 활동으로 지쳐서 들어오는 아이에게 "힘들지?" 물어보면,
그보다는 즐겁고 신난다는 대답이 돌아왔다. 학부모 모임에서도

아이들이 공부를 잘하건 못하건 학교 다니는 것이 즐겁고 재미있다고 한다는 이야기가 자주 나왔다.

학생회 일을 하면서 아이는 다른 사람들의 의견을 듣고 조율해가며 새로운 일을 만든다거나 기존에 이루어지던 일을 개선하는 것에서 보람을 찾게 되어 법률가나 행정가를 꿈꾸게 되었다. 꿈이 생기니 대학에서 무엇을 전공해야 할지가 결정되었다. 그리고 그동안의 활동으로 입학사정관 전형이 가장 적합하다고 생각되었다. 선사고등학교에서 매년 의무적으로 써야 하는 선사논문과 학생회 활동을 비롯해 아이가 좋아하는 토론 활동이나 논술 등이 이미 있었기 때문에 소위 말하는 스펙을 따로 준비할 필요가 없었다.

아이는 대학 선택을 담임 선생님과 주요 과목 선생님들께 조언을 구해서 결정했고 여섯 장의 수시 카드를 모두 입학사정관 전형으로 내기로 했다. 그런데 학교마다 인재상과 학과가 조금씩 달랐기 때문에 거기에 맞춰 자기소개서를 쓴다는 것이 정말 보통일이 아니었다. 아이는 거의 모든 선생님께 찾아가 조언을 들었고 학교의 모의 면접 프로그램을 통해 면접 준비를 했다.

나중에 전해 들은 바에 따르면 선사고등학교의 대학 진학률은 강동구의 많은 고등학교 중에서 평균 이상이었다고 한다. 그래서인지 전에는 아이가 고등학교 들어갈 시기가 되면 이사 가는 것을 고민하던 엄마들이 이제는 선사고등학교가 어떤지 내게 물어본다. 그들의 평가가 달라지고 있음을 피부로 느끼는 요즘이다.

1% 부족한 것

하지만 학교 프로그램에 만족하는 나와는 달리 일부 학부모들이나 학생들은 다른 학교처럼 공부 잘하는 아이들을 이끌어주는 특별반이나 수준별 학급 편성을 주장하며 불만을 토로하기도 했다. 나도 처음에는 그런 부분이 아쉽게 생각되었다. 모두 함께 손잡고 나가려다 보니 좀 더 앞선 아이들보다는 뒤처진 아이들에게 선생님의 손길이 더 가게 되고 그러다 보면 앞선 아이들은 더 나갈 수 있는 기회를 놓치는 것이 아닌가 하는 불안감이 들기도 했다.

그러나 나는 기본적으로 학교에서는 공부보다 인성 교육이 우선시 되어야 한다고 생각하는 사람 중 한 명이다. 그래서 아쉽기는 했지만 뒤처진 아이들에게 배려해주는 선생님들을 이해했다. 좀 더 여유가 있다면 앞선 아이들을 위한 프로그램도 마련했겠지만 이제 막 시작한 혁신학교였기 때문에 그럴 여유가 없었을 것이다. 하지만 이 부분은 앞으로 혁신학교가 보완해야 할 문제라고 생각한다.

학부모들은 대학 입시 결과를 보고 고등학교를 판단한다. 소위 'SKY를 몇 명 보냈고, In 서울 대학에 몇 명 보냈느냐?'로 좋은 학교, 나쁜 학교를 결정짓는 것이다. 인성 부분은 눈에 잘 드러나지 않는다. 그렇기 때문에 혁신학교도 어느 정도 현실적인 방안을 마련해야 한다고 본다. 아직은 혁신학교 초반이기 때문에 미비한

선생님 사랑해요

점도 분명히 존재하며 선생님들도 문제점을 인식하고 있다. 시간이 흐르면 이 부분에 대해서도 대책을 마련할 것으로 믿는다.

아이와 나를 바꾼 학교

지금도 우리는 선사고등학교에 다니게 된 것이 정말 행운이었다고 얘기한다. 다른 학교에 갔다면 이렇게 알차고 즐거운 고등학교 생활은 결코 할 수 없었을 것이다. 성적으로만 아이들을 평가하는 학교에서 꿈도 찾지 못하고 공부에 찌들어 살았을 것이다. 하지만 선사고등학교에서 아이는 날개를 달게 되었다. 하고 싶은 일을 마음껏 하면서 자신의 꿈을 찾고 그 꿈을 향해 날아갈 준비를 갖추게 되었다. 지금 우리 아이는 중앙대학교 공공인재학부에 다니고 있다.

한편 아이와는 별개로 나는 학부모 신문 『선사나루』의 편집을 도왔고 학부모들의 학습 동아리에서도 활동했다. 학교 일이라고는 생전 해본 적도 없고 할 생각도 없었던 나였는데 자발적으로 하게 된 것이다. 왜 그랬을까? 그건 아마도 아이가 변하는 모습을 보고 내가 진정으로 선사고등학교를 사랑하게 되었기 때문일 것이다. 학교를 위해 할 수 있는 일이 있다면 뭐든지 하고 싶다는 마음, 그것은 바로 선생님들의 모습을 보고 전해 들으면서 선생님들의 열정이 내게도 전이된 탓이 아닌가 싶다.

아이뿐만 아니라 나까지도 바뀌게 한 이렇게 특별한 학교를 만들어주신 교장 선생님을 비롯한 모든 선생님들께 고개 숙여 진심으로 감사 인사를 드린다.

4장

교육 혁신을 위해
조희연 서울시 교육감 후보
선거운동에 뛰어들다

혁신학교를 지키기 위해
학부모들이 선거운동에 뛰어들다

오 인 환
천왕초등학교

혁신학교 학부모들의 네트워크를 만들다

혁신학교인 천왕초등학교에 자녀를 둔 나는 혁신학교의 지정과 운영 자체가 '공교육의 새로운 표준'을 만드는 새로운 과정이라고 생각하고, 교육의 3주체 중 하나인 학부모들의 역할도 제대로 확인하고 높아져야 한다는, 어쩌면 지극히 당연한 생각을 가지고 있었다. 학교에서 아무리 안전하고 맛있는 친환경 무상 급식을 제공하여도, 아이들이 가정에서 치킨, 피자 등 패스트푸드만 먹는다면, 친환경 무상 급식의 효과가 반감될 것이다. 마찬가지로 혁신학교의 새로운 시도들이 실제 성과를 내고, 올바른 평가를 받기 위해서는 교사뿐만 아니라 학부모의 역할도 중요한 것이다. 이러한 생각을 공유한 혁신학교 학부모들과 함께 서울형 혁신학교 학부모들의 네트워크를 만들게 되었다.

서울형혁신학교학부모네트워크(이하 '학부모네트워크')는 6개월의 준비 기간을 거쳐 2012년 11월 1일 공식 출범했다. '학부모네트워크'의 창립 준비 및 초기 활동은 '평화'롭고 차분했다. '학부모네트워크'에 모인 학부모들은 서로 다른 혁신학교를 방문하거나 간담회 등을 통해 교류를 넓혀갔다. 이 과정에서 우리는 다른 지역 혁신학교 사례 발표를 듣기도 하고, 혁신학교 취지에 걸맞게 학부모들이 어떤 활동을 해야 하는지 등을 토론하기도 했다. 네트워크답게 교류와 공유를 통해 아이들의 행복과 혁신학교의 건강한 발전에 학부모의 역할을 다하기 위한 것이었다.

문용린 교육감 체제 아래에서 겪은 괴로움

그러나 2012년 12월 19일 서울시 교육감 선거에서 문용린 후보가 교육감으로 당선된 이후 분위기가 급변했다. 당시 문용린 신임 교육감은 2013년 3월에 새로 개교하게 될 우솔초등학교와 천왕중학교를 혁신학교로 지정해달라는, 학부모들의 간절한 바람을 간단히 무시해 버렸다.

추운 겨울임에도 불구하고, 천왕동 주민들, 우면동(우솔초) 주민들과 학부모들은 혁신학교 지정 촉구 서명운동을 벌였다. 2,000여 명의 서명을 받아 서울시교육청에 제출하였고, 기자회견, 릴레이 1인 시위 등을 해보았지만, 결국 한마디 말로 거부되었다. 이것은 문용린 교육감 아래에서 서울시 혁신학교들이 맞게 될 불운을 예고하는 것이었다.

2013년 1년 내내 혁신학교에 대해 법적 근거 없는 표적 감사가 반복되었다. 2013년 8월 서울시의회에서 정책의 안정적 실현을 위해 서울형 혁신학교에 대한 지원 조례가 제정되었지만, 문용린 교육감은 2013년 9월 재의 요구를 통해 이마저도 거부했다. 그래서 '평화로운' 간담회, 발표회보다는 표적 감사 반대 서명운동, 1인 시위 및 기자회견 참석 등 '전투'적인 활동이 훨씬 더 많아졌다.

2013년 11월부터 12월까지 진행된 2014년도 혁신학교 예산 확정 과정은 문용린 교육감의 혁신학교 '죽이기' 정책의 백미였다. 2013년 67개 혁신학교에 97억 원의 예산이 지원되었는데, 문용린 교육감은 이를 40억 원으로 줄여서 무려 60%를 삭감해 버렸다. 이러한 급격한 예산 삭감에 혁신학교 구성원들은 더 이상 참기 어려웠다. 짧은 기간에 학부모와 교사 1만여 명의 서명이 모였고, '학부모네트워크' 운영진을 중심으로 1인 시위가 이어졌다. 12월 4일에는 교사, 학부모, 시민 약 500명이 참여하는 촛불 집회까지 열렸다. 학부모들은 촛불 집회에 참여하기 위해 학교별로 버스를 대절하기도 하는 등 엄청난 열의를 보여주었다. 그러나 학부모들의 이런 노력에도 불구하고 문용린 교육감은 끝까지 조금도 물러서지 않았다. 결국 2013년도보다 60% 삭감된 예산이 확정되기에 이르렀다.

문용린 교육감의 '혁신학교 괴롭히기'는 혁신학교 폐지 선언으로 절정에 이르게 된다. 2014년 3월 26일 문용린 교육감은 기자 간담회를 통해 혁신학교 지정 기간 마지막 해를 맞는 학교들에 대해 또다시 평가를 하겠다면서 평가 결과와 상관없이 재지정되는 학교는 없을 것이라고 공표했다. 혁신학교에 대한 학생, 학부모, 교사의 만족도가 여전히 매우 높았기 때문에 아무리 혁신학교들을 괴롭히더라도 '정상적인 평가'가 진행된다면 혁신학교는 당연히 지속될 것이라는 학부모들의 순진한 생각은 여지없이 깨지고 말았다.

혁신학교를 지키기 위해서는 교육감을 잘 뽑아야 한다!

아이들의 커지는 웃음소리, 열정과 배려가 숨 쉬는 교실을 확인하며, 무엇보다 교사, 학생, 학부모가 모두 존중되는 혁신학교를 보며, 혁신학교는 유지되고 확대되어야 한다고 생각하는데…… 혁신학교 발전을 위한 정책적 보완이 필요한데, 오히려 폐지라니……. 학부모들은 무엇보다도 '평가에 상관없이 폐지'라는 반민주적인 발상에 말할 수 없는 집단적 충격을 느끼지 않을 수 없었다. 이러한 당혹감에 '학부모네트워크'는 그야말로 비상 총회를 개최하게 된다.

4월 29일 '학부모네트워크' 비상 총회는 진지하면서도 격정적으로 진행되었다. 문용린 교육감에 대한 분노의 목소리가 나왔다. 혁신학교 교사에 대한 애틋한 감사의 마음, 우리 아이들에 대한 걱정 등등 이러한 토론이 이어지며 우리 학부모들은 깨닫게 되었다.

'교육감 한 사람이 바뀌면서 혁신학교가 생기기도 하고 폐지되기도 하는구나!'

'혁신학교를 지키기 위해서는 결국 교육감을 잘 뽑아야 하겠구나!'

'혁신학교가 잘되기 위해서 우리가 생각하는 정책 대안을 이번 교육감 선거에서 이슈화해야 하는구나!'

그리하여 '학부모네트워크' 총회에서는 혁신학교를 지켜내고, 교육 혁신을 이어가고자 하는 후보와 정책 협약을 맺기로 결정했다. 그리고 정책 협약을 맺는 후보를 당선시키기 위해 적극 노력할 것 또한 함께 결의했다.

이후 '학부모네트워크'는 운영진 회의를 통해 정책 협약 내용을 정했다. 정책 협약의 내용은 간결했다. 첫 번째는 혁신학교 재지정, 두 번째는 혁신학교 신규 지정, 세 번째는 혁신학교 취지에 맞는 인사행정 지원 시스템, 네 번째는 혁신학교가 지속될 수 있는 핵심적인 정책에 관한 사항이었다. 그리고 운영진은 조희연 교수를 정책 협약을 맺을 서울시 교육감 후보로 결정했다. 5월 21일 조희연 후보와 정책협약식을 갖고 본격적으로 서울시 교육감 선거운동에 나서게 되었다.

조희연 후보와 함께한 서울혁신교육 확대를 위한 정책 협약

열성을 다한, 조희연 후보 선거운동

아르바이트 형식으로라도 선거운동을 경험한 분들이 거의 없었지만, 우리 학부모들은 절박한 심정으로 정말 열심히 했다. 아이들과 피켓을 만들고, 주민들에게 지지를 호소했다. 친지들과 주변 사람들에게 전화하며, 한 표는 물론 선거운동에 자금이 부족하니, 후원 좀 해달라는 부탁도 많이 했다. 의욕은 앞서나 선거법에는 익숙하지 않아, 오히려 우리 후보에게 누가 될까 가슴 졸인 밤도 많았다. 홍보가 중요하다며, 홍보팀을 구성해서 영상과 피켓을 우리 손으로 직접 만들기도 했다. 지역에 마땅한 사람이

없어 혁신학교 학부모가 직접 선거 연락소 소장이나 회계를 맡아 투표구 하나를 책임지기도 했다. 그리고 그 결과는 모두 아는 것처럼 되었다.

2012년 학교 방문이나 토론회 등을 진행할 때는 평화적이며, 때로는 도도하기까지 했던 '학부모네트워크'의 활동은 2013년 서명운동과 촛불 집회 참여 등 활동으로 진화했고, 결국 2014년에는 서울시 교육감 선거에 뛰어들어 직접 선거운동을 하는 활동으로까지 발전하게 되었다. 아이의 행복을 지키기 위해서 시작했던 활동이 교육감 선거운동으로 이어진 것이다. 지나고 나니 놀라운 변화이다.

'학부모네트워크'는 조희연 후보가 교육감으로 당선된 후 이를 축하하는 총회를 열었다. 그리고 우리 학부모들은 다시 결의를 했다. 우리가 뽑은 자랑스러운 교육감. 잘하면 박수치겠지만, 못하면 회초리를 들겠다고 다짐했다. 이제 우리 아이만 행복했던 혁신학교가 아니라, 서울의 모든 아이들이 행복한 혁신 교육의 확대 발전을 위해 계속 노력하겠다고 다짐했다. 이렇게 서울의 혁신학교 학부모들은 서울 교육의 미래를 함께 만들기 위해 노력 중이다.

서울혁신교육 확대를 위한 정책 협약서

2011년 시작한 1기 '서울형혁신학교'들이 올해 4년간의 지정 기간이 끝납니다. 공정한 평가에 기초하여 혁신학교에 대한 공과과가 확인되어야 함에도 불구하고, 정치 논리에만 급급하여, '혁신학교 폐지'가 공공연히 나오고 있습니다.

그러나 '서울형혁신학교' 운영 기간은 학생들에게는 '행복'을, 교사에게는 '열정'을, 학부모에게는 '만족감'을 높이는 시간이었고, 결국 '공교육의 새로운 표준'을 만들어 가는 과정이었습니다. 이에 '서울교육감 후보 조희연'과 '서울형혁신학교네트워크'는 '서울형 혁신학교' 운영에 대한 성과를 계승하고자, 다음과 같은 정책 과제가 실현되어야 함을 확인하고, 이를 위해 함께 노력할 것을 약속합니다.

> ▶ 혁신학교 평가에 기반하여 재지정을 추진한다.
> ▶ 혁신학교 신규 지정(지역 내 혁신초중고 벨트화)을 확대한다.
> ▶ 혁신학교 성과가 계승될 수 있는 인사행정 지원 시스템을 구축한다.
> ▶ 혁신학교 발전을 위한 학부모 네트워크 구축과 활동을 지원한다.

2014년 5월 21일

서울시 교육감 후보	조희연 (서명)
서울형혁신학교학부모네트워크 공동대표	이정아 (서명)

정책 협약 조인식

조희연 후보가 서명한 정책 협약서

서명한 정책 협약서를 펼쳐 보이는 조희연 서울시 교육감 후보(오른쪽)와 서울형혁신학교네트워크 이정아 공동대표(왼쪽)

혁신학교 새내기 '앵그리 맘'의
교육감 선거운동기

김 지 영
신은초등학교

우리 가족은 3년 전 혁신학교를 찾아 양천구 신정동으로 이사했다. 현재 신은초등학교 1학년에 재학 중인 큰딸은 즐겁고 행복한 학교생활을 하고 있으며, 우리 부부 역시 혁신학교 교육에 매우 큰 만족감과 감사를 느끼고 있다.

'앵그리 맘'이 되다

4월 16일 인천에서 제주도로 수학여행을 가던 고등학생들이 탄 배가 바다 속으로 침몰했다. 그 뒤로 며칠간 불면의 밤을 보내야 했다. 유리창을 손으로 세차게 두드리던 그 영상이 자꾸만 떠올랐다. 도무지 믿기지 않는 이 일이 내가 살고 있는 이 땅에서 일어난 현실이라니…… 며칠이 지나도 분노는 가라앉지 않았고, 무엇이 잘못됐는지 찾아야 하고 바꿔야만 한다는 외침이 마음속에서부터 매일같이 솟구쳤다.

얼마 뒤 서울형혁신학교학부모네트워크 총회가 열렸다. 초등학교 1학년, 이제 막 혁신학교에 발을 담근 새내기 학부모로서 참석한 총회에서는, 내가 모르는 이야기들이 많이 나오고 있었다. 그 가운데 가장 충격적이었던 것은 혁신학교 재지정이 매우 힘들다는 이야기였다. 재지정이 힘들다는 이야기를 들은 적은 있지만 혁신학교에 대한 서울시교육청의 태도가 그렇게 비우호적인 줄은 몰랐었다.

두 달 남짓 경험한 혁신학교는 내 기대 이상이었고, 혁신학교를 찾아 이사까지 온 내 선택이 틀리지 않았음을 확인하게 해준 곳이었다. 그런 혁신학교가 폐지될 위기라니! 그 자리를 통해, 무엇이 잘못됐는지 찾아서 바꿔야겠다는 내 결심은 잘못된 교육으로 향했다. 결국 잘못된 교육이 잘못된 인간을 만들고, 잘못된 사회를 만든 것 아닌가. 그 교육을 바꾸려면 혁신학교를 살려야 하고, 혁신학교를 살리려면 우리에겐 혁신학교를 살려줄 교육감이 필요했다.

그가 바로 민주진보 단일 후보로 선출된 조희연이라는 것을 우리는 총회에서 확인했다. 그분을 잘 몰랐지만 혁신학교를 지켜주고 그 성과들을 모든 공교육으로 확대하겠다는 그의 약속을 믿고 싶었다. 혁신학교 재지정을 위해 우리 학부모들이 앞으로 뭘 하면 좋겠냐는 질문에, 서울형혁신학교학부모네트워크(이하 '학부모네트워크')의 오인환 공동대표는 5월 한 달 동안 선거운동을 열심히 하면 된다고 했다. 모두 웃었지만 그 말이 맞았다. 내 아이의 행복한 학교생활을 지켜주기 위해, 잘못된 우리 교육을 바로 세우기 위해 우리는 조희연 후보를 서울 교육의 수장으로 꼭 만들어야만 했다. 전쟁과도 같았던 선거운동이 그때부터 시작됐다.

선거운동 본부보다 더 뜨거웠던 '학부모네트워크' 캠프

총회 말미에 질문 있냐는 오인환 대표의 물음에 손을 들고 말았다. 초등 1학년 학부모로서 용기를 내기가 쉽지는 않았지만, 뭔가 하지 않으면 안 된다는 절박함에 손을 들고 말을 했다.

"선거운동을 해야 한다면 우리 네트워크도 홍보팀을 꾸렸으면 좋겠습니다. 글을 잘 쓰시거나 홍보 일이나 언론 쪽에 종사하셨던 분들이 계시면 팀을 꾸려서 활동하면 좋을 것 같아요."

곧 '학부모네트워크' 밴드에 홍보팀을 모집한다는 공지 글이 올라왔고, 방송국에서 아나운서와 작가 등으로 일했던 나와, 현직 홍보 일을 하고 계신 학부모, 두 자녀를 혁신학교에 보내며 학교 대표로 활동하고 계신 학부모 등 한 사람 한 사람이 모여 7명의 홍보팀이 꾸려졌다.

또 각 학교를 대표하는 분들이 모여 20여 명의 운영위원회도 구성됐다. 선거운동을 하는 동안 홍보팀과 운영위원을 중심으로 선거운동에 관한 기획과 회의가 이뤄졌고, 밴드를 통해 미션이 전달됐다. 조희연 선거 캠프와는 별도로 이뤄진 혁신학교 학부모들의 선거운동은 기발하며 열정적이었고 신이 났다. 회원 수가 800명이 넘는 '학부모네트워크' 밴드에서는 매일같이 교육감 선거와 관련된 기사를 퍼 오고 퍼 나르는 일들이 이뤄졌다. 또 각 학교 학부모들이 하고 있는 선거운동 상황을 공유하고, 서로 응원하고 격려했다.

북서울중학교 학부모 대표인 박인숙 님은 '학부모네트워크' 밴드에 매일 하나의 미션을 공지했다. 카톡 프로필 바꾸기, 지인들에게 전화와 문자로 후보 알리기, 개인 SNS, 가입해서 활동하는 인터넷카페나 블로그 등에 후보 지지 호소 글 남기기 등등 다양한 미션들이 공지됐고, 학부모들은 성실히 미션을 수행했다.

홍보팀에서는 교육부 기자들에게 수차례 보도 자료를 보내기도 했다. 조희연 후보를 지지하는 학부모들의 자발적인 움직임이 언론에 보도되기를 바랐고, 다른 학부모들의 공감을 불러일으키고 싶었다. 또 혁신학교에 대해 오해의 소지를 남긴 상대 후보의 인터뷰 내용에 대해 반박하는 보도 자료도 내보냈다. 하지만 우리가 내보낸 대부분의 보도 자료가 당시에는 보도되지 않았다. 그러나 조희연 후보가 당선되고 나자, 선거운동 기간 보냈던 보도 자료들이 빛을 보기 시작했다. '학부모네트워크'의 이름으로 보도 자료를 보낸 덕에, 혁신학교 확대를 약속한 조희연 후보가 당선되자 혁신학교 관련 기사와 방송을 내려는 기자들의 연락이

'학부모네트워크'으로 빗발쳤다. 2014년 5월 한 달간 혁신학교 학부모들은 하나가 되어 가장 잘 뭉쳤고, 가장 뜨거웠으며, 가장 빛이 났다.

온라인으로 후보를 알려요

세월호 참사가 나자 유족들을 위로하고 서로 희망의 끈을 놓지 말자는 의미에서 노란 리본 물결이 일었었다. 카카오톡이나 밴드의 프로필 사진이 노란 리본들로 도배됐다.

나는 노란 리본처럼 우리도 조희연 후보를 알릴 수 있는 프로필 이미지를 제작해서 배포하자고 아이디어를 냈다. 그러자 다른 분이 조희연 후보의 낮은 인지도를 끌어올리기 위해 박원순 서울 시장과 묶어 가면 좋겠다고 또 아이디어를 냈다. 지식인들 사이에서는 유명하다지만 일반 시민들에게는 많이 알려져 있지 않은 조희연 후보를 가장 효과적으로 알릴 수 있는 방법 "서울 시장은 박원순! 서울 교육감은 조희연!" 이 문구로 프로필 이미지를 만들어 보기로 했다. 시작은 솜씨 부족한 내가 했지만 그 뒤로 정말 재미있고 완성도 높은 작품들이 줄을 이어 탄생했다. '학부모네트워크' 학부모님들은 참 재능도 많으시다.

6월 4일
서울 교육의 놀라운 혁신이 시작된다!

서울 시민들이 띄우는
희망의
종이연,
조희연

조희연 후보 프로필 이미지 '희망의 종이연, 조희연'

　홍보팀을 만들자고 제안할 때부터 내 머릿속에 한 가지 꼭 하고 싶은 것이 있었다. 바로 혁신학교에 대한 동영상을 만드는 것이었다. EBS나 기타 매체에서 이미 제작한 영상도 있고, 혁신학교 선생님들이 만든 영상도 있지만, 그 동영상들은 혁신학교의 한 단면만을 보여주는 내용이거나 기획 의도 자체가 달랐기 때문에, 혁신학교를 경험한 학부모들의 생생한 이야기가 담긴 동영상을 꼭 만들고 싶었다.

나는 이 아이디어를 운영회의에서 이야기하고, 시나리오를 썼다. 부족한 인터뷰들은 각 학교 대표님들께 촬영을 부탁해서 이메일로 받기도 했다. 결정적으로 교육감 선거에도 영향을 미쳐야 하기 때문에, 하루는 우리 아파트 놀이터에 학부모와 아이들을 모아놓고 투표 독려 영상도 촬영했다. 학부모들의 인터뷰 내용을 들여다보고, 홍보팀 분들과 동영상에 대해 의견을 주고받는 사이, 처음의 시나리오에서 점점 내용이 보강되고, 자막으로만 처리하려던 계획은 내레이션을 입히는 것으로 수정됐다. 3분 분량으로 생각했던 동영상은 11분 분량으로 늘어났다.

동영상을 만드는 과정에서 편집을 맡아주신 분, 사진을 모아주신 분, 사비로 외주를 맡겨 인포그래픽을 만들어주신 분, 인터뷰를 직접 촬영해서 보내주신 분, 인터뷰 내용을 타이핑해주신 분, 투표 독려 영상 촬영을 위해 학부모와 아이들을 동원해주신 분 등등 많은 분들이 도움을 주셨다. 그분들께 지면을 빌어 감사의 인사를 드린다.

그렇게 많은 분들의 도움을 받은 동영상은 교육감 선거가 있기 4일 전 완성됐다. 제목은 홍보팀의 카톡 회의를 거쳐 '혁신학교 학부모가 말하는 진짜 혁신학교 이야기'라고 정했다. 동영상의 의도를 정확히 담고 있는 제목이었다. 혁신학교에 대한 관심이 커지면서 생긴 수많은 궁금증과 오해들을 풀어줄 수 있는 사람 중 하나가 바로 혁신학교를 경험한 학부모일 것이다. 혁신학교를 경험한 학부모들이 이야기하는 혁신학교 이야기가 어쩌면 가장 진실에 가까울 것이다. 우리 교육의 혁신을 바라는 많은 학부모들이 이 동영상을 보고 혁신학교의 교육철학과 교육 방식에 동의하길 바랐다. 그리고 그 마음이 교육감 선거로 향하길 바랐고, 조희연 교육감을 당선시키는 데 힘을 보태주기를 간절히 바랐다.

동영상이 완성돼 유튜브에 올라가자, 내 모든 할 일이 끝난 것처럼 가뿐한 마음이었다. 하지만 선거일까지는 아직 3~4일의 시간이 남아있었다. 이제는 지인들에게 전화와 카톡으로 지지를 호소할 때가 왔다. 나는 선거운동을 시작하고부터 내내 고민하던 것을 실행에 옮겼다. 내 연락처에 있는 400명의 사람들에게 단체 카톡을 보내는 것이었다. "저를 잘 아는 분도 계시고 잘 모르는 분도 계실 텐데, 제가 이렇게 실례를 무릅쓰고 단체 카톡을 보내는 이유는 인지도가 낮아서 좋은 정책에 대해 알릴 기회조차 없는 한 후보에 대해 알리기 위함입니다. 이미 후보를 정하셨거나 글 받기를 원치 않는 분은 카톡 방을 나가셔도 좋습니다."라는 인사를 시작으로 조희연 후보의 블로그, 페이스북 링크, 10가지 약속을 전송했다.

반응은 곧바로 왔다. 사람들이 인사도 없이 우루루 방을 나가기 시작했다. 당연한 반응이었다. 그 연락처 속에는 우리 집에 단한 번 다녀간 AS 기사 분이나, 전셋집 얻을 때 거래했던 부동산 사장님, 10년 전 일했던 첫 직장 상사, 그리고 갖가지 일 때문에 얼굴 한 번 보지 못하고 통화만 주고받았던 사람들도 수두룩하기 때문이다. 간혹 조희연 후보를 지지하는 사람들이나 나와 각별한 인연이 있는 사람들은 이모티콘과 함께 파이팅이나 고맙다는 인사를 남기기도 했다. 재밌는 것은 내가 친하다고 생각했던 사람들 중 상당수가 쌩하니 방을 나가 버리고, 오히려 얼굴 한 번 보지 못했던 사람들 중 카톡으로 감사를 표한 사람들이 있었다는 것이다.

아무튼 그 사건 이후 어찌된 일인지 나는 3일 동안 카카오톡 사용이 제한됐다. 선거운동 막판에 홍보팀과 소통하기가 힘들었지만 어차피 이제 남은 것은 1:1 홍보였기 때문에 선거운동 전략이나 홍보 방법에 대해 크게 논의할 것이 없다는 점이 다행스러웠다. 나는 이 행동을 지금도 후회는 안 하지만, 분명히 나와 의견을 달리하는 사람들도 있었을 것이기 때문에 당시에는 사람을 잃는 것 같아 참 마음이 힘들었다.

난생 처음 유세차에 올라타다

각 학교에서는 이미 학부모들이 자발적으로 피켓을 만들고 거리로 나가 유세를 시작했다. 우리 신은초 학부모들도 가만히 있을 수는 없었다. 함께 모여 피켓을 만들고 아파트 단지부터 돌기

5월 31일 오목교 유세 현장에서 학부모들의 즉석연설

시작했다. 내가 사는 동네에서 유세하는 것이 더 힘든 일이라는 생각이 들었다. 그 다음 날부터는 양천구의 가장 뜨거운 곳인 오목교 현대백화점과 '행복한 백화점' 사이, 그리고 신정네거리를 중심으로 선거운동을 했다.

우리의 피켓에는 후보의 이름이나 사진을 넣으면 선거법 위반이기 때문에 선거운동원 분들과 짝을 이뤄 서서, "좋은 교육감을 뽑아주세요~!"라고 외치기 시작했다. 점심 식사를 하러 가는 회사원들에게는 "점심 식사 맛있게 하시고, 교육감은 좋은 교육감을 꼭 뽑아주세요."라고 외쳤고, 또래 엄마들에게는 "엄마들이 우리 교육을 바꿔주세요!"라고 외쳤으며, 할머니, 할아버지에게는 "손주들이 좋은 교육 받을 수 있도록 교육감은 조 서방을 꼭 찍어주세요."라고 외쳤다. 한낮의 뜨거운 열기도 우리 엄마들의 피켓

유세 열기를 따라오지 못했고, 시원하게 쏟아지는 빗줄기도 그 열기를 식히지는 못했다.

학부모 연설을 들었는데 눈물이 핑 돌았다는 글을 '학부모네트워크' 밴드에서 보고, 학부모들이 릴레이 연설을 하면 홍보 효과가 클 것이라고 생각했다. 그래서 홍보팀에서는 학부모 연설가를 모집한다는 공지를 밴드에 올렸다. 연설을 하겠다고 연락 온 분은 없었지만, 각 학교에서 자발적으로 준비해서 곳곳에서 정말 학부모 릴레이 연설이 이뤄졌다.

5월 31일 토요일, 선거 4일 전 나는 현대백화점 앞에서 즉석연설을 감행했다. 사실 연설문을 작성해서 읽지 않았다 뿐이지, 머릿속에서는 이미 연설문을 구상하고 있었기 때문에 할 이야기는 준비돼 있었다.

토요일 한낮 백화점 앞에는 정말 많은 사람들이 모여 있었다. 유세차에서는 '천개의 바람이 되어'라는 세월호 희생자 추모곡이 흘러나왔고, 대학생 선거운동원들이 그 곡에 맞춰 슬픈 몸짓을 선보였다. 피켓을 들고 그 모습을 지켜보던 우리 엄마들의 눈에선 눈물이 흘렀다. 조희연 선본 관계자들이 마이크를 잡고 조희연 후보 지지를 호소했고, 뒤이어 도착한 조희연 후보도 매우 피곤하고 쉰 목소리로 자신을 지지해줄 것을 호소했다. 조희연 후보가 마이크를 내려 놓으면 그 뒤에 뭐가 있을까 생각해봤다. 그것이 마지막일 것 같았다. 이렇게 사람이 많이 모여 있는데 유세가 거기서 끝이라면 뭔가 너무나 아쉬울 것만 같았다. 그래서 신은초 이정아 공동대표에게 용기를 내 학부모 연설을 하고 싶다고 말씀드렸다. 곧이어 이정아 공동대표와 이야기를 나눈 선본 관계자가 유세차로 건너오라고 손짓을 보냈다.

그날 즉석연설의 중간 부분은 잘 기억이 나지 않는다. 하지만 첫 부분과 마지막 부분은 똑똑히 기억한다. 나는 세월호 이야기로 말문을 열었다.

> 존경하는 양천구민 여러분, 세월호 사건으로 저는 학부모의 한사람으로서 너무나 슬프고 위기감을 느꼈습니다. 우리 아이를 내가 잘 키워봤자 이 나라가 우리 아이를 지켜주지 못하면 어쩌나, 내 아이가 공부 잘해서 '스카이대' 들어가고 좋은 직장 얻었는데, 더러운 권력에 발 담그는 악한 사람이 되면 어쩌나 저는 두렵습니다. 이런 사회의 책임을 묻지 않을 수 없습니다. 그 책임을 물어 들어가 보면 우리 교육에 그 책임을 묻지 않을 수 없습니다. 문제는 우리 교육입니다. 우리 교육이 달라져야 합니다.

나는 함께 피켓을 들고 있는 우리 학부모들이 양천구의 대표적인 혁신학교인 신은초 학부모임을 알리고 우리 아이가 행복한 혁신학교에 다닌다며, 이 혁신학교가 왜 없어져야 하냐고, 우리 아이들이 행복한 교육을 받는 혁신학교는 꼭 재지정돼야 한다고 역설했다. 연설을 하면서 우리 아이가 행복한 증거물로 가져간 알림장을 펼쳐 보였다. 우리 아이의 담임 선생님은 입학한 날부터 하루도 빠짐없이 22명의 아이들의 알림장에 아이에 대한 이야기를 써준다. 엄마들은 답장을 보내기도 하고, 학교생활에 대한 여러 궁금증을 써서 보내기도 한다. 알림장을 통해 담임교사와 충분한 소통이 이뤄지기 때문에 아이의 학교생활에 대해 궁금한 것이 없다. 그렇게 소통이 잘 이뤄지니 담임교사에 대해 불필요한 오해를 할 일이 없는 것은 물론이다. 그 사람 많은 곳에서 멀리 있는 사람들에게 알림장의 내용이 당연히 보일 리 없었지만, 혁신학교 선생님들의 학생을 향한 애정과 열정이 이 정도라는 상징적인 의미로 보이고 싶어 그 자리에 가져온 것이었다.

태어나서 처음 유세차에 올라가
즉석연설을 했다.

어쨌든 꽤 긴 연설의 마지막은 조희연 후보의 이름 석자를 각인시키는 삼행시로 마무리했다.

조! 조는 아이가 하나도 없는 교실을 만들어줄,
희! 희생과 배려를 아는 아이들로 바른 인성 교육을 실현할,
연! 연두색 투표용지에는 번호가 없습니다.
기억하십시오! 교육감은 민주진보 단일후보
'조! 희! 연!'입니다.

이날 연설의 떨림은 아직도 생생하다. 나는 거의 울듯이 이야기했다. 아니 마음속으로는 울고 있었다. 이날 이후 나는 연설을

목동 현대백화점 앞 유세 후 목이 다 쉬어버린 신은초등학교 학부모들과 조희연 후보의 기념 촬영

두 번 더 했다. 한 번은 비가 오는 저녁, 신정네거리에서 유세차에 올라 연설문을 읽었다. 비 오는 저녁 퇴근길에 사람들은 바쁜 걸음을 옮겼지만, 내리는 빗소리 속에서 나는 똑똑히 들었다. 파란불이 켜지자 건너편에서 횡단보도를 건너오던 사람들이 연설문을 읽는 나와 선거운동원들에게 "고맙습니다!"라고 외치고 지나갔다. 5분이 넘는 연설문을 다 읽는 동안 시민들의 "고맙습니다!"라는 인사가 간간히 더 들렸다.

'저 사람들도 조희연 후보를 지지하는구나!'

그날 나는 조희연 후보가 꼭 당선될 것 같은 느낌을 받았다. 비가 오는데, 타 후보의 유세차는 보이지도 않았고, 타 후보 선거운동원들은 퇴근 시간이 되자 퇴근을 서둘렀다. 그런데 조희연 후보의 선거운동원들은 연설이 끝날 때까지 한 사람도 자리를 뜨지 않고 피켓을 들고 있었다. 그리고 연설을 마치자 서로 고생했다며 격려하고 웃으며 헤어졌다. 이길 것 같은 기분 좋은 느낌이 들었다.

4%의 기적

두둥~! 드디어 역사적인 교육감 선거가 진행됐다. 출구조사에선 조희연 후보가 40%에 가까운 지지율로 승리가 예상됐다. 나는 혁신학교에 다니는 큰아이와 소리를 지르며 좋아했다. 그리고 곧바로 눈물이 났다. '앵그리 맘'이 돼 선거운동에 뛰어들어, 매일같이 살림을 제쳐두고 거리로 뛰쳐나갔던 지난날들이 주마등처

럼 스쳐갔다. 승리의 기쁨과 함께 이제 힘겨웠던 시간들이 지나
가고 다시 평온한 일상으로 되돌아갈 수 있다는 것이 정말 기뻤
다. 출구조사의 예상대로 조희연 후보는 40%에 가까운 지지율로
서울 교육의 수장이 됐다. 혁신학교는 재지정될 것이고 우리 아
이는 계속 혁신학교에 다니게 될 것이다. 드디어 해냈다!

엄마들이 벌을 섭니다. [신문 광고]

엄마들은 벌을 섭니다.
아이들이 끝까지 애타게 불렀을 이름 '엄마'
투표로 대답하겠습니다.

엄마들은 벌을 섭니다.

쌍문역에서, 창동역에서, 도봉산역에서
엄마들은 팻말을 듭니다.
벌을 섭니다.
가라앉는 세월호 창문을 두드리던
아이들에게, 우리 아이들에게
가만히 있으라
어른들 말 잘 들으라
학교에서 시키는 대로 하라
대학 가면 행복해질 수 있다고만 했습니다.

아이들의 손과 발을 묶는 교육
통제와 순종만 남은 학교
돈으로 줄 세우는 학교
모른 척 했습니다.
눈 감았습니다.
미안합니다.

한국일보 2014년 6월 3일자 신문광고

너무 늦어서 미안합니다.
지금이라도 바꾸겠습니다.
소리치겠습니다.

질문과 토론이 살아있는 교실
자율과 협력의 학교,
학교 안에서만큼은 공정한 교육
돈보다 안전이 중요한 교육으로
바꾸겠습니다.

6월 4일 교육감 선거.
투표하겠습니다.
너무 늦어서 미안합니다.

신문 광고 동참 제안

※ 광고는, 참교육학부모회 서울동북부지회가 제안하고 학부
　모·시민들의 참여로 제작됩니다.

위 내용으로 6월 3일(화)에 신문광고를 준비하고 있습니다.

광고비는 1인 1만 원 이상입니다.

월요일 오전까지 아래 계좌로 이체하시고 동참하시는 분의 성함
을 문자 혹은 전화로 알려주세요.

02) 902-9246, 010-xxxx-xxxx

계좌번호 : 100-027-714184 신한은행 (사)참교육학부모회

※ 내일자 (6월 3일) 한국일보와 중앙일보에 개제할 예정입니다.

넷째 아이 출산 축하금 기부하다

진 선 미
강명초등학교

세월호와 넷째 아이의 출산

큰아이는 혁신학교인 강명초등학교 2학년에 재학 중이다. 그리고 밑으로 여섯 살 남자아이, 네 살 여자아이 이렇게 삼남매만 있었더랬다. 아들 둘에 예쁜 막내 딸내미를 얻어서 더 이상 바랄 것 없이 행복하게 지내던 작년 8월 어느 날 넷째 아이가 갑작스럽게 찾아왔다. 또다시 처음부터 시작해야 한다는 부담감에 혼란스러웠지만 우리 부부는 생명을 소중하게 생각하는 마음으로 넷째를 받아들였다. 하지만 임신 내내 컨디션이 너무 안 좋아 '내가 왜 이 고생을 하지.', '너는 왜 내게 온 거니?' 그러면서 힘겹게 시간을 보냈다.

조희연 후보와 강동 주민이 함께하는 정책간담회

엄마를 힘들게 했던 막내 준현이는 4월 17일 차가운 바닷속에서 아이들, 선생님, 또 누군가의 소중한 가족이었던 분들이 잠들었던 그 다음 날 태어났다. 참으로 간절하고도 소중한 생명이었다. 임신 기간 동안 힘들다고 투덜댔던 것이 너무나 부끄럽게 느껴졌다. 태어난 아이를 부둥켜 안고 눈물을 흘리며 다시는 세월호 같은 일이 생기지 않기를, 그리고 내 아이들이 어디에 있던지 안전한 세상에 살기를 깊이 소망했다.

진심 교육감 후보 만나다

그러던 중 서울시 교육감 토론회를 시청하게 되었다. 조희연 후보는 다른 후보들에 비해 이 나라의 고질적인 교육 문제에 대

강동구 상일동에서 자원봉사

해 잘 파악하고 있었다. 그리고 그는 세월호 사건을 이야기하면
서 자신이 내건 공약대로 되지 않아도 좋다고, 제발 이제는 좀 바
꾸자며 울분을 터트렸다.

　나는 조희연 후보에 대해 잘 알지 못했다. 하지만 순발력이 발
휘되어야 하는 그런 토론회 자리에서는 참가하는 사람의 평소의
삶이 나온다 생각한다. 교육감 자리를 차지하고 싶은 욕심보다도
사람을 향한 진심은 화면에서조차 느껴졌다. 그런 그에게 나는
감동하지 않을 수 없었다.

　그리고 마침 그날 강동구에 토론회가 있어 시민들을 만나러 온
조희연 후보를 볼 기회가 있었다. 조희연 후보는 시민들의 이야기
를 놓칠세라 귀 기울이며 작은 이야기 하나 하나 메모지에 부지런
히 적어갔다. TV에서 봤을 때 느꼈던 것처럼 그는 사람을 소중히

건대입구역 앞에서 지원 유세하는 강명초 엄마들　　　　둔촌동 차량 지원 유세하는 학부모

생각하는 성실한 분이었다. 토론회를 다녀온 후 나는 조희연 후보를 위해 내가 할 수 있는 모든 것을 할 것이라 다짐하였다.

　자발적 뜨거움! 거리로 나가다.

　그러나 아쉽게도 조희연 후보는 초기 지지율이 약 5%에 불과해서 선거에서 이길 수 있는 가능성은 없어 보였다. 누군가는 이야기한다. 세상은 바뀌지 않는다고. 하지만 작은 빗방울이 모여 물줄기를 만들고 그 물줄기가 집채만 한 바위도 움직일 수 있는 것이 세상의 이치이지 않은가. 또한 이 나라의 아이들이 여기저기서 죽어 나가는 마당에 자기 몸조리만 편히 할 수는 없었다.

　학교에서 뜻을 같이하는 엄마들이 모이기 시작했다. 그리고 우리는 우리가 무엇을 할 수 있을까 고민했다. 우리는 조희연 후보가 누구인지 모르는 사람들에게 홍보하는 작업이 그 무엇보다 필요하다고 생각했다. 그래서 아파트 주변에서 버려진 박스를 주어

선거 마지막 날 천호동에서 마지막 자원봉사

다가 손수 피켓을 만들기 시작했다. 그리고 그저 아줌마였던 우리는 부끄러움도 잊고 전철역 앞으로 가서 목청껏 지지를 호소했다.

선거운동 기간 중반에 들면서 다행히 조 후보의 지지율은 상승하였지만 여전히 부족하였다. 게다가 조 후보의 인지도가 20대에게서 상대적으로 낮다는 것을 알게 되었다. 그래서 우리는 20대가 많이 모이는 건대입구역으로 피켓을 들고 향했다. 현장에 가서 보니 확실히 그들은 교육감 선거에 관심이 없어 보였다. 하지만 그 와중에도 우리를 응원해 주시는 여타 시민들, 한 번씩이라도 슬쩍 봐 주시는 그분들을 보며 이틀 동안 건대입구역 앞에서 열심히 홍보하였다.

어떤 엄마는 하루에 세 번이나 선거운동에 참여하였고, 어떤 엄마는 한 번도 안 해본 선거 유세차에 올라타 마이크를 잡기도 하였다. 어떤 엄마는 아이들과 함께 피켓을 들고 홍보하였다. 비가 오는 날엔 우비를 입고 거리로 나갔고 근처 회사의 회사원들에게 홍보하기 위해 점심시간을 기다렸다 홍보하기도 하였다. 또한 SNS는 카톡과 밴드 정도만 할 줄 알던 내가 트위터와 페이스북에 가입해 사람들에게 홍보하고, 택시 타고 이동할 때는 기사님들에게 홍보하고, 참으로 열정적인 순간들이었다.

무엇이 우리를 행동하게 했을까? 나는 '자발적 뜨거움'이라 명칭하고 싶다. 그것이 우리를 거리로 나가게 했다.

출산 축하금 기부하다

내가 살고 있는 강동구는 넷째를 낳으면 출산 축하금으로 100만 원을 준다. 넷째 아이 덕에 생긴 이 큰돈을 어떻게 쓰면 좋을까 고민을 하였다. 우리 아이들의 교육을 위해 내 아이를 맡겨도 안심이 될 조희연 후보를 후원한다면 의미가 깊을 것 같았다. 그래서 조희연 후보 캠프에 후원을 하였고 이를 '서울형혁신학교학부모네트워크' 밴드에 알려 동참해줄 것을 호소하였다. 세월호로 사라져 간 생명들로 어찌할 바를 몰랐던 내 빚진 마음이 이것으로나마 위로가 되길 바랐다.

준현이가 딸이길 바랐다가 아들이라는 걸 알았던 날 내가 꾼 태몽은 특이했다.

제주도의 곶자왈 같은 고요한 물가에 연꽃들이 피어 있었는데 그 물속으로 만삭의 내가 아이를 낳으러 들어가는 꿈이었다. 그래서 나는 '세상을 밝혀주는 연꽃 같은 아이가 되라.'는 마음으로 뱃속의 아이를 '연'이라 불렀다. 출산 축하금의 기부를 통해 태명처럼 의미 있는 일을 할 수 있게 되어 준현이가 태어난 것이 참으로 고마웠다.

며칠 뒤 내 전화번호를 어떻게 알았는지 조희연 후보에게서 '너무나 뜻 깊은 후원금을 보내 주셔서 마음의 빚이 크다. 고맙다. 교육감이 되어서 이 빚진 것을 꼭 갚겠다.'라는 감사의 전화를 받았다. 조희연 후보에게 나보다 큰 금액을 후원한 분도 있었을 것이다. 하지만 작은 액수였지만 내 마음을 소중하게 생각해

선거운동 마지막 날 광화문 유세(오마이뉴스 2014-06-03 유성호 사진부기자 제공)

주셨던 조희연 후보는 그날의 약속대로 시민들을 위한 교육감이 되어 줄 것이라 믿는다.

세상이 바뀌게 될 광화문 마지막 유세

드디어 선거운동 마지막 날이 되었다. 트위터에서 조희연 후보가 광화문에서 선거 마지막 유세를 한다는 소식을 들었다. 나는 그 날 집에 있을 수가 없었다. 왠지 다음 날 새로운 세상이 올 것만 같은 흥분에 쌓여 이 자리에 가보지 못하면 후회할 것 같았다. 친한 언니를 졸라 함께 광화문으로 향하였다.

마지막 유세는 박재동 화백의 지지 유세와 조희연 후보의 가족들이 함께 노래 부르면서 조용히 마무리되었다. 유세가 끝나고 조희연 후보와 인사하며 함께 승리를 기원하며 집으로 돌아왔다.

드디어 투표일.

전날 들떴던 것과는 다르게 이상하게도 마음이 편안했다. 그런데 오후에 언론의 출구조사를 보니 조희연 후보의 당선이 유력한 상황이었다. 세상에, 그야말로 기적이 아닌가! 5%에서 시작해서 40%에 육박한 지지율로 당선되다니!

산후 조리를 제대로 하지 못해 팔과 손목은 시려오고 붓기가 아직도 빠지지 않은 몸은 발이 퉁퉁 부어서 걷기도 힘들었지만 참으로 보람되고 벅찬 순간이 아닐 수 없었다. 어찌 보면 내 아이가 혁신학교를 다니다 보니 혁신학교를 지지하는 조희연 후보를 위해 치맛바람 한번 쎄게 분 것처럼 보는 분들도 있을 것이다.

하지만 나는 조희연 교육감이 특정 누군가의 이익을 위해서가 아니라 모든 이를 위한 그런 정책을 펴리라는 믿음이 있었다. 그리고 나는 혁신학교의 좋은 교육을 받고 싶어서 오고 싶었지만 금전적, 지역적 문제 때문에 오지 못한 서울 이 땅의 부모들과 아이들에 대한 사명감이 있었다. 단순히 내 아이 보내는 혁신학교 없어질까 두려워 선거운동에 나섰다면 나는 우리의 선거운동이 이렇게까지 의미 있지는 못했을 것이라고 생각한다.

100일 된 내 아이, 그리고

세월호 아이들이 잠든 지 이제 백 하루. 그리고 막내 준현이가 태어난 지 100일이 되었다. 내 아이가 살아가는 하루하루는 그들이 살아갔을 너무나 소중한 하루들이다. 내가 죽는 그날까지 어찌 그 아이들을 잊을 수 있겠는가.

그러나 세월호 특별법은 아직도 그 자리에 머물러 있다. 유족들이 어서 빨리 편안해질 수 있기를, 그리고 이 땅에 그러한 일이 다시 일어나지 않기를 간절히 소망한다.

그리고 아이들이 안전한 세상에서 살 수 있게 하기 위해 우리가 뭉쳤던 이 힘은 비단 하나의 선거운동으로 끝나지 않을 것이다. 앞으로 4년 조희연 교육감이 제대로 된 정책을 행할 수 있도록 뒷받침을 해주고 또 이것이 황폐화된 우리 사회에 좋은 영향을 미칠 수 있도록 함께할 것이다.

〈논 평〉

조희연 서울시 교육감의 당선을 축하하며
우리는 혁신학교 학부모로 대한민국 교육의 혁신을 위해 노력하겠습니다.

서울 시민 여러분, 조희연 후보를 서울 교육의 수장으로 선택해주
신 데 대해 혁신학교 학부모로서 깊은 감사를 드립니다.
4%에서 시작한 꿈이 현실이 됐습니다.
우리 교육의 잘못을 걱정하며 참교육을 갈망했던
학부모 한 사람 한 사람의 바람이 모여 기적을 이뤄낸 것입니다.
이번 교육감 선거는 전국 17개 시·도 중 13곳에서 진보 교육감이
당선된 그 어떤 교육감 선거보다도 의미가 큰 선거입니다.
기존 입시 위주 수월성 교육의 폐해에 대해 온 국민이 문제의식을
갖고, 우리 교육이 이제는 미친 경쟁을 멈추고 창의·인성 교육으
로 가야 한다는 데 대해 공감하신 결과라고 생각합니다.
저희는 혁신학교 학부모로서 이번 선거에서 자원봉사자로 열심히
뛰었습니다.
"교육도 사람이 먼저다."라는 이 철학을 가슴에 품고,
거리에서 피켓을 들고 목청껏 소리치며 서울 시민들을 설득했습니다.
우리는 서울 시민들의 선택을 종용한 혁신학교 학부모들로서
앞으로 조희연 교육감의 혁신 교육의 확대를 지지함과 동시에
감시와 비판과 제안의 노력도 게을리 하지 않을 것을 약속드립니다.
이제 우리 아이들은 미친 경쟁을 멈추고 사람답게 사는 법을 배우며
자신의 잠재력을 맘껏 펼칠 수 있게 될 것입니다.
서울 시민 여러분 모두에게 축하의 인사를 드립니다.

2014년 6월 5일
서울형혁신학교학부모네트워크

내 행복을 지키기 위해
조희연 교육감 후보 선거운동에 나서다

홍 복 기
상원초등학교

남다른 기대감으로 시작한 혁신학교

결혼 후 상계동에 터를 잡고 9년째 살고 있다. 아이는 2013년에 상원초등학교에 입학하여 이제 혁신학교 2년째를 맞이하고 있다. 아이를 그저 즐겁게 놀게 할 수 있는 방법을 찾다가 수락산 언저리에 자리한 공동육아를 만나게 되었고 초등교육 또한 그 연장선으로 혁신학교인 상원초등학교를 선택했다.

아이가 다섯 살 때 공동육아의 길로 들어섰는데 조합원들이 출자금을 내고 월 조합비를 납부하여 어린이집을 운영하기 때문에 조합원들이 어린이집의 살림살이를 모두 도맡아서 해야 했다. 그래서 부모의 참여가 거의 필수적으로 이루어져야 했다. 한글과 수학 등을 가르치는 인지 교육과 선행 교육을 하지 않고 사교육을 하지 않는다는 생각을 공유한 조합원들이기에 유대감 또한 남달랐던 것 같다.

이러한 3년의 공동육아 경험이 있었기에 혁신학교로의 정서적 진입이 비교적 수월했고 기대감도 높았다. 입학식 날 교장 선생님의 선행 교육을 시키지 말라고 하시던 말씀 하나만으로 아이 엄마도 엄지를 치켜들며 연신 최고를 남발했다. 한글을 배우지 않고 산수도 정식으로 익히지 못했던 아이도 아무 걱정이나 두려움 없이 학교에 잘 적응해 나갔다. 우리 부부와 아이에게 있어서 혁신학교는 공교육에 대한 비합리적이고 걱정스러운 현실들을 극복해 나가는 데 큰 힘과 버텨낼 시간을 주었다.

사실 처음 초등학교를 결정할 당시에 많은 고민들이 있었다. 공동육아를 졸업한 조합원들은 작은 학교 운동의 일환으로 근처의 한 학년이 2학급밖에 되지 않는 초등학교에 들어가서 운영위원 등에 참여하여 대안적인 학교로 바꾸어 내려고 애쓰고 있었다. 하지만 학부모들의 적극적인 학교운영위원회 참여만으로는 학교 자체의 제도적이고 관습적인 문화를 바꾸어내기가 힘들지 않을까 하는 우려가 있었다.

결국 공교육의 불합리한 교육 현실을 외부의 대안적인 방법으로 대체하려 하지 않고 당당하게 공교육 내에서 바꾸어 나가는 것이 더 의미 있는 일이라는 판단을 하게 되었다. 그리고 거기에는 혁신학교가 있었다.

초등학교 1학년 동안 충분하다고 할 만큼 우리 가족은 혁신 교육에 만족하며 즐거운 생활의 변화들을 만끽하고 있었다. 초등 입학을 고민하는 예비 학부모들에게도 혁신학교의 장점을 알리며 우리의 즐거움을 전달하려고 하였다.

그런데 그럴 때마다 들려오는 걱정의 목소리들이 있었다. 바로 서울의 혁신학교를 이끌었던 곽노현 교육감이 좌절되고 나서 혁신 교육의 지속성에 의문이 든다는 것이었다. 그러나 나는 혁신학교의 성과가 나름대로 나오고 있고 구성원들의 만족도 또한 높게 나오고 있는데 아무리 정치적인 이슈로 각을 세운다 하더라도 이걸 모두 뒤집지는 못 할 것이라는 생각을 내심 하고 있었다. 하지만 내 안일한 생각은 깨져 버렸고 걱정을 넘어 위기감이 휘몰아치기 시작했다.

이제 겨우 4년을 진행해온 혁신학교가 물론 당장에 모두를 다 만족시킬 수는 없겠지만 지속적으로 추진된다면 틀림없이 무너진 공교육을 되살리고 대한민국 교육의 틀을 바꿀 수 있는 대안이 될 터인데 너무 속상하고 불안하였다. 불안은 자칫 경쟁 교육의 정글에 내맡겨질지도 모르는 아이의 암담한 미래와 더해져 분노로 바뀌고 있었다.

왜 자기 아이들을 경쟁의 낭떠러지로 내몰려고 하는 부모들이 있는 것일까? 아마도 우리 사회가 만들어놓은 구조적인 모순 속에서 살아왔던 불합리한 경험들이 만들어낸 공포감이 그 이유가 아닐까 생각한다. 그러한 부모들 또한 나와 마찬가지로 행복한 삶을 원하는 것일 뿐이리라. 그 방법이 다를 뿐 원하는 목적이 같다면 방법의 간극을 좁힐 수 있는 여지는 충분할 것이다. 나는 혁신학교가 그 역할을 해줄 수 있을 것이라고 확신한다. 혁신 교육이 표방하고 있는 다양한 방식의 교육으로 아이들이 학교를 즐거워하고 교육의 결과로 아이들이 변하는 것을 경험한다면 부모들도 서서히 공포감에서 벗어날 수 있을 것이라고 생각한다.

사람들은 다른 이들의 좋은 경험담에 대해 쉽게 반응하지 않는 것 같다. 그렇지만 불안한 의혹에 대해서는 사실 여부나 논리적인 모순을 따지지 않고 쉽게 반응하고 자기 의식화하는 경향이 있는 것 같다. 혁신학교의 장점들에 대해서는 애써 무시하고 단점에 대해서는 확대 재생산하는 모습들을 많이 보아왔다.

그래서 교육감 선거 국면에서 최대 관건은 이런 부정적인 여론을 이겨낼 수 있는 경험자들의 실제 여론을 모으고 널리 알리는 일이라고 생각했다. 공허하고 이상적인 낱말뿐인 혁신이 아니라 실제 내가 경험하고 얻은 현시점의 성과를 알리는 것이 필요하다고 본 것이다. 사회적 공포를 자극하는 상대 후보에 맞서 학부모들을 안심시키고 아이들의 미래에 대해서 긍정적인 가치를 부여해주는 우리의 적극적인 몸짓이 필요하다고 생각했다. 아이가 행복한 학교, 돈으로 평가받지 않는 학교, 기회가 공정한 학교와 같은 긍정적인 메시지들 말이다.

상원초등학교 아버지모임. 혁신학교를 통해 오히려 어른인 내가 더 행복해졌다.

내가 행복해지는 길

상원초등학교는 아버지모임이 활발하게 활동하고 있다. 아파트 단지로 둘러싸인 지형적인 이점도 더해져 동네 마실 문화가 생겨났고 아이들에게 새로운 형제가 생겼고 삼촌들이 늘어났다. 이제는 동네에서 담배꽁초도 함부로 버릴 수 없게 되었다. 길을 가면 어김없이 인사하는 조카 녀석들의 눈들이 사방에 있기 때문이다. 이처럼 어쩌면 불편하지만 아기자기한 생활의 즐거움 덕분에 마을공동체를 체험해가고 있었다.

그런데 2년의 짧은 기간 동안 이루어낸 아버지들의 이 소중한 자산이 이제 위태로워졌다. 그리하여 자기가 지금 향유하고 있는 이 행복한 시간들을 계속 지속해나가고 싶다는 학부모들의 생각이 하나씩 모이기 시작했다. 누구로부터 뚝딱 얻어진 것이 아니라 우리 스스로 이루어 놓은 것들이라 지켜내는 것도 우리 스스로여야 한다는 자각이 생겼다. 이 위기를 극복하기 위한 방법을 논의하기 시작했고 서로 각자의 자리에서 할 수 있는 만큼 시간과 발품을 내어주었다.

사람들은 선거라는 단어에 매우 민감하다. 그래서 선거 이슈를 극성스럽게 생산해내는 것이 자칫 기껏 형성된 아버지들의 공동체 문화를 깨뜨리는 것이 아닐까 걱정이 되었고 나 스스로도 목소리 내는 것을 자제했었다. 그냥 관심 있고 적극적인 사람들만 나서면 될 것이라고 생각했다. 결과적으로 보면 내가 틀렸던 것같다. 학부모들은 정치적인 프레임에 갇힌 선거가 아니라 자기가 행복해지는 길로 선거를 받아들였고 그 행복을 지키기 위해 부끄러움과 불편함을 기꺼이 내려놓았다.

어쩌면 정말 이기적인 것일지도 모른다. 내가 누리는 이 만족감을 더 지속하고 싶은 욕심이 더 큰 것 일수도 있으니까 말이다. 하지만 분명 거기에는 나만이 아닌 우리가 함께하면 더 좋을 것이라는 희망도 섞여 있음이 틀림없다고 생각한다. 단지 자기 욕심으로 그처럼 큰 부끄러움을 이겨내기란 쉽지 않다. 왜냐면 그들은 그만큼 평범한 소시민들이기 때문이다.

처음 만들어본 SNS 프로필 사진

아마추어의 열정으로 SNS 프로필 사진을 디자인하다

선거운동이 시작되고 비전문가인 학부모들의 재능 기부가 이어졌다. 디자인을 전공한 어머님이 도안을 해주시고 아버지들이 모여서 멋진 투표 참여 표지판을 만들어냈다. 자신의 차량을 기꺼이 선거 차량으로 등록하여 홍보물을 부착해서 시내를 돌아다니기도 하고 주말 내내 목 좋은 곳을 골라 주차해 두는 불편도 감수했다.

온라인에서도 선거운동이 한창이었다. SNS의 프로필 사진을 후보자 표어로 바꾸자는 제안이 있었고 '능력자'들이 나서기 시작했다. 다른 분들이 만든 표어가 단순히 이름만 들어가 있는 것을 보고 뭔가 요즘 젊은이들이 SNS에서 자주 사용하는 문구를 추가하면 좋을 것 같다는 생각을 했다. 자주 방문하는 몇몇 커뮤니티 사이트의 글들을 조사하면서 요즘 '~으리' 시리즈가 유행임을

조희연 교육감과 정책 간담회

알았다. 그래서 '진심으리 교육감', '행복으리 교육감'으로 표어를 만들어 보고자 했다.

사실 나는 그래픽 디자인을 할 줄 몰랐다. 단지 무슨 프로그램을 사용하면 디자인을 할 수 있다는 정도만 알고 있다. 글자만 쓰는 것으로는 뭔가 못마땅하여 효과를 주고 싶은데 내게는 그런 프로그램이 없었고 상용 프로그램이기에 어디에서 쉽게 다운받을 수도 없었다. 짬짬이 시간을 내어 무료 프로그램들을 찾아보고 온라인으로 디자인을 할 수 있는 사이트를 찾게 되어 그 사용법을 익혔다. 뭐 간단히 두 가지 정도의 효과만이 필요했기에 그리 오랜 시간이 소요되지는 않았던 것 같다. 그런데 한번 만들었더니 계속 좀 더 잘 만들고 싶은 욕심이 생겨났다. 그렇게 몇 번의 편집을 했고 SNS에 올렸더니 몇 분이 가져다가 자신의 프로필사진으로 사용했다. 내가 만든 표어가 여기저기 보이니 감개가 무량했다.

퇴근 후나 주말에 틈틈이 선거운동원들과 함께 거리로 나갔다. 노원역 지하철 입구 계단에서 큰 소리로 외치면 지나가는 사람들 모두 나를 쳐다봤다. 물론 부끄러워 죽을 지경이었다. 아는 사람이라도 만나면 어쩌나 걱정도 되었다. 나의 숨은 '흑역사'를 알고 있는 사람이 보았을 때 나 정도의 사람이 선거운동을 하는 것이 어쩌면 역효과가 나올지도 모른다는 생각도 든다. 그래도 사람들에게 좋은 교육감 후보에 대해 홍보하는 것이 어렵지 않았다. 왜 혁신 교육을 해야 하는지 그것이 얼마나 좋은 것인지 알고 있고 체험했기에, 그것을 알리는 것은 거짓말이 아니기에 가능했을 것이다. 다른 아버지들로부터는 "샤우팅이 끝내준다."고 참으로 생전에는 못 들을 칭찬도 들어보았다.

다시 혁신학교로

내 생전에 교육감 후보의 당선이 이렇게 기쁘게 다가온 적이 있었던가 싶다. 나뿐만이 아니라 다른 학부모들도 정말 진심으로 기뻐했다. 이번 선거는 여러모로 많은 생각거리를 준다. 정책의 당사자인 시민들이 스스로의 필요에 의해서 적극적인 의사 표현을 하게 되었고 성공적인 결과를 만들어낸 것이다. 이 경험들이 앞으로 이어질 2기 혁신학교의 행보에 많은 힘을 실어줄 것이다. 그리고 나에게 또 하나의 과제가 주어졌다. 내가 외치고 다녔던 아이가 행복한 학교, 돈으로 평가받지 않는 학교, 기회가 공정한 학교를 위해서 나 또한 주체로 참여한 한 사람으로서 더욱 열심히 살아야 하는 것이다.

내 아이의 행복을 넘어서 우리 아이들의 행복을 위해 우리의 교육을 혁신해 나아가는 험난한 여정이 시작되었다. 우리 모두 다시 혁신학교로 가서 아이들과 즐겁게 뛰놀고 선생님들과 여유롭게 소통하자. 그리고 마을이 곧 학교인 공동체를 만들어 보자.

조희연 서울시 교육감 후보 당선자의 문자 인사

안녕하세요. 조희연입니다. 꼴찌 후보로 출발했다고 했는데 이렇게 서울교육감 당선인이 되어 인사드리게 되었습니다.

서울교육감 선거를 바라보면서 혹자는 꼴찌의 아름다운 역전극이라고도 합니다. 그러나 그 뒤에는 여러분들의 숨은 지지와 성원, 땀과 눈물이 있었다고 알고 있습니다. 진심으로 당선의 기쁨을 함께 하고 싶습니다.

한편 당선의 기쁨보다 더 큰 책임감이 다가오기도 합니다. 우리 아이를 더 이상 지금과 같은 교육 체제 아래서 기를 수 없으며, 새로운 교육 패러다임을 만들어내라는 요구를 받고 있는 지금, 교육감을 맡는 무게감이 천금보다도 무겁습니다. 저 조희연을 도와주서서 서울교육감 당선인으로 만들어 주신 것처럼 우리 아이들을 지키고 우리 교육과 미래를 희망차게 하는 길에 언제나 함께 해 주시기를 부탁드립니다. 끝으로 세월호 참사 같은 위해가 재발되지 않도록 최선을 다해 아이들이 안전하고 행복한 학교생활을 할 수 있도록 노력 할 것을 약속드립니다.

모두의 가정과 앞날에 평온과 행운이 함께 하기를 기원합니다. 감사합니다.

에필로그

서울형 혁신학교 학부모 간담회

박인숙 (북서울중학교)
안윤희 (상원초등학교)
이정은 (우면초등학교)
장이수 (삼각산고등학교)
조병미 (한울중학교)
조정희 (선사고등학교)

혁신학교를 선택한 이유 - 공교육에 남은 희망

이정은 저는 공교육의 마지막 희망을 가지고, 혁신학교를 사전에 많이 조사했는데요. 아이를 혁신학교에 보내기 전에 대안학교를 많이 알아보았어요. 한겨레에서 어떤 대안학교 선생님이 주선해서 '학교 만들기', 엄마들이 학교를 만들어 보자는 것을 1년 동안 공부하고 시도를 했는데, 공간이나 경제적인 문제에 부딪히게 되더라고요. 그런데, 혁신학교가 생긴다는 정보를 갖고 한번 마지막으로 공교육에 희망을 걸어보자 바뀔 수 있다고 생각하고 혁신학교를 보냈어요. 그래서 가장 가까운 (서초구) 우면동에 혁신학교가 생길지도 모른다는 정보를 얻어서 교육청에 계속 전화를 해서 가게 되었어요.

장이수 저 같은 경우는, 혁신학교가 아파트 단지 안에 있어요. 집에서 나와서 뛰어가면 2분 거리에요. 그런데도 불구하고 저와 저희 딸은 거기에 (지원서를) 안 썼어요. 우리가 보는 것도 그렇고, 안 좋은 소문도 많았어요. 아무도 안 썼는데, (지금은) 달라졌어요.

박인숙 저는 아이가 4학년 때 맘에드림에서 나온 『나는 혁신학교에 간다』는 책으로 처음 알았어요. 그것을 읽고 '아, 이런 학교가 있구나! 기존 학교와 다른 곳이 있구나! 나는 여기에 아이를 보내야겠다.' 결심을 했어요. 그렇게 한 이유가, 제가 같이 다니는 언니 중 하나가 ○○외국어고등학교를 다녔는데 그 언니 말에 의하면 약간 (과장된 측면이) 있을지 모르지만, "학교에서 아이들 자살 때문에 한 달에 한 번씩 경찰이 온다."는 말을 들었어요. 그 이야기를 듣고 내 아이가 이런 아이가 될 수 있겠구나 하는 위기의식을 느낀 거예요. 또 들은 얘기는 근처 중학교에서 선생님이 수업하실 때 2/3 정도는 잠을 자는데, 선생님이 '터치'를 안 한다는 거예요. 그리고 그 아이들이 아침에 와서 출석 체크만 하고 근처에 있는 이마트에 가서 놀아도 아무도 상관하지 않는다는 거예요. 나중에 종례 때만 오면 되니까. 내 아이가 그 2/3 중 하나가 될 수 있다고 생각하니까 이건 정말로 남의 일이 아닌 거예요. 그래서 혁신학교에 대해 공부를 더 많이 열심히 했어요. 중학교 학부모 첫 모임에 가서 원하는 데 왔으니 행복해서 "이런 과정을 거쳐서 이사를 왔습니다." 이야기하니까, 엄마들이 '저건 뭐지?' 하는 눈으로 보는 거예요. 거기서 다른 엄마들은 누군가 이사를 올 것이라고 생각을 못 한 거예요. 저는 "혁신학교는 선생님, 학부모, 아이가 삼위일체가 되어서 함께 만들어가는 학교라고 알고 있습니다. 열심히 일하겠습니다." 말했는데, 다른 엄마들은 '혁신학교가 뭐가 좋아?'라는 표정으로 물어보는 거예요. 그때부터 제가 오히려 엄마들에게 혁신학교에 대한 이야기를 하기 시작했어요.

사교육을 없애는 자율적인 교육과정과 혁신적인 수업

조병미 저희 지역에는 중학교 세 곳이 반경 500미터 안에 있어요. 말하자면 과학고등학교 준비하는 엄마는 여기(한울중학교) 떨어지면 큰일 나는 거예요. 어떤 엄마는 아들 하난데, 엄마가 하도 "공부 안 가르치는 학교"라고 말하다가 중학교 여기 배정받으니까 그 애가 펑펑 울었데요. 그리고 주변 학원들이 (혁신학교에 대해) 안 좋은 평판을 퍼뜨려요. 여기는 교과과정을 선생님들이 자유롭게 할 수 있잖아요. 그런데 혁신학교 때문에 학원 진도를 맞출 수 없는 거예요. 중간고사 보는데, 이 학교는 학원에서 가르치는 진도 범위 안에 없는 거예요. 그러니까 그 주변에 학원 선생님들이 그 학교는 혁신학교 되고 수업을 안 가르친다고 안 좋은 소문을 낸 거예요. 그런데, 그 아이가 딱 들어오고 1~2개월도 안 되어서, 너무 좋다는 거예요. 너무 자유스러운 거예요. 자기가 어떤 이야기를 해도 잘 들어주고, 모둠에서 리더를 하다 보니 '내가 누군가를 가르쳐주면서 그 아이가 그것을 알았을 때' 자존감도 있는 거예요. 그리고 학교에서는 선생님들이 교과가 서로 다른데도 선생님끼리 수업을 공유해요. 수학 선생님이 과학 교과 선생님과 같이 토론을 해요. 같은 수학 수업을 하더라도 국어 교사, 과학 교사가 바라보는 관점이 다 다르잖아요. 그런데 서로 토론을 해서 수업을 새롭게 만들어서 수업이 너무 재밌는 거예요.

장이수 선생님들이 아이들에게 굉장히 대단했데요. 선생님들이 노력하고 아이들이 따라준 것일 뿐인데, 입시 성적이 좋아진 거예요. 프로젝트 (학습) 같은 것이 입학사정관들에게 통한 것이에요. 일부러 치맛바람 일으키고, 일부러 선생님들이 뭔가 다른 것을 한 것이 아니에요. 아이들이 차근차근 모둠 수업하고 혼자 1인 프로젝트 수행하고, 아이들이 서로 모여서 자기 계획을 써나간 것이고, 선생님들은 그 애들이 쓴 것을 가지고 오면 다 보아주셨어요.

혁신학교의 성공 요인 : 돈보다는 사람

장이수 저희 학교가 달라진 데에는 100퍼센트 선생님들이 희생이 있었어요. 그 이유 중 하나가 보통 다른 학교에서 연구 실적이 더 있으면 인사고과 점수를 더 주잖아요. 그런데 저희 학교 선생님들은 그걸 원하지 않았어요. 선생님들이 가장 잘한 것 중 하나가 그거예요. 자신의 점수를 위해서 일을 하는 것이 아니라 자신의 철학을 갖고 일하셨던 분이라 그게 가능했던 거 같아요.

조병미 지금 말씀 중에 교사의 희생이 있었다고, 굉장히 크다고 말씀하셨는데, '교사 승진 점수와 상관없이 희생을 하셨다.' 그런데 이런 것이 승진의 조건이 되어야 하지 않을까요? 경기도에서는 그런 것도 개선을 하고 있는 것으로 아는데요.

장이수 저희도 개선해야 한다고 보는 것 중의 하나가 그거예요. 올해는 예산 지원이 절반으로 줄었어요. 그래도 선생님들의 희생으로 그 프로그램 다 하고 있어요. 저는 그냥 혁신학교라는 이름 붙이지 말고, 일반고가 그냥 혁신학교가 되어야 한다고 생각해요.

조정희 사실 혁신학교는 돈보다는 교사라고 생각해요. 저는 혁신학교뿐만 아니라 모든 학교가 교사의 질, 교육의 질이 높아져야 한다고 보는데, 돈으로 할 수 있는 것은 아니거든요. 처음에는 저희 아이가 외고를 가고 싶어 했는데, 결론은 외고 떨어지고 저와 이야기를 해서 혁신학교 지원을 해서 갔어요. 왜냐하면, (혁신학교에 대해) 저희가 준비하는 과정을 그 선생님들도 그렇게 준비한다고 생각하니까 무한 신뢰가 되는 거예요. 그래서 큰아이는 3년 동안 행복하게 잘 지냈다가 대학교 잘 갔어요.

학부모들의 다양한 참여

안윤희 특화된 학부모 모임은 주로 동아리 모임으로 진행돼요. 특별한 것은 없어요. 책 읽고 토론하는 모임도 있고, 공예 배우는 모임도 있어요. 저희는 처음에 혁신학교가 되었을 때 재능 기부를 하고자 했던 엄마들이 학교에서 학부모 동아리를 만들었어요. 또 하나는 부모가, 만약에 내가 클레이아트에 재능이 있다 그러면 클레이아트에 대해서 아이들과 수업을 열어서 해주는 이런 것들을 동아리로 만들었어요. 그리고 반 모임이 있어요. 대의원제로 운영이 되고 있어서, 아이들에게는 회장, 부회장이 없지만, 한 반에 20명 아이들이 있으면, 엄마들 20명 중 한 명을 대의원으로 뽑아요. 그 대의원이 주축이 되어서 반 엄마들의 의견을 듣는 역할을 해요. 대의원들이 모여서 학년 모임이 구성되고, 그러면 거기서 또 학년 대표를 뽑아요. 그리고 분과가 있어요. 교육 분과, 도서 분과, 행사 분과가 있어서 운영위원회를 구성해요. 그래서 저희 학교의 모든 학부모 참여는 반 모임 같은 이런 모임을 통해 이루어져요.

장이수 저희는 '진로사랑방'이라고 해서, 학부모들이 저녁에 한 달에 한 번씩 진로 선생님으로부터 수업을 들어요. 일방적인 강의로 진행하지 않아요. 자기의 꿈이 무엇인지 얘기를 쓰게 해요. 그중 하나는 거짓말 꿈이에요. 다른 분이 거짓말 꿈을 찾아내는 과정에서 어떤 생각을 갖고 있나 하는 걸 엄마들이 서로 알 수 있게 되는 것이죠. 그리고 선생님이 저희에게 책을 추천해 주세요. 그럼 다음 달에는 그 책을 읽고 토론을 해요. 그리고 그것과 같은 방식으로 아이들도 진로 수업을 해요. 그럼 저도 똑같은 진로 수업을 받기 때문에 한 달에 한 번 갔을 때 아이가 어떤 진로 수업을 받고 있는지 알 수 있어요. 그럼 내가 생각하는 아이와 아이가 생각하는 자기 자신을 비교할 수 있어요. 그런데 많이 달라요. 내가 내 딸을 객관적으로 가장 잘 알고 있다고 생각했었는데, 생각보다 그렇지 않은 경우가 많았어요.

교육제도 문제에서 비롯되는 어려움

조정희 큰애가 혁신학교 다닌 것을 본 둘째 애는 자기도 혁신학교 갈 것이라고 하는 거예요. 저는 장단점이 있다고 말해줬죠. "네가 일단 사고나 생각이 깊은 애고, 그래서 친구 관계에서 힘들 수 있다. 주변의 아이들이 너와 같은 생각을 갖거나 관심사가 같은 친구일지, 그렇다고 하더라도 친구가 될지 그 폭이 좁을 것이다. 일

명 주변에 논다는 애들이 오기 때문에 친구 관계에서 네가 힘들 수가 있다는 것을 감수하고 선택해야 한다." 그런데도 그 아이는 기꺼이 갔어요. 사실 제가 말한 그 부분 때문에 아이가 1학년 때 많이 힘들었어요. 그것을 보면서, 고등학교 입시를 떠나서도 자사고가 없어져야 하는 이유 중 하나가, 선생님들의 의지가 아무리 강하더라도, 예를 들면 한 모둠에 한두 명 정도로 잘 따라오고 주도할 수 있어야 되는데, 한 반에 있는 다섯 모둠 가운데 두세 모둠은 그런 리더가 없어서 선생님들이 상당히 힘들어진다는 것이죠.

조병미　현재 교육제도 아래에서 혁신학교가 계속 유지되기 힘든 부분이 있어요. 저는 여기서 희망을 봤으니까, 3년을 보내면서 부모로서 마음이 좀 편해졌어요. 그런데 지금 다시 불안해요. 첫째 애는 자기 꿈을 살려서 과감히 특성화고등학교에 보냈어요. 둘째 애는 자기는 공부가 재미있데요. 그래서 일반고를 보냈어요. 그런데 혁신학교 수업을 받다가 일반고로 가면 엄청난 문제가 발생하는 거예요. '멘붕'일 정도예요. 적응이 안 되는 거예요. 토론 수업 자유롭게 하고 어떤 의견을 내놔도 다 들어주는 학교를 다녔던 것인데, 저도 가서 봤는데, 고등학교 일반고 수업을 보고 정말 너무 놀랐어요. 그나마 그 날은 학부모들이 와서 (보니까) 칠판에 선생님들이 필기를 하셨어요. 그렇지 않은 날은 다 선생님이 강의식인 거예요. 그러니 애가 얼마나 힘들겠어요!

박인숙 저희는 학부모 교육이 필요하지 않나 생각하고 있어요. 혁신학교임에도 불구하고 문화 자체가 안 모이는 문화가 있어요. 혁신학교도 중요하지만 어떤 사람이 와서 어떤 문화를 만드느냐 하는 것도 중요한 것 같아요.

이정은 어디서 읽은 건데 혁신학교에서 가장 중요한 것은 '관계'라고 해요. 우리도 그런 사건 있었어요. 어떤 엄마가 학교에서 물놀이 갔을 때 그 반만 물총을 돌린 거예요. 그 반만 물총 갖고 놀면 같이 놀러간 다른 아이들은 뭐가 되나요? 학부모들이 중요하게 생각해야 한 것은 '행복한 학교'의 수식어에요. 행복한 학교인데 어떤 행복한 학교에요? 수식어가 붙어야 해요. '모두가' 행복한 학교라는 것이 혁신학교 엄마들이 가져야 할 과제일 것이라고 생각해요. 모든 엄마들이 아니라 약간 더 열정적인 엄마들이 교육운동가의 역할을 해야 할 때가 아닌가 생각을 해요.

안윤희 저 같은 경우는 약간 반대의 입장인데요. 이사 가려고 신랑을 꼬시고 있었는데 마침 우리 학교가 혁신학교가 된 것이죠. 그래서 가장 먼저 손들어서 운영위에 들어갔어요. 저희 학교는 처음에 시작할 때부터 그런 열정을 가지고 있던 사람이 한꺼번에 팍 몰리다 보니까 그 안에서 다툼도 있었고, …… 같은 곳을 바라보고 있는데 해석이 다를 수 있잖아요. 저도 마찬가지로 2기 혁신학교의 과제는 '소통'이라고 생각해요. 아직 진짜 우리가 공교육의 표준이 될 수 있다는 수준까지는 못 미친다고 생각하거든요. 예를 들면, 지금 둘째가 초등학교 6학년인데, 말띠들이 좀 세요, 작년 5학년 때 왕따 사건으로 '폭대위'(학교폭력대책위원회)가 열렸어요. 그 사건 때문에 모두 충격을 받았어요. 교장 선생님도 충격, 학부모들도 충격이었던 것이죠. '우리 학교에서 이런 일이 일어나다니!' 선생님들도 마찬가지였어요. 그것을 보면서 '교사에게만 맡겨두어서 되는 문제가 아니구나!' 생각했어요. 내 의견이 중요하지만, 결국에는 변화하지 않는 사람이 한 단계라도 더 변화해 가는 모습이 더 필요해요. 지지하는 학부모가 10명이었으면 1년 지나서 15명이 되고, 그 다음 해에는 20명이 되는 과정이 중요하다고 생각해요. 그런데 그 열다섯 명이 적은 것 같지만 그 사람들 마음이 모아졌을 때 그 힘은 정말 엄청나다고 생각하거든요. 그래서 소통해야 한다고 생각해요.

삶과 교육을 바꾸는
맘에드림 출판사 교육 도서

나는 혁신학교에 간다

경태영 지음 / 값 14,000원

공교육을 바꾸겠다는 거대한 희망을 품고 시작된 '혁신학교'. 이 책은 일곱 개 혁신학교의 이야기를 담고 있다. 지금 우리 교육이 변화하는 생생한 현장의 모습과 아이들이 꿈을 키우고 행복하게 공부하는 희망의 터로 새롭게 자리매김하는 학교들을 이 책에서 만날 수 있다.

혁신학교란 무엇인가

김성천 지음 / 값 15,000원

교육공동체가 만들어내는 우리 시대 혁신학교 들여다보기. 혁신학교 전반에 관한 이야기를 다루고 있는 책으로, 공교육 안에서 혁신학교가 생기게 된 역사에서부터 혁신학교의 핵심 가치, 이론적 토대, 원리와 원칙, 성공적인 혁신학교의 모습을 보이고 있는 단위학교의 모습까지 담아냈다.

학부모가 알아야 할 혁신학교의 모든 것

김성천, 오재길 지음 / 값 15,000원

학부모들을 위한 혁신학교 지침서!
'혁신학교에서는 무엇을, 어떻게 가르치고 있는지, 교사·학생·학부모는 어떻게 만나서 대화하고 관계를 맺어 가는지, 어떤 교육 목표를 지향하고 있는지 등 이 책은 대한민국 학부모들의 궁금증에 친절하게 답을 한다.

덕양중학교 혁신학교 도전기

김삼진 외 지음 / 값 14,500원

이 책의 1부는 지난 4년 동안 덕양중학교가 시도한 혁신과 도전, 성장을 사실과 경험에 기반한 스토리텔링 방식의 성장기로 전개하고 있다. 그리고 2부는 지역사회와 협력하여 펼치고 있는 교육 프로그램, 배움의 공동체 수업 등을 현장 사례 중심의 교육적 에세이 형태로 담고 있다.

학교 바꾸기 그 후 12년

권새봄 외 지음 / 값 14,500원

MBC PD 수첩에 방영되어 화제가 되었던 남한산초등학교. 아이들이 모두 행복하고, 얼굴 표정이 밝은 아이들. 학교가는 것을 무엇보다 좋아하고, 방학을 싫어하는 아이들. 수업과 발표를 즐겼던 이 학교를 졸업한 아이들이 그 후 12년의 삶을 세상에 이야기한다.

교사는 수업으로 성장한다

박현숙 지음 / 값 12,000원

그동안 교사는 수업에서 아이들을 만나지 못해왔다. 관계와 만남이 없는 성장의 결손을 낳았다. 그리하여 우리 아이들과 교사들은 모두 참 아프고 외로웠다. 이 책에서는 교사, 학생, 학부모, 지역사회가 공동체로서 서로 관계를 맺을 때에만 배움은 즐거운 활동으로서 모두가 성장하는 삶의 일부가 될 수 있음을 보여준다.

교사와 학부모가 함께 읽는 주제 통합 수업

김정안 외 지음 / 값 15,000원

'서울형 혁신학교'로 지정된 7개 혁신학교들이 지난 1~2년 동안 운영한 주제 중심 통합 교육 과정과 수업 사례를 소개한 책이다. 이 학교들의 교육과정은 전국적으로 이루어지는 혁신학교들의 성과를 반영하였고, 자신의 지역사회의 실제 환경과 경험을 살려 실제 수업에 적용한 것이다.

혁신교육 미래를 말한다

서용선 외 지음 / 값 14,000원

혁신교육은 2009년 이후 공교육 되살리기의 새로운 희망이 되어왔다. 이러한 정책을 입안하고 추진하는 데 기여해왔던 6명의 교사 출신 연구자들이 혁신교육 발전에 필요한 정책 과제들을 모아 하나의 책으로 제시한다. 이 책은 교육철학, 교육과정, 교육행정과 학교 운영(거버넌스) 등에서 주요 이슈들을 정리하고 혁신교육의 성과와 과제가 무엇인가를 보여준다.

수업을 살리는 교육과정

서우철 외 지음 / 값 16,500원

최근 교육과정을 재구성하는 논의가 활발한 가운데, 이 책에서는 개별 교과목과 교과서의 형식에 얽매이지 않고 아이들의 발달을 고려하여 주제를 중심으로 교육과정을 재구성하여 통합적으로 운영하는 방법과 구체적인 실천 사례를 설명하고 있다. 이러한 과정은 같은 학년을 맡고 있는 교사들의 토론과 협력을 통해서 이루어진 것임을 이야기한다.

수업 딜레마

이규철 지음 / 값 14,000원

이 책을 관통하는 키워드는 '사람'이다. 저자의 노하우를 전수하는 것이 아니라, 수업 속에서 딜레마에 맞닥뜨려 고통받고 있는 선생님들의 고민을 담고, 신념을 담고, 그것을 이겨내기 위한 한 분 한 분의 마음을 담고 있다. 이런 고민 속에 이 책을 집어 든 나를 귀하게 여기며 다시 한번 교사로 잘 살아보고 싶은 도전을 하게 한다.

좋은 엄마가 스마트폰을 이긴다

깨끗한미디어를위한교사운동 지음 / 값 13,500원

스마트폰에 대한 아이들의 집착은 대단하다. 스마트폰은 '재미있고 편리하다.' 그러나 스마트폰 때문에 아이들은 시간을 빼앗기고, 건강이 나빠지고, 대화가 사라지며, 공부와 휴식, 수면마저 방해를 받는다. 이 책은 이러한 사례들을 생생하게 소개하고 부모들에게 아이들의 스마트폰 사용에 어떻게 대응해야 하는지 대안을 제시한다.

엄선생의 학급운영 레시피

엄은남 지음 / 값 14,000원

34년 경력의 현직 교사가 쓴 학급운영의 생동감 넘치는 지침서. 초등학교에서 아이들은 문자와 숫자를 익히는 것보다 학교와 교실에서 낯설고 모험적인 사건을 겪으면서 더 많은 것을 배운다. 이 책은 초등학교에서 교과서 지식보다 더 중요한 역할을 하는 학교생활과 학급문화를 만드는 데 담임교사의 역할을 다룬다. 교사와 아이들이 서로 존중하고 신뢰하는 관계를 어떻게 만들어야 하는지 구체적인 경험과 사례로 설명해준다.

진짜 공부
김지수 외 지음 / 값 15,000원

혁신학교가 추구하는 '진짜 공부'와 '진짜 스펙'이 무엇인지 보여주는, 졸업생들의 생동감 넘치는 경험담. 12명의 졸업생들은 학교에서 탐방, 글쓰기, 독서, 발표, 토론, 연구, 동아리, 학생회 활동을 통해 자신들이 생각하지도 못한 진짜 공부를 경험했음을 보여준다. 이 책을 통해 수능시험이 아니라 정말로 청소년 스스로 하고 싶은 즐기면서 성장하는 것이 우리 사회에 필요한 것임을 새삼 느낄 수 있다.

수업 디자인
남경운, 서동석, 이경은 지음 / 값 15,000원

서울형 혁신학교의 대표적인 수업 혁신을 담은 이야기. 아이들이 서로 협력하면서 배우는 수업을 목표로 삼은 저자들은 범교과 수업모임을 통한 공동 수업설계를 대안으로 제시한다. 아이들은 교사의 설명을 통해 배우는 것이 아니라 서로 '옥신각신'하며 함께 문제에 도전할 때 수업에 몰입하고 배우게 된다. 이 책은 이러한 수업을 위해서 교사들이 교과를 넘어 어떻게 협력하고 수업을 연구해야 하는지 잘 보여준다.

아이들이 가진 생각의 힘
데보라 마이어 지음 / 정훈 옮김 / 값 15,000원

미국 공교육 개혁의 전설적 인물 데보라 마이어가 전하는 교육 개혁에 대한 경이롭고도 신선한 제언. 이 책은 학교 혁신의 생생한 기록을 통해 우리가 학교에서 무엇을 왜 가르치고 배워야 하는지에 대한 근원적인 성찰을 담고 있다. 아이들이 지성적으로 생각하는 마음의 습관을 배우는 것이 얼마나 중요하고 그것을 위해 학교가 무엇을 해야 하는지를 일깨워준다.

어! 교육과정 앗! 교육과정 재구성
박현숙·이경숙 지음 / 값 16,500원

교육과정 재구성을 고민하는 교사를 위한 현장 지침서. 이 책은 저자들이 학교 현장에서 교육과정 재구성이라는 화두를 고민하고, 실행한 사례들이 담겨져 있다. 책의 내용은 주제 통합 수업, 교과 통합 수업, 범교과 주제 학습, 교과 체험 학습, 프로젝트 수업 등 학교 현장에서 적용해 큰 성과를 본 것들을 세밀하게 소개하면서 교육과정 재구성작업의 노하우를 펼쳐보인다.

혁신학교 학부모들이 쓴 4년의 기록

행복한 나는 혁신학교 학부모입니다

발행일　　2014년 10월 17일 초판 1쇄 발행
지은이　　서울형혁신학교학부모네트워크
발행인　　방득일
편　집　　신윤철, 신중식
디자인　　강수경
마케팅　　김지훈

발행처　　맘에드림
주　소　　서울시 중구 묵정동 31-2 2층
전　화　　02-2269-0425
팩　스　　02-2269-0426
e-mail　　nurio1@naver.com

ISBN　978-89-97206-23-0 03370